◎职业教育汽车类专业课程改革教材

汽车材料

主　编　黄武全　符　旭

副主编　陈金炆　刘培义　高文杰　段凤刚

参　编　崔　崑　吴名苏　邢海清　李永力

　　　　杨金平　达　涛　翟先花　强一郎

主　审　张金山　雷虎成

机械工业出版社

本书编写模式新颖，结构独特，采用模块化、单元式的课程结构。每个单元开头都有"任务描述"及"学习目标"，单元末有"单元小结"。全书共分四大模块，包括金属材料、非金属材料、汽车运行材料及汽车美容材料。各院校及培训机构可根据开设的专业需求从中选学不同的模块。本教材可供各类职业技术院校、技工院校等汽车类各专业、机械类专业学生使用，也可作为中高级技术人员的培训教材，还可作为汽车行业专业技术人员的参考工具书。

为方便教师教学，凡选用本书作为授课教材的教师，均可登录www.cmpedu.com 免费注册下载电子课件，或来电咨询：010-88379865。

图书在版编目（CIP）数据

汽车材料/黄武全，符旭主编 . —北京：机械工业出版社，2011.8
（2023.1 重印）
职业教育汽车类专业课程改革教材
ISBN 978-7-111-34493-3

Ⅰ.①汽⋯ Ⅱ.①黄⋯ Ⅲ.①汽车—工程材料—中等专业学校—教材
Ⅳ.①U465

中国版本图书馆 CIP 数据核字（2011）第 151681 号

机械工业出版社（北京市百万庄大街22 号 邮政编码100037）
策划编辑：曹新宇 责任编辑：曹新宇
版式设计：霍永明 责任校对：刘志文
封面设计：路恩中 责任印制：郜 敏
北京富资园科技发展有限公司印刷
2023 年 1 月第 1 版第 11 次印刷
184mm×260mm · 15 印张 · 357 千字
标准书号：ISBN 978-7-111-34493-3
定价：36.00 元

电话服务   网络服务
客服电话：010-88361066   机 工 官 网：www.cmpbook.com
         010-88379833   机 工 官 博：weibo.com/cmp1952
         010-68326294   金 书 网：www.golden-book.com
封底无防伪标均为盗版   机工教育服务网：www.cmpedu.com

编写委员会

（按姓氏笔画排序）

主　任　李亚平

副主任　李存荣　李超旗　陈国庆　赵　彦

　　　　赵爱军　唐政平　曹永明　雷力斌

委　员　于淑燕　王乃俊　王　进　王桐昆　毛　斐　代凯飞

　　　　叶耀民　朱宏伟　杨志超　吴安民　范永刚　鱼小波

　　　　胡承波　赵哲峰　高　利　黄建民　黄庚春　管安全

　　　　蔡立新　魏　静　雷希峰

前　言

　　汽车被称为"改变世界的机器"。由于汽车工业具有很强的产业关联度，因而被视为一个国家经济发展水平的重要标志。近年来，我国汽车工业快速而稳步发展，汽车产量年均增长15%以上。汽车工业正在成为拉动我国经济增长的"发动机"。汽车工业的繁荣，使汽车及其相关产业的人才需求量大幅度增长，与此相应的，作为技能型人才培养的主要基地的职业教育也得到了长足发展。

　　汽车材料是汽车工业发展的重要基础之一。材料对汽车整体性能的提高有着重要的影响，同时也和汽车的制造成本密切相关。汽车材料技术的进步和革新，是推动汽车工业发展和工业化进程的重要因素之一。

　　一辆汽车是由几百种乃至上万个零件组成的。这些零件是用不同材料制成的，如钢、铸铁、铜、铝及其合金、塑料、橡胶以及玻璃等。同时在制造过程中，还需要采用各种加工方法，以金属材料为例，常见的金属加工方法有铸造、压力加工、热处理、焊接和金属切削加工等。除此以外，汽车要在公路上运行，需要使用燃料作为其动力源。运行中，为减少各相互运动的零件之间的摩擦和磨损，延长其使用寿命，降低功率消耗，必须采用各种润滑油料。为达到汽车行驶平稳，安全可靠，还要使用各种工作液油，如制动液、防冻液和液力传动油等。因此，各种材料在汽车中的应用非常广泛。

　　为了满足新世纪对职业教育汽车类技能型人才培养的需求，本书按照汽车专业对课程知识点的要求，并根据职业院校汽车类专业教学大纲编写。本书在内容上努力把握教材的准确性和实用性，并及时反映汽车的新材料、新技术和新成果，着重培养学生的基本能力和理论基础。

　　本书在编写顺序上，采用由浅入深，循序渐进，便于教学的思路。首先介绍金属材料的力学性能，随之引申到材料的微观组织结构和材料热处理过程中的组织结构转变，使学生逐步了解材料的本质，掌握材料组织结构转变的机理和对材料性能的影响。通过对金属材料和非金属材料的学习，使学生对工程材料有一个较为全面的了解和认识。通过对典型汽车零件选材的介绍，使学生了解零件的失效形式和选材原则，逐步培养他们分析问题和解决问题的能力。通过对汽车的燃料、润滑剂、特种液以及轮胎等内容的介绍，使学生了解和掌握汽车运行材料的主要性能、品种、规格和牌号，懂得汽车运行材料的正确选用，提高学生的专业素养，并为后续专业课程的学习打下基础。通过对汽车美容材料的介绍，使学生了解常用汽车美容材料的类型、特点及正确的使用方法。书中还穿插对新材料的介绍，以拓宽学生的知识面，让学生了解当前国内外新材料的发展动向。

　　由于"汽车材料"是一门与生产实践有密切联系的课程，也是学习专业课的基础。因此在学习时，不但要努力学好基础理论，而且还要注重理论联系实际，重视参观、实习和实验，不断培养分析和解决有关问题的能力。

本书采用最新的国家标准，编写模式新颖，结构独特。将需要掌握的知识点进行分解，按模块、单元、课题层次安排编写。共分四大模块，包括金属材料、非金属材料、汽车运行材料及汽车美容材料。为便于教师组织教学，学生自学，每个单元开头都有"任务描述"及"学习目标"，单元末有"单元小结"。

本书可供各类职业技术院校、技工院校等汽车类各专业、机械类专业学员使用，也可作为中高级技术人员的培训教材，还可作为汽车行业专业技术人员的参考工具书。本书在编写过程中，参阅了许多文献资料，在此向所有提供文献资料者表示最衷心的感谢。

本书由黄武全、符旭主编，陈金炆、刘培义、高文杰、段凤刚担任副主编，张金山、雷虎成主审，参加编写的还有崔嵬、吴名苏、邢海清、李永力、杨金平、达涛、翟先花、强一郎。

由于编者水平有限，书中错误和疏漏在所难免，恳请广大读者批评指正。

编　者

目 录
CONTENTS

第四模块　汽车美容材料

第一模块
金属材料

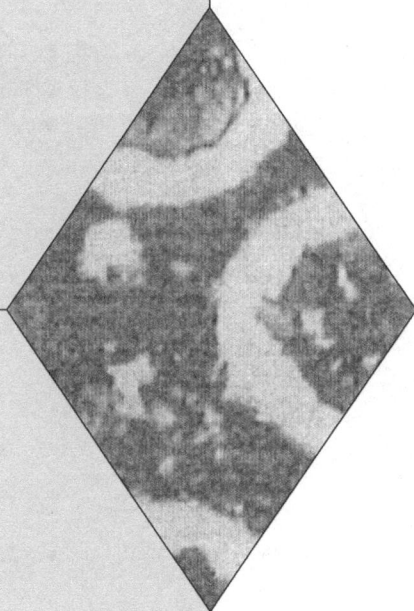

　　金属材料是最重要的工程材料，在各种机器设备所用的材料中，金属材料占90%以上。这是由于金属材料不仅来源丰富，价格低廉，还具有许多优良的性能；另外，金属材料的品种多样，性能各异，并可以通过热处理使其某些性能得到进一步的改善，从而扩大使用范围，以满足不同零件的加工和使用要求。因此，金属材料在汽车工业中也得到了广泛的应用。本模块主要介绍常用金属材料的牌号、性能及使用场合。

金属材料的性能

【任务描述】

金属材料之所以在汽车上得到广泛的应用，是由于它具有优良的性能。金属材料的性能包括使用性能和工艺性能。使用性能是指金属材料在使用过程中所表现出来的性能，包括物理性能、化学性能和力学性能；工艺性能是指金属材料在制造过程中适用各种加工方法的能力。本单元将介绍金属材料的各种性能。

【学习目标】

1. 掌握金属材料的各种物理、化学性能。
2. 掌握金属材料主要力学性能的概念及其符号的表示方法。
3. 了解金属材料的工艺性能。

课题一 金属材料的物理性能和化学性能

一、金属材料的物理性能

金属材料在各种物理条件作用下所表现出的性能称为物理性能。它包括密度、熔点、导热性、导电性、热膨胀性和磁性等。

常用金属材料的物理性能见表1-1。

表 1-1 常用金属材料的物理性能

金属名称	符号	密度 ρ ①/ ($\times 10^3 kg/m^3$)	熔点/ ℃	热导率 λ/ [W/ (m·K)]	线胀系数 α_1 ②/ $\times 10^{-6}$ ℃	电阻率 ρ ③/ ($\times 10^{-8} \Omega·m$)
银	Ag	10.49	960.8	418.6	19.7	1.5
铜	Cu	8.96	1083	393.5	17.0	1.67 ~ 1.68①
铝	Al	2.7	660	221.9	23.6	2.655
镁	Mg	1.74	650	153.7	24.3	4.47
钨	W	19.3	3380	166.2	4.6①	5.1
镍	Ni	4.5	1453	92.1	13.4	6.84
铁	Fe	7.87	1538	75.4	11.76	9.7
锡	Sn	7.3	231.9	62.8	2.3	11.5
铬	Cr	7.19	1903	67	6.2	12.9
钛	Ti	4.51	1677	15.1	8.2	42.1 ~ 47.8
锰	Mn	7.43	1244	4.98④	37	185

①20℃；②0 ~ 100℃；③0℃；④ - 192℃。

1. 密度

物质的单位体积的质量称为该物质的密度，用符号 ρ 表示。

密度是金属材料重要的物理性能。体积相同的不同金属，密度越大，其质量也越大。在机械制造中，金属材料的密度与零件自重和效能有直接关系，因此密度通常作为零件选材的依据之一。此外，还可以通过测量金属材料的密度来鉴别材料的材质。

工程上通常将密度小于 $3.5 \times 10^3 kg/m^3$ 的金属称为轻金属，密度大于 $3.5 \times 10^3 kg/m^3$ 的金属称为重金属。

2. 熔点

金属从固态转变为液态的最低温度称为熔点。

每种金属都有其固定的熔点。金属的熔点对铸造和焊接工艺十分重要。一般来说，金属的熔点低，铸造和焊接都易于进行。

3. 导热性

金属材料传导热量的性能称为导热性，常用热导率 λ 来表示，其单位为W/ (m·K)。

金属材料的热导率越大，说明导热性越好。金属中银的导热性最好，铜、铝次之。

金属的导热性对焊接、锻造和热处理等工艺有很大影响。导热性好的金属，在加热和冷却过程中不会产生过大的内应力，可防止工件变形和开裂。此外，导热性好的金属散热性也好，所以一些散热器和热交换器等零件，常选用导热性好的铜、铝等金属材料来制造。

4. 导电性

金属材料传导电流的性能称为导电性，常用电阻率 ρ 表示。

金属材料的电阻率越小，导电性越好。常用金属中银的导电性最好，铜和铝次之。所以工业上常用铜、铝及其合金等做导电材料；用导电性差的康铜、钨等做电热元件。

5. 热膨胀性

金属材料在受热时体积增大，冷却时体积缩小的性能称为热膨胀性。

热膨胀性常用线胀系数 α_1 来表示，其计算公式如下：

$$\alpha_1 = \frac{L_2 - L_1}{L_1 \times \Delta t}$$

式中　α_1——线胀系数（1/℃）；

　　　L_1——膨胀前长度（m）；

　　　L_2——膨胀后长度（m）；

　　　Δt——温度变化量，$\Delta t = t_2 - t_1$（℃）。

热膨胀性是金属材料的又一重要性能。在选材、加工、装配等方面被广泛应用。如轴与轴瓦之间要根据零件材料的线胀系数来确定其配合间隙；精密量具应采用线胀系数较小的材料制造；工件尺寸的测量要考虑热膨胀因素的影响，以减小测量误差等。

6. 磁性

金属材料能导磁的性能称为磁性。

不同的金属材料，其导磁性能不同。常用金属材料中，铁、镍、钴等具有较高的磁性，称为磁性金属；铜、铝、锌等没有磁性，称为抗磁金属。但金属的磁性不是永远不变的，当温度升高到一定程度时，金属的磁性会减弱或消失。磁性是电器、电机、仪表等零件不可缺少的性能。

二、金属的化学性能

金属的化学性能是指金属抵抗化学介质侵蚀的能力。它包括耐腐蚀性和抗氧化性等。

1. 耐腐蚀性

金属材料在常温下抵抗大气、水蒸气、酸及碱等介质腐蚀的能力称为耐腐蚀性。

在实际工作中，金属材料总是与各种有腐蚀性的介质接触，所以金属的腐蚀现象是非常普遍的。各种介质的腐蚀作用对金属材料的危害很大，它不仅使金属材料本身受到损伤，严重时还会使金属构件遭到破坏，引起重大的事故。因此，对金属材料的腐蚀应引起足够的重视，在选用材料时，要考虑材料的耐腐蚀性，并采取必要的防腐蚀措施。

2. 抗氧化性

金属材料在高温下容易被周围环境中的氧气氧化而遭破坏。金属材料在高温下抵抗氧化作用的能力称为抗氧化性。

在高温环境中工作的设备（如锅炉、汽轮机、汽车发动机等）上的一些零件极易因氧化而失去使用性能，所以对长期在高温下工作的零件，应采用抗氧化性好的材料来制造。

课题二　金属材料的力学性能

金属材料在加工和使用过程中，会受到各种外力的作用。金属材料在外力的作用下所表现出来的性能称为力学性能。工程上将这种外力称为载荷。按载荷的作用性质不同，可分为静载荷、冲击载荷和交变载荷三种。

静载荷——大小不变或变化缓慢的载荷。

冲击载荷——在短时间内以较高速度作用于零件上的载荷。

交变载荷——大小和方向随时间作周期性变化的载荷。

按载荷的作用方式不同，载荷又可分为如图 1-1 所示的拉伸、压缩、弯曲、剪切和扭转等载荷。

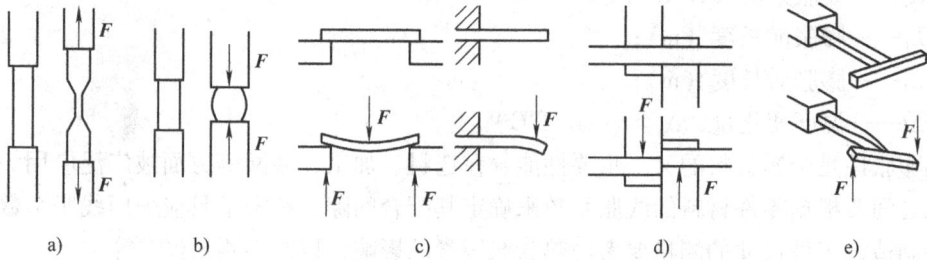

图 1-1　载荷的作用方式

a）拉伸载荷　b）压缩载荷　c）弯曲载荷　d）剪切载荷　e）扭转载荷

金属材料受载荷作用而产生形状和尺寸的变化称为变形，按变形性质不同分为弹性变形和塑性变形两种。弹性变形是随载荷的作用而产生，随载荷的去除而消失的变形；塑性变形是不能随载荷的去除而消失的变形。

金属材料的力学性能是通过专门的试验测定的，主要的力学性能指标有强度、塑性、硬度、韧性和疲劳强度等。

一、强度

金属材料在载荷作用下抵抗塑性变形和断裂的能力称为强度。

强度大小通常用应力来表示。应力是指材料单位横截面积上所产生的抵抗力，用符号 R 表示。应力的计算公式为

$$R = \frac{F}{S}$$

式中　R——应力（MPa）；

　　　F——载荷（N）；

　　　S——材料横截面积（mm^2）。

金属材料的强度按载荷作用方式不同，有抗拉强度、抗压强度、抗弯强度、抗剪强度和抗扭强度等，通常多以抗拉强度作为最基本的强度指标。抗拉强度指标可以通过拉伸试验测定。

1. 拉伸试验

拉伸试验是在拉伸机上用静拉力对标准试样进行轴向拉伸，使试样不断产生变形，直至拉断。连续测量拉伸力和试样相应的伸长量，根据测得的数据便可求出有关的力学性能。

（1）拉伸试样 按国家标准《金属材料 室温拉伸试验方法》（GB/T 228—2002）规定，拉伸试样有圆形、矩形、六方形等。常用的圆形拉伸试样如图1-2所示。图中 d 为试样直径，L_o 为标距长度。标准拉伸比例试样的比例系数 $k=5.65$（$L_o=k\sqrt{S_o}$），即 $L_o=5d$；当以此比例系数获得的原始标距长度 L_o 小于 15mm 时，应优先选用 $k=11.3$ 的比例试样（$L_o=10d$）。

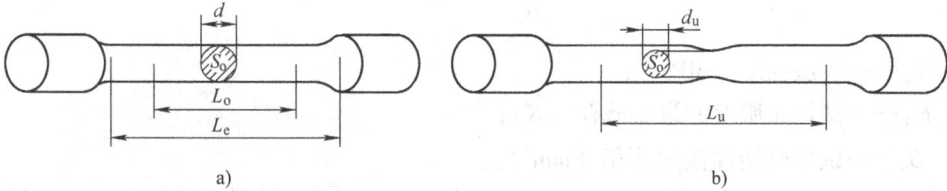

图1-2 拉伸试样

a）拉伸前 b）拉伸后

（2）拉伸图 记录拉伸过程中拉伸力 F 和对应伸长量 ΔL 之间关系的图称为拉伸图，也称拉伸曲线。低碳钢的拉伸图如图1-3所示。图中纵坐标为拉力 F，横坐标为试样伸长量 ΔL。

从拉伸图中可以明显地看出低碳钢在拉伸过程中出现的几个变形阶段：Oe 段为弹性变形阶段，es 段为屈服阶段，sb 段为强化阶段，bz 为缩颈阶段。

屈服阶段
外力大于 F_e 后，试样发生塑性变形，当外力增加到 F_{eL} 后，曲线为锯齿状，这种拉伸力不增加变形却继续增加的现象称为屈服。F_{eL} 为屈服载荷

强化阶段
外力大于 F_{eL} 后，试样再继续伸长则必须增加拉伸力。随着变形增大，变形抗力也逐渐增大，这种现象称为形变强化。F_m 为试样在屈服阶段后所能抵抗的最大力

缩颈阶段
当外力达到最大力 F_m 后，试样的某一直径处发生局部收缩，称为"缩颈"。此时截面缩小，变形继续在此截面发生，所需外力也随之逐渐降低，直至断裂

弹性变形阶段
F_e 为发生最大弹性变形时的载荷，外力一旦撤去，则变形完全消失

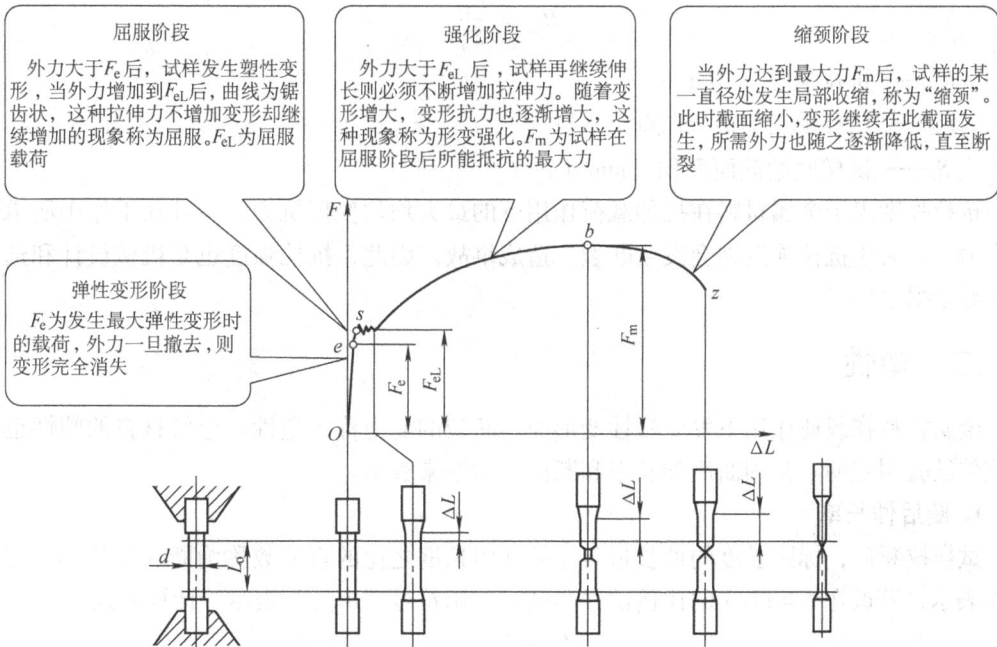

图1-3 低碳钢的拉伸图

在使用中，大部分金属材料没有明显的屈服现象。特别是低塑性材料，如铸铁等，往往在此之前已经断裂。因此也不会出现缩颈现象。

2. 强度指标

根据拉伸试验，金属材料的常用强度指标为屈服强度和抗拉强度。

（1）屈服强度 屈服强度是指当金属材料产生屈服现象时，在试验期间发生塑性变形而力不增加的应力点。屈服强度分为上屈服强度 R_{eH} 和下屈服强度 R_{eL}。在金属材料中，一般用下屈服强度 R_{eL} 代表其屈服强度。计算公式为

$$R_{eL} = \frac{F_{eL}}{S_o}$$

式中 R_{eL}——屈服强度（MPa）；

F_{eL}——试样屈服时的最小载荷（N）；

S_o——试样原始横截面面积（mm^2）。

屈服强度代表金属材料抵抗微量塑性变形的能力。它是机械零件设计和选用材料的重要依据之一。例如，为了保证缸盖和缸体的密封性，缸盖螺栓是不允许产生塑性变形的，所以在设计缸盖螺栓时就是以屈服强度作为计算依据。

除低碳钢、中碳钢及少数合金钢有屈服现象以外，大多数金属材料无明显屈服现象。因此，对这些材料，国家标准GB/T 228—2002规定，产生0.2%残余伸长时的屈服强度记作 $R_{p0.2}$，可以代替屈服强度 R_{eL}，称为条件（名义）屈服强度。

（2）抗拉强度 金属材料在被拉断前所能承受的最大应力称为抗拉强度，用符号 R_m 表示，计算公式为

$$R_m = \frac{F_m}{S_o}$$

式中 R_m——抗拉强度（MPa）；

F_m——试样承受的最大载荷（N）；

S_o——试样原始截面面积（mm^2）。

抗拉强度表示金属材料在拉伸载荷作用下的最大均匀变形抗力。零件在工作中所承受的应力，若大于抗拉强度则会发生断裂，造成事故。因此，抗拉强度也是机械设计和选材的主要依据之一。

二、塑性

金属材料在载荷作用下发生塑性变形而不断裂的能力称为塑性。金属材料的塑性也是由拉伸试验测定的。常用断后伸长率和断面收缩率来表示。

1. 断后伸长率

试样拉断后，标距长度的伸长量与原始标距长度之比的百分数称为断后伸长率。用符号 A 表示，若改用 $k=11.3$ 的比例试样测试时，用符号"$A_{11.3}$"表示，计算公式为

$$A = \frac{L_u - L_o}{L_o} \times 100\%$$

式中 A——断后伸长率（%）；

L_u——试样拉断后的标距长度（mm）；

L_o——试样的原始标距长度（mm）。

A 越大，表示材料的塑性越好。

2. 断面收缩率

试样拉断后，缩颈处截面积的最大缩减量与原横断面积的百分比称为断面收缩率。用符号 Z 表示，其数值可由下式求出

$$Z = \frac{S_o - S_u}{S_o} \times 100\%$$

式中　Z——断面收缩率（%）；

S_o——试样的原始截面面积（mm^2）；

S_u——试样拉断后的截面面积（mm^2）。

金属材料的断后伸长率 A 和断面收缩率 Z 越大，表示材料的塑性越好，在一定的强度要求前提下，零件的安全可靠性高。塑性好的材料，可进行大变形量的加工而不被破坏；对冷压成型的零件，要求材料具有足够的塑性变形能力；服役的零件也要求具有一定的塑性，以承受偶然的过载。

三、硬度

材料抵抗局部变形，特别是塑性变形、压痕或划痕的能力叫硬度。硬度是金属材料的一个重要的力学性能指标，不仅可以间接地反映材料的强度，还可以反映耐磨性的高低。一般来说，材料的硬度越高，耐磨性也越好。

硬度通常采用静载压入法试验。与拉伸试验相比，这种硬度试验不需要专门制作试样，而且不破坏零件。在实际生产中，一般零件大多采用硬度试验来检测其力学性能。

常用的硬度测试方法有布氏硬度、洛氏硬度和维氏硬度试验法。

1. 布氏硬度

（1）布氏硬度测量原理　　如图 1-4 所示，将直径为 D 的硬质合金球体，在一定载荷 F 作用下压入试样表面，保持一定时间后卸除载荷，测量其压痕直径，用球面压痕单位面积上所承受的载荷来表示布氏硬度值的大小，并用符号 HBW 来表示布氏硬度。即

$$HBW = \frac{F}{S} = 0.102 \times \frac{2F}{\pi D(D - \sqrt{D^2 - d^2})}$$

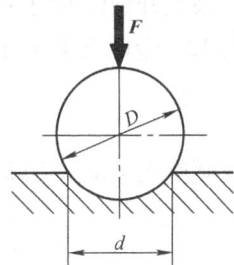

图 1-4　布氏硬度测量原理

式中　F——载荷力（N）；

S——被测金属表面球面压痕面积（mm^2）；

D——压头的直径（mm）；

d——压痕表面的平均直径。

材料软，d 值大，压坑面积大，HBW 值低。在实际测量中，布氏硬度值可以通过测量压痕平均直径 d 查表得到。

（2）布氏硬度的表示方法　　符号 HBW 之前的数字表示硬度值，符号后面的数字按顺序分别表示球体直径、载荷及载荷保持时间。如 120HBW10/1000/30，表示用直径为

10mm 的压头，在 1000kg（9.807kN）实验力的作用下保持 30s 测得的布氏硬度值为 120；又如 600HBW1/30/20，表示用直径为 1mm 的压头，在 30kg（294.2N）实验力的作用下保持 20s 测得的布氏硬度值为 600。

（3）布氏硬度的特点及应用

1）布氏硬度的优点。测量误差小、数据稳定；布氏硬度和抗拉强度有较好的对应关系。材料的抗拉强度 R_m 和 HBW 之间的近似经验关系为：

低碳钢：R_m（MPa）≈3.53HBW；

高碳钢：R_m（MPa）≈3.33HBW；

合金钢：R_m（MPa）≈3.19HBW；

灰铸铁：R_m（MPa）≈0.98HBW。

2）布氏硬度的缺点。压痕大，不能用于薄壁件或成品件。

3）布氏硬度的应用。只适用于低硬度材料如铸铁、有色金属、低合金结构钢和结构调质钢等的硬度测量；常用于原材料、毛坯、半成品零件的硬度测量。

2. 洛氏硬度

（1）洛氏硬度测量原理　洛氏硬度测量也是一种压入硬度试验，其测试原理与布氏硬度基本相同。压头是顶角为 120°金刚石锥体或直径为 1.588mm 的淬火钢球，但它不是测定压痕的面积，而是测定压痕的深度，以深度的大小表示材料的硬度值。

洛氏硬度的测量方法如图 1-5 所示。试验时先加初载荷 F_0，使压头与试样表面紧密接触，以保证测量结果准确，压头位置如图 1-5a，压痕深度为 h_1；再加主载荷 F_1，使压头在总载荷 F（为初载荷 F_0 和主载荷 F_1 之和）的作用下，压头位置如图 1-5b，压入金属表面的深度为 h_2，保持一定时间后卸去主载荷 F_1，保留初载荷 F_0。由于试样的弹性变形恢复，压头上升到位置如图 1-5c，而压头在主载荷的作用下，压入金属表面的深度为 h_3。当压头为 120°金刚石锥体时，洛氏硬度可用下列公式计算：

$$HR = 100 - \frac{h_3}{0.002}$$

洛氏硬度无单位。实际测量时，其硬度值可直接从硬度计表盘上读出。

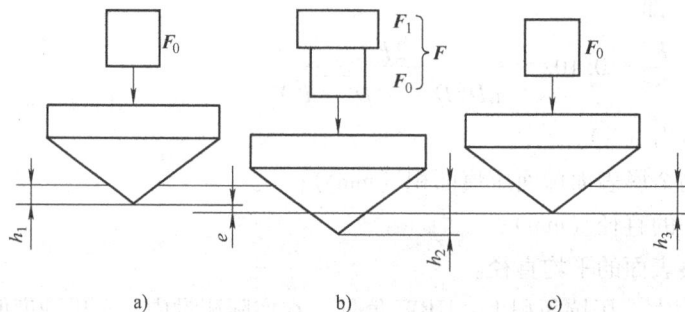

图 1-5　洛氏硬度测量原理图

（2）洛氏硬度的表示方法　符号 HR 前面的数字表示硬度值，HR 后面的字母表示不同的洛氏硬度标尺。例如 60HRC 表示用 C 标尺测定的洛氏硬度值为 60。

（3）常用洛氏硬度标尺及其适用范围　同一台硬度计，当采用不同的压头和不同的总试验力时，可组成几种不同的洛氏硬度标尺。常用的洛氏硬度标尺有 A、B、C 三种，其中 C 标尺应用最广。三种洛氏硬度标尺的试验条件和适用范围见表 1-2。

表 1-2　常用洛氏硬度的试验条件和适用范围

硬度种类	压头类型	初载荷/N	总载荷/N	硬度值有效范围	应用举例
HRA	120°金刚石圆锥体	98	588.4	60 ~ 85 HRA	硬质合金、表面淬火钢
HRB	ϕ1.588mm 淬火钢球	98	980.7	25 ~ 100 HRB	软钢、退火钢、铜合金
HRC	120°金刚石圆锥体	98	1471.0	20 ~ 67 HRC	一般淬火钢

（4）洛氏硬度试验法的特点及应用

1）洛氏硬度的优点。洛氏硬度试验操作简单、迅速，可直接从表盘上读出硬度值；压痕直径很小，可以测量成品及较薄工件；测试的硬度值范围较大，从很软到很硬的金属材料都可测。

2）洛氏硬度的缺点。由于压痕小，当材料组织不均匀时，测量值的代表性差。一般需在不同的部位测试几次，取读数的平均值代表材料的硬度。

3）洛氏硬度的应用。洛氏硬度在实际生产中应用广泛，其应用情况见表 1-2。

3. 维氏硬度

（1）维氏硬度测量原理　维氏硬度测量原理与布氏硬度测量原理基本相同，其测试方法如图 1-6 所示。压头为 136°金刚石四棱锥体，在规定载荷 F 的作用下，压入被测试的金属表面，保持一定时间以后卸除载荷。再测量出压痕对角线的平均长度 d，用此值查 GB/T 4340—2009 中的维氏硬度数值表即可确定硬度值，用 HV 表示。

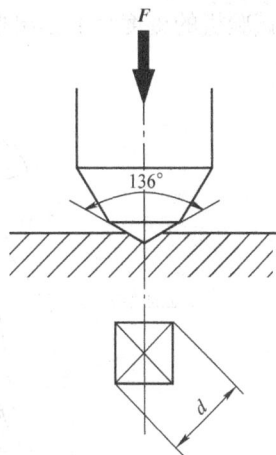

（2）维氏硬度的特点及应用

1）维氏硬度的优点。维氏硬度保留了布氏硬度和洛氏硬度的优点，既可以测极软到极硬材料的硬度，又不存在布氏硬度 F/S 关系的约束，不同的维氏硬度可相互比较。

2）维氏硬度的缺点。试验测定较为繁琐，要求被测面粗糙度值小，因此不宜于批量产品的常规检验。

3）维氏硬度的应用。维氏硬度适用于各种金属材料，尤其是表面层（如化学热处理层、电镀层等）的硬度测量，精度较高。

图 1-6　维氏硬度测量原理

四、冲击韧性

有许多机械零件和工具在实际工作中，经常要受到冲击载荷的作用，如发动机活塞、连杆、曲轴等零件在做功行程中受到很大的冲击载荷；汽车起步、换档、制动时钢板弹簧、齿轮、传动轴、半轴等零件会受到很大的冲击载荷。制造此类零件所用的材料必须考虑其抗冲击载荷的能力。通常用冲击韧度来评定材料抵抗冲击的能力。

金属材料抵抗冲击载荷作用而不被破坏的能力称为冲击韧性。

材料的冲击韧性常用一次摆锤冲击弯曲试验来测定。

1. 冲击试验试样

根据国家标准 GB/T 229—2007 规定，冲击试验试样的类型分为 V 型缺口和 U 型缺口两种试样，如图 1-7 所示。

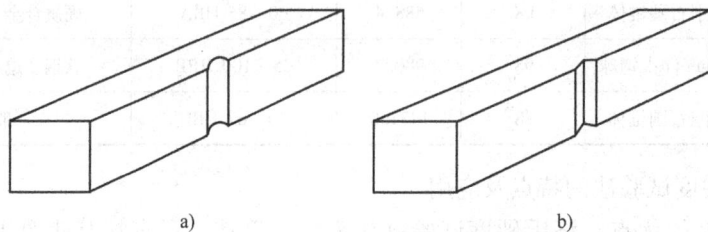

a)   b)

图 1-7　冲击试样
a）U 型缺口冲击试样　b）V 型缺口冲击试样

2. 冲击试验方法

测定材料的冲击韧性一般是在一次摆锤冲击试验机上进行，如图 1-8 所示。将试样放在试验机的支座上，使试样的缺口背向冲击方向。将具有一定质量的摆锤举至一定高度 h，再自由落下，冲断试样。在惯性的作用下，摆锤冲断试样以后会继续上升到高度 h'。这时可从试验机的刻度盘上读出摆锤冲断试样所做的冲击吸收能量 K。

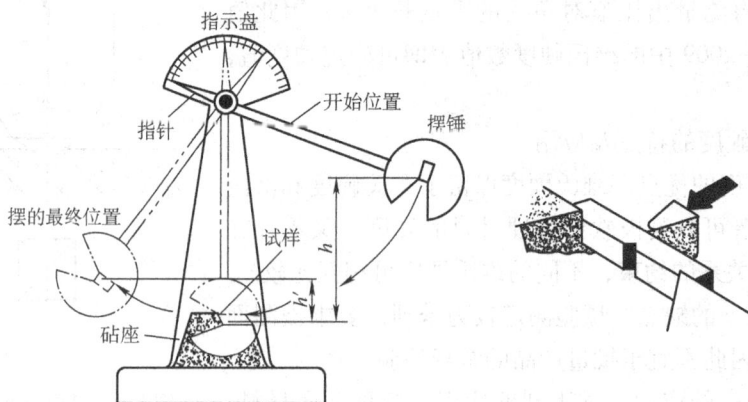

图 1-8　一次摆锤冲击试验

3. 冲击韧性的表示方法

用缺口处单位面积上的冲击吸收能量表示，即

$$a_K = \frac{K}{S_0}$$

式中 a_K——冲击韧度（J/cm^2）；

      K——冲击功吸收能量（J）；

      S_0——试样缺口处的横截面面积（cm^2）。

a_K对材料的内部缺陷、显微组织的变化很敏感，也可用来评定材料的冶金质量及热加工产品质量。

五、疲劳强度

曲轴、齿轮、轴承、叶片、弹簧等零件，在工作过程中各点的应力随时间作周期性的变化，这种随时间作周期性变化的应力称为交变应力。在交变应力作用下，虽然零件所承受的应力低于材料的屈服极限，但经过较长时间的工作而产生裂纹会突然发生完全断裂。材料出现的这种断裂现象称为疲劳断裂。

金属材料抵抗交变载荷作用而不产生破坏的能力称为疲劳强度。

机械零件产生疲劳破坏的原因是材料表面或内部有缺陷（如夹杂、划痕、夹角等）。这些缺陷首先在零件的表面产生裂纹，随应力循环次数的增加，裂纹逐渐向内部扩展，使零件的承载面积逐步减小，以致使承载面积减小到不能承受所加载荷而突然断裂。疲劳断裂的零件断口如图1-9所示。

材料承受的交变应力（S）与材料断裂前承受交变应力的循环次数（N）之间的关系可用疲劳曲线（S-N曲线）来表示，图1-10为疲劳曲线示意图。金属承受的交变应力越大，则断裂时应力循环次数N越少。当应力低于一定值时，试样可以经受无限周期循环而不被破坏，此应力值即为材料的疲劳强度（亦称疲劳极限），用S表示。

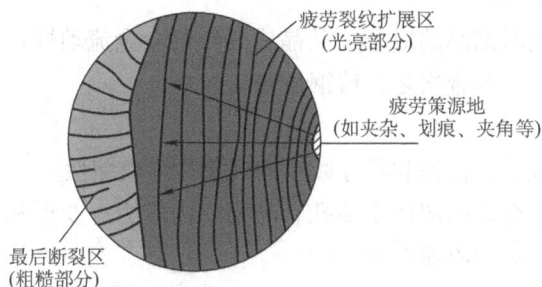

图1-9 疲劳断裂的断口示意图

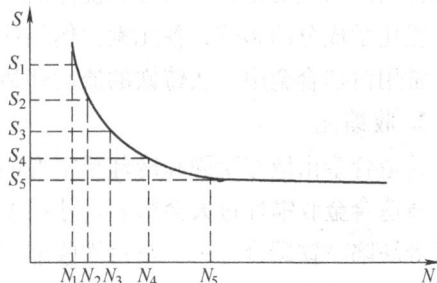

图1-10 疲劳曲线示意图

对钢铁材料和有机玻璃等，当应力降到某一值后，S-N曲线趋于水平直线，此直线对应的应力即为疲劳极限。工程上常规定碳钢的循环次数一般取$N = 10^7$时对应的应力作为条件疲劳极限。

钢材的疲劳强度与抗拉强度之间的关系：

$$S = (0.45 \sim 0.55)R_m$$

大多数有色金属及其合金，其疲劳曲线上没有水平直线部分，工程上常规定$N = 10^8$时对应的应力作为条件疲劳极限。

课题三　金属材料的工艺性能

金属材料的一般加工过程如图 1-11 所示。工艺性能是指金属材料在制造过程中适应各种加工方法的能力，包括铸造性能、压力加工性能、焊接性能、热处理性能和切削加工性能等。

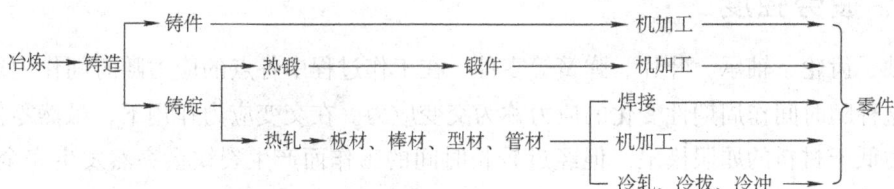

图 1-11　金属材料的一般加工过程

一、铸造性能

金属材料能否用铸造方法获得优良铸件的能力称为铸造性能。

衡量铸造性能的指标有液态流动性、收缩率和偏析等。金属材料的铸造性能直接影响到铸件的完整性和力学性能，因此要求流动性好，收缩率和偏析小。

1. 流动性

液态金属的流动能力称为流动性。

流动性好的金属，充型能力强，能获得轮廓清晰、尺寸精确、外形完整的铸件。影响流动性的因素主要是化学成分和浇注的工艺条件。

受化学成分的影响，各元素比例能达到同时结晶的成分（共晶成分）的合金流动性最好。常用铸造合金中，灰铸铁的流动性最好，铝合金次之，铸钢最差。

2. 收缩性

铸造合金由液态凝固和冷却至室温的过程中，体积和尺寸减小的现象称为收缩性。

铸造合金收缩性过大会影响尺寸精度，还会在内部产生缩孔、疏松、内应力、变形和开裂等缺陷。铁碳合金中，灰铸铁收缩率小，铸钢收缩率大。

3. 偏析倾向

液态金属凝固后，内部化学成分和组织不均匀的现象称为偏析。

偏析严重时，可使铸件各部分的力学性能产生很大差异，降低铸件质量，尤其是对大型铸件危害更大。

二、压力加工性能

金属材料在冷、热状态下，利用压力加工方法成型或变形的难易程度称为压力加工性能。

压力加工性能常用塑性和变形抗力两个指标来综合衡量。塑性越好，变形抗力越小，则金属的压力加工性能越好。化学成分会影响金属的压力加工性能，纯金属的压力加工性能优于一般合金。铁碳合金中，含碳量越低，压力加工性能越好；合金钢中，合金元素的种类和含量越多，压力加工性能越差，钢中的硫会降低压力加工性能。金属组织的形式也会影响其压力加工性能。

三、焊接性能

焊接性能是指金属材料对焊接加工的适应性，也就是在一定的焊接工艺条件下，获得优质焊接接头的难易程度。

对碳钢和低合金钢而言，焊接性能主要与其化学成分有关（其中碳的影响最大）。如低碳钢具有良好的焊接性能，而高碳钢和铸铁的焊接性能则较差。

四、热处理性能

金属材料适应各种热处理方法的能力称为热处理性能。

热处理性能包括淬透性、淬硬性、过热敏感性、变形开裂倾向、回火脆性倾向、氧化脱碳倾向等（这些内容将在钢的热处理中详细论述）。碳钢热处理变形的程度与其含碳量有关。一般情况下，含碳量越高，变形与开裂倾向越大，而碳钢又比合金钢的变形开裂倾向严重。钢的淬硬性也主要取决于含碳量。含碳量高，材料的淬硬性好。

五、切削加工性能

金属材料是否易于被各种切削刀具切削的能力称为切削加工性能。

切削加工性能与金属材料的化学成分、硬度、韧性、导热性和变形强化等因素有关。它通常用切削用量的大小、加工后零件的表面粗糙度和刀具的使用寿命等来衡量。

一般来说，具有适当的硬度（170～230HBW）和足够脆性的金属材料，其切削加工性能较好。例如灰铸铁比钢的切削加工性能好。

切削塑性金属材料时，工件在加工表面层的硬度明显提高而塑性下降的现象称为表面加工硬化。此时在加工表面受刀具挤压产生的塑性变形部分不能恢复，因而产生的变形抗力较大，表面形变强化。当以较小的切削深度再次切削时，刀具不易切入，并使刀具易磨损，而且在加工表面硬化层常常伴有裂纹，使表面粗糙度值增大，疲劳强度下降。因此，应尽量设法消除这种现象。

【单元小结】

金属材料是机械制造中应用最为广泛的材料，材料的性能是零件设计中选材的主要依据。金属材料的性能主要包括使用性能和工艺性能两个方面。

1. 金属材料的使用性能包括物理性能、化学性能和力学性能等。

2. 金属材料在各种物理条件作用下所表现出的性能称为物理性能，主要包括密度、熔点、导热性、导电性、热膨胀性和磁性等。

3. 金属的化学性能是指金属抵抗化学介质侵蚀的能力，它包括耐腐蚀性和抗氧化性等。

4. 金属材料在外力的作用下所表现出来的性能称为力学性能。主要的力学性能指标有强度、塑性、硬度、韧性和疲劳强度等。

常用的力学性能指标及其含义见表1-3。

表1-3　常用的力学性能指标及其含义

力学性能	性能指标				含　义
	符号	名称	旧标符号	单位	
强度	R_m	抗拉强度	σ_b	MPa	试样拉断前所能承受的最大力的应力
	R_{eL}	下屈服点	σ_s	MPa	发生塑性变形而力不增加的时的应力点
	$R_{p0.2}$	规定非比例延伸强度	$\sigma_{0.2}$		规定非比例延伸率为0.2%时的应力
塑性	A（$A_{11.3}$）	断后伸长率	δ（δ_5）		断后标距的伸长量与原始标距之比的百分率
	Z	断面收缩率	ψ		断后试样的最大收缩量与原始横截面面积之比的百分率
硬度	HBW	布氏硬度	HBS、HBW		球形压痕单位面积上所受的平均压力
	HR（A、B、C）	洛氏硬度	HR（A、B、C）	MPa	用洛氏硬度相应标尺刻度满程与压痕深度之差计算的硬度值
	HV	维氏硬度	HV		正四棱锥压痕单位面积上所受的平均压力
冲击韧性	a_K	冲击韧度	a_K	J/cm^2	冲击试样缺口处单位横截面面积上的冲击吸收能量
疲劳强度	S	疲劳强度	σ_{-1}	MPa	试样承受无数次（或给定次数）对称循环应力仍不断裂的最大应力

5. 金属的工艺性能包括铸造性能、压力加工性能、焊接性能、热处理性能和切削加工性能等。

【思考与练习】

1. 什么叫金属的物理性能？物理性能包括哪些？

2. 什么叫化学性能？试述它们各自的含义。

3. 什么叫金属的力学性能？主要的力学性能指标有哪些？

4. 根据作用性质的不同，载荷可分哪几种？

5. 什么叫变形？变形有哪几种形式？试述它们各自的含义。

6. 什么叫强度、塑性？衡量的指标有哪些？各用什么符号表示？

7. 简述低碳钢拉伸过程中的几个变形阶段。

8. 一根标准拉伸试样的直径为10mm、标距长度为50mm。拉伸试验时测出试样在26000N时屈服，出现的最大载荷为45000N，拉断后的标距长度为58mm，断口处直径为7.75mm，试计算R_{eL}、R_m、A、Z。

9. 什么叫硬度？常用的硬度测定方法有哪几种？试述它们的适用范围。

10. 什么叫冲击韧度？用什么符号表示？一次冲击和多次冲击，其冲击抗力各取决于什么指标？

11. 什么叫金属的疲劳？疲劳极限用什么符号表示？

12. 什么叫金属的工艺性能？工艺性能主要包括哪些内容？

钢铁材料

【任务描述】

钢铁材料又称为黑色金属，是以铁和碳为基本元素的合金，故又称为铁碳合金。根据含碳量的不同，钢铁材料分为钢和铸铁两大类。本项目主要介绍钢铁材料的组织结构、化学成分、主要性能及在汽车零件中的应用等内容。

【学习目标】

1. 了解金属的晶体结构及钢铁材料的组织结构。
2. 掌握钢铁材料的分类、牌号、成分、性能和用途。
3. 熟悉常用的热处理方法及应用。

课题一 金属的晶体结构

不同的金属材料具有不同的力学性能，即使是同一种金属材料，采用不同的热处理工艺时其力学性能也不相同。金属材料力学性能的差异，从本质上来说，是由其内部结构决定的。因此，掌握金属的内部结构和结晶规律，对于合理选材具有重要意义。

一、金属的晶体结构

1. 晶体与非晶体

自然界的固态物质，根据原子在内部的排列特征可分为晶体与非晶体两大类。凡是内部原子或分子，按照一定几何规律作周期性的重复排列的物质称为晶体。绝大多数金属和合金固态下都属于晶体，如纯铝、纯铁、纯铜、钢等。凡是内部原子或分子呈无规则堆积的物质称为非晶体，如松香、玻璃、沥青等。

2. 晶体的特点

（1）具有规则的外形　晶体在一般情况下具有规则的外形，如天然金刚石、水晶、食盐等。

（2）具有固定的熔点　任何一种晶体物质，当加热到一定温度，就会熔化。各种晶体物质都有各自的熔点。例如，铁的熔点为 1538℃、铜的熔点为 1084.5℃、铝的熔点为 660.4℃ 等。而非晶体没有固定的熔点。

（3）具有各向异性　同一种晶体物质在不同方向上具有不同的性能，称为各向异性。而非晶体是各向同性的。

（4）晶体与非晶体差异很大　晶体即使是由相同元素组成的，如果排列方式不同，即晶体结构不同，它们的性能往往也有很大差异。如金刚石和石墨，虽然都是由碳原子组成的，可是由于两者的原子排列方式不同，它们的性能却相差很大，金刚石很硬，而石墨却很软。

晶体和非晶体虽然有上述的区别，但在一定条件下可以互相转化。如非晶体玻璃经高温长时间加热能变为晶态玻璃，即钢化玻璃；而通常是晶态的金属如从液态快速冷却，也可获得非晶态金属。和晶态金属相比，非晶态金属具有很高的强度和韧性等一系列突出性能，故近年来已被人们所重视。

3. 金属的晶格类型

（1）金属的晶格　金属的晶格是指金属中原子排列的规律。如果把金属原子看做是一个直径一定的小球，则某金属中原子的排列情况如图 2-1 所示。为了更清楚地表示晶体中原子排列的规律，可将原子简化为一个质点，再用假想线段把它们连接起来，就形成了一个能反映原子排列规律的空间格架，称为晶格，如图 2-2a 所示。

晶格是由许多形状、大小相同的小集合单元重复堆积而成的，把其中能够完整地反映晶体晶格特征的最小集合单元称为晶胞，如图 2-2b 所示。

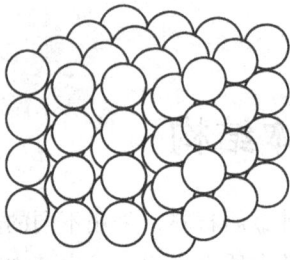

图 2-1　晶体中原子的排列情况

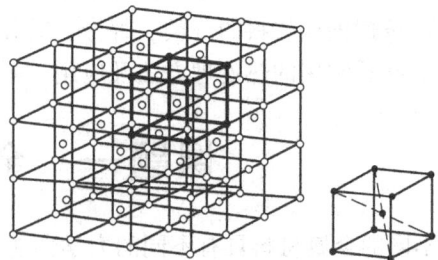

图 2-2　晶格和晶胞示意图
a）晶格　b）晶胞

（2）常见的晶格类型　金属的晶格类型很多。在已知的八十多种金属元素中，有 85% 以上的金属晶体都属于以下三种晶格，其结构特点见表 2-1。

表 2-1　常见的晶格类型

名称	结构特点	晶胞示意图	典型金属
体心立方晶格	晶胞是一个立方体,原子位于立方体的八个顶点和立方体的中心		钨(W)、钼(Mo)、钒(V)、铌(Nb)、钽(Ta)及α-铁(α-Fe)等
面心立方晶格	晶胞是一个立方体,原子位于立方体的八个顶点和立方体六个面的中心		金(Au)、银(Ag)、铜(Cu)、铝(Al)、铅(Pb)、镍(Ni)及γ-铁(γ-Fe)等
密排六方晶格	晶胞是一个正六棱柱,原子除排列于柱体的每个顶点和上、下两个底面的中心外,正六棱柱的中心还有三个原子		镁(Mg)、铍(Be)、镉(Cd)、锌(Zn)等

4. 单晶体与多晶体

（1）晶粒　将实际使用的金属材料制成试样,用显微镜观察,可以看到它是由许多不同的小晶体组成,每个小晶体内部晶格位向基本上是一致的,而各小晶体之间位向却不相同,如图 2-3b 所示。这种外形不规则、呈颗粒状的小晶体称为晶粒。

（2）单晶体　由一个晶粒所组成的晶体称为单晶体,如图 2-3a 所示。单晶体必须采用特殊方法人工制作,才能获得,如生产半导体元件的单晶硅、单晶锗等。单晶体在不同方向上具有不同的性能,即各向异性。

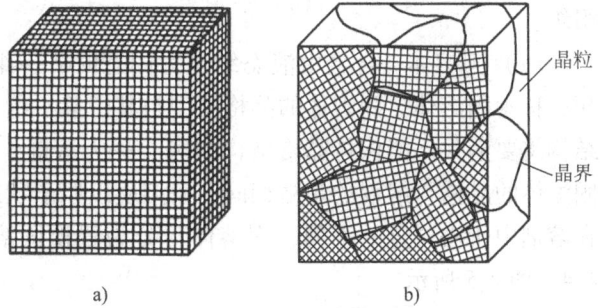

图 2-3　单晶体和多晶体
a）单晶体　b）多晶体

（3）多晶体　由许多晶粒组成的晶体称为多晶体。每个晶粒相当于一个单晶体,其原子排列位向是一致的,而各个晶粒的晶格位向各不相同。晶粒与晶粒之间的界面称为晶界,晶界上的原子处于过渡的不规则状态。

金属材料不是单晶体而是多晶体,并且存在着各种晶体缺陷。

二、合金的晶体结构

纯金属虽然具有优良的物理、化学性能,如良好的导电、导热性,熔点高,耐腐蚀性好,但其强度、硬度偏低,而且种类有限,价格较高,制取困难,因此纯金属在工业上的应用受到限制。汽车上使用的金属材料大多是合金，如钢、普通黄铜、硬铝、铸铁等。

1. 合金的基本知识

（1）合金　由两种或两种以上的金属或金属与非金属，经熔炼、烧结或其他方法结合成具有金属特性的物质称为合金。例如，应用最普遍的碳钢和铸铁就是由铁和碳所组成的铁碳合金。

（2）组元　组成合金最基本的独立物质称为组元，简称元。组元通常是纯元素（金属元素或非金属元素），也可以是稳定的化合物。根据组成合金组元数目的多少，合金可分为二元合金、三元合金或多元合金等。

（3）合金系　由两个或两个以上组元按不同比例配制成一系列不同成分的合金，称为合金系。例如：铜和镍组成的一系列不同成分的合金，称为铜-镍合金系。

（4）相　合金中具有同一聚集状态、同一结构和性质的均匀组成部分称为相。例如，液态物质称为液相，固态物质称为固相。同样是固相，有时物质是单相的，而有时是多相的。

（5）组织　用肉眼或借助显微镜观察到材料具有独特微观形貌特征的部分称为组织。组织反映材料的相组成、相形态、大小和分布状况，因此组织是决定材料最终性能的关键。在研究合金时，常用金相方法对组织加以鉴别。

2. 合金的组织

多数合金组元液态时都能互相溶解，形成均匀液溶体。固态时由于各组分之间相互作用不同，形成不同的组织。通常固态时合金中形成固溶体、金属化合物和机械混合物三类组织。

（1）固溶体　合金由液态结晶为固态时，一组元溶解在另一组元中，形成均匀的固相，称为固溶体。固溶体的晶格类型与其中某一组元的晶格类型相同，而其他组元的晶格结构将要消失。能保持晶格结构的组元称为溶剂，晶格结构消失的组元称为溶质。因此，固溶体的晶格与溶剂的晶格相同，而溶质以原子状态分布在溶剂的晶格中。根据溶质原子在溶剂中所占位置的不同，固溶体可分为置换固溶体和间隙固溶体两种类型，分别如图2-4、图2-5 所示。

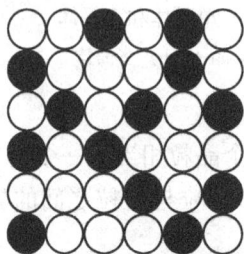

○—溶剂原子

●—溶质原子

图2-4　置换固溶体

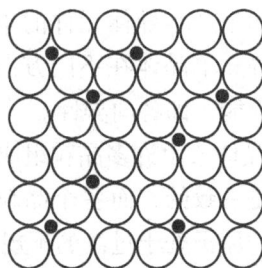

○—溶剂原子

·—溶质原子

图2-5　间隙固溶体

无论是置换固溶体还是间隙固溶体，溶质原子的溶入，都会使晶格发生畸变，原子尺寸相差越大，畸变也越大。畸变的存在使位错运动阻力增加，从而提高了合金的强度和硬度，而塑性下降，这种现象称为固溶强化。固溶强化是提高金属材料力学性能的重要途径之一。

（2）金属化合物 合金中各组元的原子按一定比例相互作用而生成的一种新的具有金属特性的物质称为金属化合物。金属化合物一般具有复杂的晶体结构，它的晶格类型和性能完全不同于任一组元，一般可用化学分子式表示，如 Fe_3C、TiC 等。

金属化合物具有熔点高、硬度高、脆性大的特点。当合金中出现金属化合物时，可提高合金的强度、硬度和耐磨性，但会降低塑性和韧性。金属化合物是各类合金钢、硬质合金及许多有色金属的重要组成部分。

（3）混合物 合金中由不同的相组成的物质称为混合物，其性能主要取决于各组成相的性能及成分的分布状态。

三、金属的结晶

工业上使用的金属材料通常要经过液态和固态的加工过程。例如制造汽车零件的钢材，要经过冶炼、铸锭、轧制、锻造、机械加工和热处理等工艺过程。

结晶是指金属从高温液体状态冷却凝固为固体（晶体）状态的过程，在结晶过程中会放出一定的热量，称为结晶潜热。

1. 纯金属的结晶过程

金属的结晶必须在低于其理论结晶温度（熔点 T_0）以下才能进行，理论结晶温度和实际结晶温度（T_1）之间的温度差称为"过冷度"（$\Delta T = T_0 - T_1$），如图 2-6 所示。金属结晶时，过冷度的大小与冷却速度有关，冷却越快，其实际结晶的温度就越低，过冷度 ΔT 也就越大。

纯金属的结晶是在恒温下进行的。结晶结束，不再有潜热放出来补充散发的热量，温度又重新下降，直至室温。

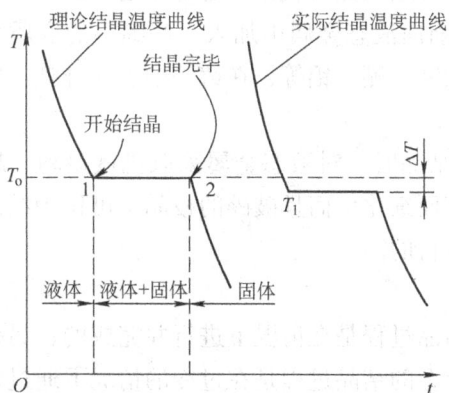

图 2-6 结晶时的冷却曲线及过冷度

图 2-7 为金属结晶过程示意图。金属的结晶过程由晶核的产生和长大两个基本过程组

成，并且这两个过程是同时进行的。实验证明，晶核产生与长大的过程是一切物质（包括非金属物质）进行结晶的普遍规律。

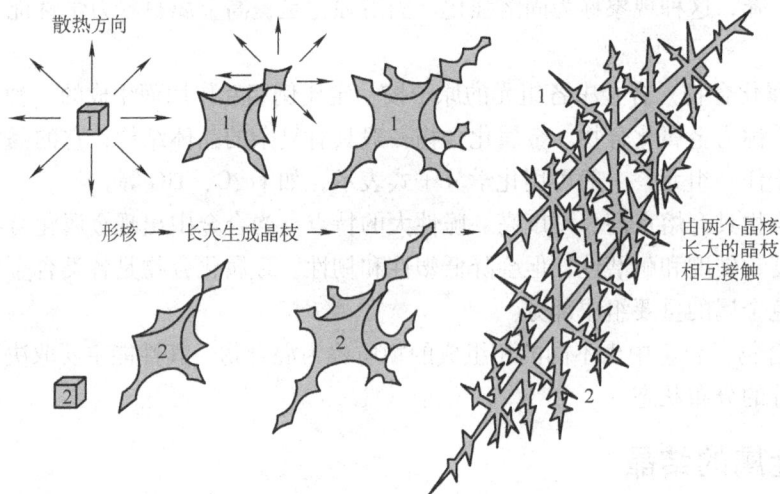

图 2-7　金属结晶过程示意图

2. 晶粒大小及控制

（1）晶粒大小对金属性能的影响　金属结晶以后实际晶粒的大小对金属的力学性能有着重要的影响：金属的晶粒越细小，其强度越高，塑性、韧性越好；反之，其强度、塑性、韧性越差。

（2）细化晶粒的方法　由金属的结晶过程可知，结晶后晶粒的大小与晶核数目和长大速度有关。形核率越高，长大速度越慢，则结晶后的晶粒越细小。因而在生产中一般通过提高形核率并控制晶粒长大速度的方法来细化晶粒。铸造生产中为了得到细晶粒的铸件，常采取以下几种方法：

1）增加过冷度。金属结晶过程中过冷度越大，晶粒越细。薄壁铸件的晶粒较细，厚大的铸件往往是粗晶；铸件外层的晶粒较细，心部则是粗晶。

2）变质处理。在浇注前向液态金属中加入一些细小的变质剂，以提高形核率或降低长大速度。例如在钢中加入钛、硼、铝等，在铸铁中加入硅铁、钙铁等，均能起到细化晶粒的作用。

3）振动处理。金属在结晶时，对液态金属采取机械振动、超声波振动和电磁振动等措施，使生长中的晶枝破碎而细化，而且破碎的枝晶又可作为结晶核心，从而达到提高形核率、阻碍晶粒长大的双重目的。

3. 合金的结晶

纯金属在结晶时，其结晶过程是在恒温下进行并完成的；另外在结晶进行时，只有一个液相和一个固相存在。合金的结晶过程是在过冷的情况下通过形核与长大来实现的，同样也遵循结晶的基本规律。但由于合金成分中会有两个或两个以上的组元，因此在结晶过程中，在不同温度区域共存相的数目是变化的，而且各个相的成分有时也是不同的。因此，结晶不一定在恒温下进行，这会使合金的结晶过程比纯金属要复杂得多。合金相图就是在平衡状态下，合金相的结构随温度、成分发生变化的状态图，并依此来了解合金的结晶过程以及合金中各组织的形成和变化规律。

4. 金属的同素异构转变

大多数金属的晶格类型是固定不变的，但是铁、锰、锡、钛等金属的晶格类型都会随温度的升高或降低而发生变化。

在固态下，金属随温度的改变由一种晶格转变为另一种晶格的现象称为金属的同素异构转变。

图2-8为纯铁的冷却曲线。由图可知，液态纯铁在1538℃时开始结晶，得到具有体心立方晶格的δ-Fe，继续冷却到1394℃时发生同素异构转变，δ-Fe转变为面心立方晶格的γ-Fe，再冷却到912℃，γ-Fe转变为体心立方晶格的α-Fe，如再继续冷却到室温，晶格类型将不再发生变化。

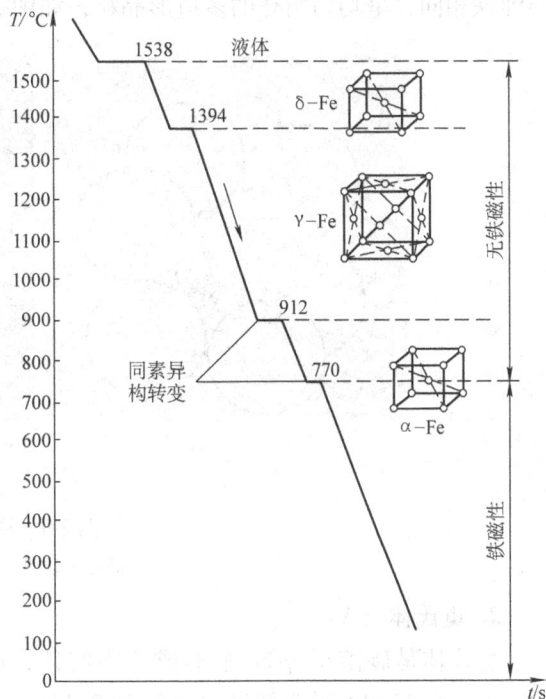

图2-8 纯铁的冷却曲线图

金属的同素异构转变也是一种结晶过程，故又称为重结晶。铁的同素异构转变是钢铁能够进行热处理的重要依据。

课题二 铁碳合金

铁碳合金是以铁和碳为基本元素的合金，是现代机械制造业中应用最为广泛的金属材料。要熟悉并合理地选择铁碳合金，就必须了解铁碳合金的成分、组织和性能之间的关系。

一、铁碳合金的基本组织与性能

在液态铁碳合金中，铁和碳可以无限互溶；在固态铁碳合金中，碳可溶于铁中形成固溶体，如铁素体和奥氏体；还可以形成由固溶体和化合物（渗碳体——Fe_3C）组成的混合物，如莱氏体和珠光体。铁素体、奥氏体和渗碳体均为铁碳合金的基本相。

1. 铁素体（F）

铁素体是碳溶于α-Fe中形成的固溶体，用符号"F"表示。α-Fe溶碳能力很小，随温度的不同而变化。在室温时溶解度仅为0.008%，在727℃时溶解度最大达到0.0218%。铁素体是室温下铁碳合金的基本相。

铁素体含碳很少，与纯铁类似；强度硬度不高，但具有良好的塑性和韧性。金相组织与纯铁相同，呈均匀明亮的多边形晶粒，如图 2-9 所示。

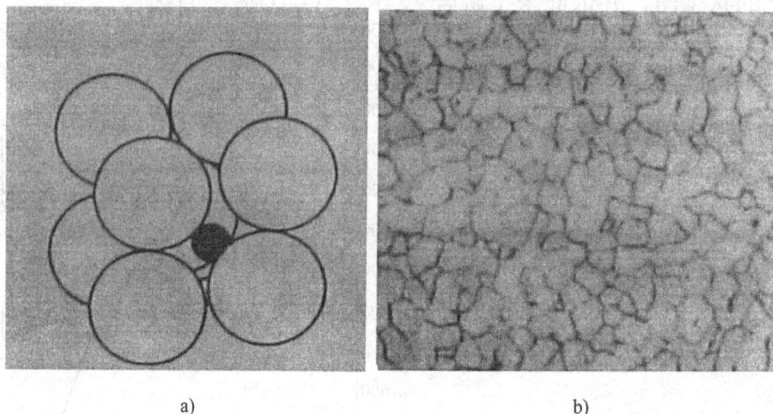

图 2-9　铁素体

a）晶胞示意图　b）显微组织

2. 奥氏体（A）

奥氏体是碳溶于 γ-Fe 中形成的固溶体，用符号"A"表示。γ-Fe 中的溶碳能力较 α-Fe 大，在 1148℃时溶解度最大达到 2.11%。随温度下降，溶解度降低，至 727℃时为 0.77%。奥氏体是铁碳合金的高温基本相，稳定地存在于 727℃以上。

奥氏体的含碳量虽比铁素体高，但其呈面心立方晶格，强度、硬度虽不高，却具有良好的塑性，尤其是具有良好的锻压性能，适合于进行高温塑性加工。奥氏体的金相组织呈现多边形特征，晶界较铁素体平直，如图 2-10 所示。

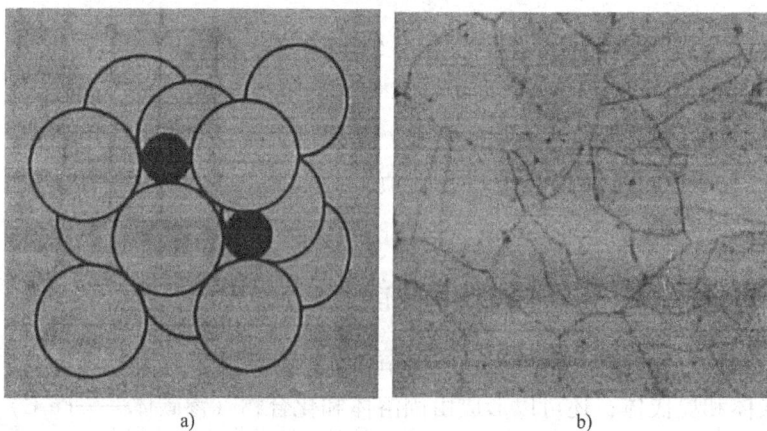

图 2-10　奥氏体

a）晶胞示意图　b）显微组织

3. 渗碳体（Fe_3C）

渗碳体是铁和碳形成的化合物，分子式为"Fe_3C"。渗碳体具有复杂的晶体结构，如图 2-11 所示。渗碳体中碳的质量分数 $w_C = 6.69\%$，熔点在 1227℃，属于硬脆相，具有很高的硬度（950～1050 HV），而塑性极差（接近于零）。它的数量、形状、分布对钢的性能影响很大，是钢中的主要强化相。

钢中碳含量越高，渗碳体比例越高，则强度、硬度越高，塑性越低。渗碳体在适当的条件下（如高温长期停留或极缓慢冷却）还会发生分解，形成石墨状的自由碳：$Fe_3C \rightarrow 3Fe + C$（石墨）。石墨的出现，在铸铁材料中具有重要的意义。

4. 珠光体（P）

由铁素体和渗碳体组成的片层状的混合物称为珠光体，用符号"P"表示，其显微组织如图2-12所示。其中白色为铁素体基体，黑色线条为渗碳体。在缓慢冷却的条件下，珠光体的 $w_C = 0.77\%$。由于珠光体是由软的铁素体和硬的渗碳体组成的混合物，因此其力学性能介于铁素体和渗碳体之间，即强度较高，硬度适中，具有一定的塑性。

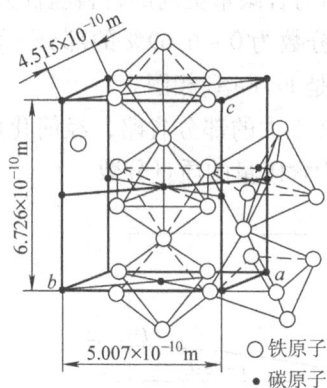

图 2-11　渗碳体的晶胞示意图

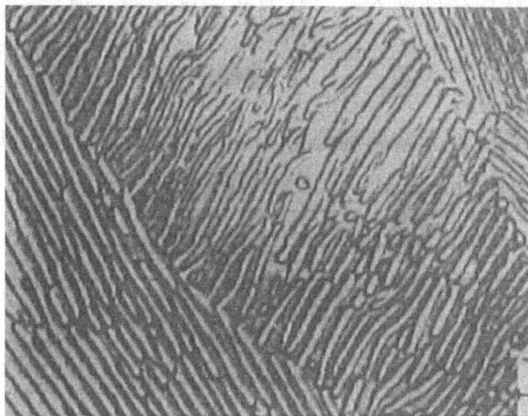

图 2-12　珠光体的显微组织

5. 莱氏体（Ld）

莱氏体是奥氏体和渗碳体的混合物，用符号"Ld"表示。它是 $w_C = 4.3\%$ 的液态铁碳合金在1148℃时的共晶产物。当温度降到727℃时，由于莱氏体中的奥氏体将转变为珠光体，所以室温下的莱氏体由珠光体和渗碳体组成，这种混合物称为低温莱氏体，符号"Ld′"表示。图2-13所示为低温莱氏体的显微组织，由于莱氏体的基体是渗碳体，所以它的性能接近于渗碳体，硬度很高，塑性很差。

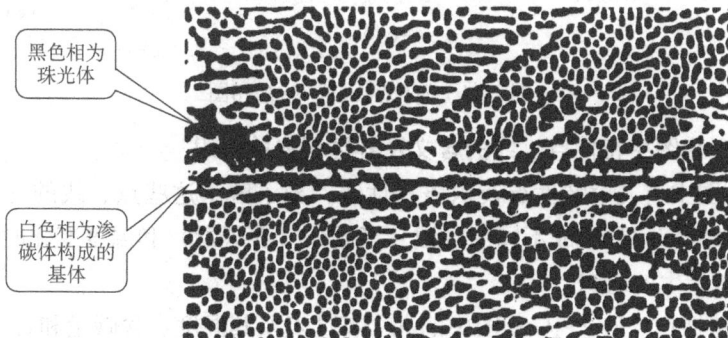

黑色相为珠光体

白色相为渗碳体构成的基体

图 2-13　低温莱氏体的显微组织

以上五种组织中，铁素体、奥氏体和渗碳体都是单相组织，称为铁碳合金的基本相；珠光体、莱氏体则是由基本相组成的多相组织。

二、铁碳合金相图

铁碳合金相图是表示在缓慢冷却（或缓慢加热）条件下，不同成分铁碳合金的状态或组织随温度变化的图形。铁碳合金相图是研究铁碳合金的基础，它是研究铁碳合金的成分、温度和组织结构之间关系的图形。铁碳合金相图是人类经过长期实践并进行大量科学实验总结出来的。

1. 铁碳合金相图的组成

在铁碳合金中，铁和碳可以形成一系列的化合物，如 Fe_3C、Fe_2C、FeC 等。而生产中实际使用的铁碳合金，其碳的质量分数一般不超过 5%。因为含碳量更高的材料脆性太大，难以加工，没有实用价值，因此，只研究相图中碳的质量分数为 0~6.69% 的部分。而这部分的铁碳化合物只有 Fe_3C，故铁碳合金相图也可以认为是 Fe-Fe_3C 相图。

为了便于掌握和分析 Fe-Fe_3C 相图，将相图上实用意义不大的部分省略，经简化后的 Fe-Fe_3C 相图如图 2-14 所示。图中纵坐标为温度，横坐标为含碳量的质量分数。

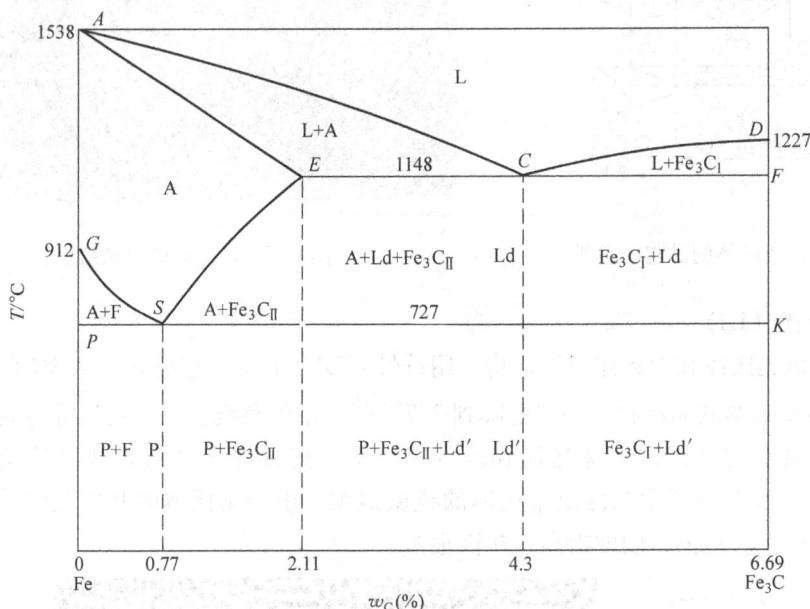

图 2-14　简化后的 Fe-Fe_3C 相图

2. Fe-Fe_3C 相图中特性点、线的含义及各区域内的组织

Fe-Fe_3C 相图中有九个特性点及六条特性线，当了解了这些点、线的含义后，就可以把一个看似复杂的相图分割成不同的区域。当成分（含碳量）和温度变化时，按一定规律可分析出各区域产生的组织。

（1）主要特性点　Fe-Fe_3C 相图中的九个特性点及其温度、含碳量和含义见表 2-2。

1）共晶点 C。高温的铁碳合金液体缓慢冷却到一定温度 1148℃时，在保持温度不变的条件下,从一个液相中同时结晶出两种固相(奥氏体和渗碳体),这种转变称为共晶转变。共晶转变的产物称为共晶体,铁碳合金的共晶体就是莱氏体 Ld(A + Fe₃C)。C 点的温度 1148℃称为共晶温度。

2)共析点 S。固相的铁碳合金缓慢冷却到一定温度 727℃时,在保持温度不变的条件下,从一个固相(奥氏体)中同时析出两个固相(铁素体和渗碳体),这种转变称为共析转变。共析转变的产物称为共析体,铁碳合金的共析体就是珠光体 P(F + Fe₃C)。S 点的温度 727℃称为共析温度。

(2)主要特性线 Fe-Fe₃C 相图中有若干条表示合金状态的分界线,它们是不同成分合金具有相同含义的临界点的连线。

Fe-Fe₃C 相图中的七条特性线及其含义见表 2-2。

表 2-2 Fe-Fe₃C 相图中的特性点和特性线

特 性 点				特 性 线	
符号	温度/℃	w_C(%)	说明	符号	说明
A	1538	0	纯铁的熔点	AC	液相线,液态合金开始结晶出奥氏体
C	1148	4.30	共晶点,L→A + Fe₃C(Ld)	CD	液相线,液态合金开始结晶出渗碳体
D	1227	6.69	渗碳体的熔点	AE	固相线,即奥氏体的结晶终了线
E	1148	2.11	碳在 γ-Fe 中的最大溶解度	ECF	共晶线,L→A + Fe₃C(Ld:莱氏体)
F	1148	6.69	渗碳体	GS	奥氏体转变为铁素体的开始线
G	912	0	γ-Fe→α-Fe 同素异构转变点	ES	碳在奥氏体中的溶解度线
K	727	6.69	渗碳体	PSK	A→F + Fe₃C(P:珠光体)共析转变线
P	727	0.0218	碳在 α-Fe 中的最大溶解度		
S	727	0.77	共析点,A→F + Fe₃C(P)		

注:表格中各特性点、线的含义均是指在缓慢冷却过程中的相变点、线,如果是加热过程,则相反。

1)ACD 线。液相线。此线以上区域全部为液相,称为液相区,用 L 表示,对应成分的液态合金冷却到此线上的对应点时开始结晶。在 AC 线以下结晶出奥氏体,在 CD 线以下结晶出渗碳体(称为一次渗碳 Fe₃C_I)。

2)AECF 线。固相线。对应成分的液态合金冷却到此线上的对应点时完成结晶过程,变为固态,此线以下为固相区。在液相线与固相线之间是液态合金从开始结晶到结晶终了的过渡区,所以此区域液相与固相并存。

AEC 区内为液相合金与固相奥氏体,CDF 区内为液相合金与固相渗碳体。

3)GS 线。奥氏体冷却时析出铁素体的开始线(或加热时铁素体转变成奥氏体的终止线),又称 A₃线。奥氏体向铁素体的转变是铁发生同素异构转变的结果。

4)ES 线,碳在奥氏体中的溶解度曲线,又称 A_cm 线。随着温度的变化,奥氏体的溶碳能力沿该线上的对应点变化。在 1148℃时,碳在奥氏体中的溶解度为 2.11%(E 点的含碳量),在 727℃时降到 0.77%(S 点的含碳量)。在 AGSE 区内为单相奥氏体。含碳量较高($w_C > 0.77\%$)的奥氏体,在从 1148℃缓冷到 727℃的过程中,由于其溶碳能力降低,多余的碳会以渗碳体的形式从奥氏体中析出,称为二次渗碳体(Fe₃C_II)。

5）*ECF* 线，共晶线。当不同成分液态合金冷却到此线 1148℃时，在此之前已结晶出部分固相（A 或 Fe_3C），剩余液态合金 $w_C=0.43\%$，将发生共晶转变，从剩余液态合金中同时结晶出奥氏体和渗碳体的混合物，即莱氏体（Ld）。共晶转变是一种可逆的转变。

6）*PSK* 线，共析线，又称 A_1 线。当合金冷却到此线时（727℃）将发生共析转变。从合金的奥氏体中同时析出铁素体和渗碳体的混合物，即珠光体（P）。共析转变也是一种可逆的转变。

三、铁碳合金的分类

按含碳量的不同，铁碳合金的室温组织可分为工业纯铁、钢和白口铸铁。

1. 纯铁

碳的质量分数小于等于 0.0218% 的铁碳合金称为纯铁，即 $w_C \leq 0.0218\%$。

2. 钢

碳的质量分数大于 0.0218% 而小于等于 2.11% 的铁碳合金称为钢，即 $0.0218\% < w_C \leq 2.11\%$。

钢的特点是高温固态组织为奥氏体，根据其室温组织特点不同，钢又分为三种：

（1）亚共析钢　$0.0218\% < w_C < 0.77\%$。

（2）共析钢　$w_C = 0.77\%$。

（3）过共析钢　$0.77\% < w_C \leq 2.11\%$。

3. 白口铸铁

把碳的质量分数大于 2.11% 的铁碳合金称为白口铸铁，即：$w_C > 2.11\%$。

白口铸铁的特点是高温发生共晶反应生成莱氏体，根据其室温组织特点不同，白口铸铁也分为三种：

（1）亚共晶白口铸铁　$2.11\% < w_C < 4.3\%$。

（2）共晶白口铸铁　$w_C = 4.3\%$。

（3）过共晶白口铸铁　$4.3\% < w_C < 6.69\%$。

四、铁碳合金的成分、组织与性能的关系

分析铁碳合金的室温组织不难发现，随含碳量的不同，其组织顺序为 F→F + P→P→P + Fe_3C→P + Fe_3C + Ld′→Ld′→Ld′ + Fe_3C_I。其中的珠光体（P）和低温莱氏体（Ld′）由铁素体和渗碳体组成，因此可认为铁碳合金的室温组织都是由铁素体和渗碳体组成的，但含碳量不同时，铁素体和渗碳体的相对量会有所变化。含碳量越高，铁素体数量越少，而渗碳体数量越多，铁碳合金的成分不但对其组织有上述影响，对其性能也有影响。含碳量越高，钢的强度、硬度越高，而塑性、韧性越低，在钢经过热处理后表现尤为明显。这主要是因为含碳量越高，钢中的硬脆相 Fe_3C 越多的缘故。当 $w_c > 0.9\%$ 后，由于脆而硬的二次渗碳体（Fe_3C_{II}）沿晶界析出，随二次渗碳体数量增加，形成网状分布，将钢中的珠光体组织割裂开来，使钢的强度有所降低，钢的硬度继续增加。因此，对于碳素钢及低、中合金钢来说，其碳的质量分数一般不超过 1.3%。

课题三 碳素钢

碳素钢是指碳的质量分数 $w_C \leqslant 2.11\%$ 的铁碳合金。在钢铁材料中，碳素钢具有冶炼方便、加工容易、价格低廉、工艺性能好、力学性能能够满足一般工程和机械制造的使用要求的特点，是工业中用量最大的金属材料。其中，在汽车工业的用材中，钢铁材料占整个用材总量的 65% ~ 70%。

一、碳素钢的成分

常用的碳素钢，$w_C < 1.3\%$。除 Fe、C 两个主要元素外，碳素钢在冶炼过程中还会带入一些杂质，如 Mn、Si、S、P 等常存元素。这些杂质对钢的质量有很大影响，尤其是 S、P，必须严格控制在要求的范围内。

1. 锰（Mn）

锰是钢中的有益元素，是炼钢时用锰铁脱氧而残留在钢中的，经常作为合金元素而特意加入钢中。锰具有很好的脱氧能力，能很大程度上减少钢中的 FeO，还能与硫化合成 MnS，减轻硫的有害作用。锰能溶解于铁素体和渗碳体中，形成合金固溶体和合金渗碳体，提高了钢的强度和硬度。当锰作为少量常存元素存在时，一般不应超过 1.00%。

2. 硅（Si）

硅也是一种有益元素，也是作为脱氧剂而进入钢的。硅的脱氧能力比锰强，可有效清除 FeO。硅在室温下大部分溶入铁素体，产生固溶强化，使铁素体的强度和硬度提高。硅作为杂质一般不应超过 0.4%。

3. 硫（S）

硫是钢中的有害元素，是在冶炼时由矿石带入的，炼钢时很难除尽。硫在铁素体中几乎不能溶解，而是以 FeS 形式存在。FeS 与 Fe 形成低熔点的共晶体，熔点为 985℃，分布在晶界。当钢材在 1000 ~ 1200℃进行压力加工时，共晶体熔化，使钢材变脆，这种现象称为热脆性。为了避免热脆，钢中含硫量必须严格控制，通常应使 $w_S < 0.05\%$。

4. 磷（P）

磷是钢中的有害元素。磷在钢中可全部溶解于铁素体中，使钢的强度、硬度有所提高，但塑性、韧度急剧降低，使钢在低温时变脆，这种现象称为冷脆性。因此，钢中含磷量也要严格控制，通常应使 $w_P < 0.045\%$。

钢在冶炼时还会吸收和溶解一部分气体，如氮、氢、氧等，给钢的性能带来有害的影响。尤其是氢，能造成氢脆，可使钢中产生微裂纹、白点等缺陷。

二、碳素钢的分类

1. 按含碳量分 按钢的含碳量可分为三种：

（1）低碳素钢 $w_C \leqslant 0.25\%$。

（2）中碳素钢 $w_C = 0.25\% ~ 0.6\%$。

（3）高碳素钢 $w_C > 0.6\%$。

2. 按钢的含杂质质量分 根据钢中有害杂质 **S**、**P** 的多少可分为三种：

（1）普通钢 $w_S \leq 0.055\%$，$w_P \leq 0.045\%$。

（2）优质钢 w_S、w_P 均 $\leq 0.04\%$。

（3）高级优质钢 w_S、w_P 均 $\leq 0.03\%$。

3. 按用途分 按用途可分为两种：

（1）碳素结构钢 用于制造工程结构（如桥梁、船舶、建筑、高压容器等）和机械零件（如齿轮、轴、螺钉、螺母、连杆等），这类钢一般为低、中碳素钢。

（2）碳素工具钢 用于制造各种工具（如刃具、模具和量具等），这类钢一般为高碳素钢。

4. 按脱氧程度分 按脱氧程度分为三种：

（1）沸腾钢 脱氧程度不完全的钢。

（2）镇静钢 脱氧程度完全的钢。

（3）半镇静钢 脱氧程度介于沸腾钢和镇静钢之间的钢。

三、碳素钢的牌号和用途

1. 普通碳素结构钢

普通碳素结构钢是工程中应用最多的钢种，其杂质和非金属夹杂物较多，但产量大，价格便宜，在性能上能满足一般工程结构及普通零件的要求，因而应用普遍。

（1）普通碳素结构钢牌号 根据国标 GB/T 700—2006 规定，普通碳素结构钢牌号由以下四部分组成：

1）屈服点字母：Q—钢屈服强度"屈"的汉语拼音字首；

2）屈服点强度数值：单位为 MPa；

3）质量等级符号：A、B、C、D 级，从 A 到 D 依次提高；

4）脱氧方法符号：F—沸腾钢、Z—镇静钢、TZ—特殊镇静钢，在牌号中若为 Z 和 TZ 则予以省略。

例如，Q235AF 表示屈服强度为 235MPa 的 A 级沸腾钢。

（2）常用普通碳素结构钢的牌号、化学成分和力学性能 常用普通碳素结构钢的牌号、化学成分和力学性能见表 2-3 及表 2-4。

表 2-3 常见普通碳素结构钢的牌号和化学成分（摘自 GB/T 700—2006）

牌号	统一数字代号[a]	等级	厚度（或直径）/mm	脱氧方法	化学成分（质量分数）（%），不大于				
					C	Si	Mn	P	S
Q195	U11952	—	—	F、Z	0.12	0.30	0.50	0.035	0.040
Q215	U12152	A	—	F、Z	0.15	0.35	1.20	0.045	0.050
	U12155	B							0.045
Q235	U12352	A	—	F、Z	0.22	0.35	1.40	0.045	0.050
	U12355	B			0.20[b]				0.045
	U12358	C		Z	0.17			0.040	0.040
	U12359	D		TZ				0.035	0.035

（续）

牌号	统一数字代号[a]	等级	厚度（或直径）/mm	脱氧方法	C	Si	Mn	P	S
					化学成分（质量分数）（%），不大于				
Q275	U12752	A	—	F、Z	0.24			0.045	0.050
	U12755	B	≤40	Z	0.21	0.35	1.50	0.045	0.045
			>40		0.22				
	U12758	C	—	Z	0.20			0.040	0.040
	U12759	D		TZ				0.035	0.035

注：235A、B 级沸腾钢锰质量分数上限为 0.60%。

表 2-4　常用普通碳素结构钢的力学性能（摘自 GB/T 700—2006）

牌号	等级	屈服强度 R_{eL} MPa，不小于						抗拉强度 R_m/MPa	断后伸长率 A（%），不小于					冲击试验（V 型缺口）	
		厚度（或直径）/mm							厚度（或直径）/mm					温度/℃	冲击吸收能量（纵向）/J 不小于
		≤16	>16~40	>40~60	>60~100	>100~150	>150~200		≤40	>40~60	>60~100	>100~150	>150~200		
Q195	—	195	185	—	—	—	—	315~430	33	—	—	—	—	—	—
Q215	A	215	205	195	185	175	165	335~450	31	30	29	27	26	—	—
	B													+20	27
Q235	A	235	225	215	215	195	185	370~500	26	25	24	22	21	—	—
	B													+20	27[c]
	C													0	
	D													−20	
Q275	A	275	265	255	245	225	215	410~540	22	21	20	18	17	—	—
	B													+20	27
	C													0	
	D													−20	

（3）普通碳素结构钢的应用　普通碳素结构钢广泛地应用于工程建筑、车辆、船舶以及一般的桥梁、容器等金属结构中。也常用于制造要求不高的机器零件，如螺钉、螺栓、螺母、垫圈以及手柄、小轴等。

（4）常用普通碳素结构钢在汽车上的应用　普通碳素结构钢在汽车上的应用见表 2-5。

表 2-5　常用普通碳素结构钢在汽车上的应用

牌　号	应　用
Q235A	传动轴中间轴承支架、发动机支架、后视镜支架、发动机油底壳加强板等
Q235AF	机油滤清器法兰、发电机连接板、前钢板弹簧夹箍、后视镜支架等
Q235B	同步器锥盘、差速器螺栓锁片、驻车制动器操纵杆棘爪和齿板等
Q235BF	消声器后支架、放水龙头手柄夹持架、百叶窗叶片等

2. 优质碳素结构钢

优质碳素结构钢中有害杂质及非金属夹杂物的含量较少，化学成分控制得也较严格，塑性、较韧性好，用于制造较重要的机械零件。

（1）优质碳素结构钢的牌号 这类钢的牌号用两位数字表示碳的质量分数的万分数的平均值，如45钢即表示 $w_C = 0.45\%$ 的优质碳素结构钢，这是正常含锰量的优质碳素结构钢的钢号表示方法。含锰量较高的钢，须将锰元素标出。所谓较高含锰量是指 $w_C > 0.6\%$、$w_{Mn} = 0.9\% \sim 1.2\%$ 以及 $w_C < 0.6\%$、$w_{Mn} = 0.7\% \sim 1.0\%$ 者，数字后面附加化学元素符号"Mn"。

例如钢号25Mn，表示平均 $w_C = 0.25\%$，$w_{Mn} = 0.7\% \sim 1.0\%$ 的优质碳素结构钢。

（2）常用优质碳素结构钢的牌号及化学成分 常用优质碳素结构钢的牌号及化学成分见表2-6。

表2-6 常用优质碳素结构钢的牌号及其化学成分

钢 号	化学成分 w（%）				
	C	Mn	Si	Gr	其 他
08F	0.05 ~ 0.11	0.25 ~ 0.50	≤0.03	≤0.10	
10	0.07 ~ 0.13	0.35 ~ 0.65	0.17 ~ 0.37	≤0.15	
20	0.17 ~ 0.23	0.35 ~ 0.65	0.17 ~ 0.37	≤0.25	$w_{Ni} \leq 0.30$
35	0.32 ~ 0.39	0.50 ~ 0.80	0.17 ~ 0.37	≤0.25	$w_{Cu} \leq 0.20$
40	0.37 ~ 0.44	0.50 ~ 0.80	0.17 ~ 0.37	≤0.25	
45	0.42 ~ 0.50	0.50 ~ 0.80	0.17 ~ 0.37	≤0.25	$w_S \leq 0.035$
50	0.47 ~ 0.55	0.50 ~ 0.80	0.17 ~ 0.37	≤0.25	$w_P \leq 0.035$
60	0.57 ~ 0.65	0.50 ~ 0.80	0.17 ~ 0.37	≤0.25	
65	0.62 ~ 0.70	0.50 ~ 0.80	0.17 ~ 0.37	≤0.25	

（3）常用优质碳素结构钢的应用

08F钢主要用作冷变形钢。

15、20钢是一般的表面渗碳钢，用于制造轴套、挡块、磨擦片等耐磨零件。

40、45、50钢属于调质钢，主要用于制造齿轮、丝杠、连杆和各种轴类零件。

65～85钢则属于碳素弹簧钢，主要用于制造弹簧。

（4）常用优质碳素结构钢在汽车上的应用 常用优质碳素结构钢在汽车上的应用见表2-7。

表2-7 常用优质碳素结构钢在汽车上的应用

牌 号	应 用
08	汽车外壳、发电机油底壳、油箱、离合器盖等
15	轮胎螺栓与螺母、发电机气门罩、离合器调整螺栓等
20	离合器分离杠杆、风扇叶片、驻车制动杆等
35	曲轴齿轮、半轴螺栓锥形套、机油泵齿轮、连杆螺母、气缸盖定位销等
45	气门推杆、同步器锁销、变速杆、凸轮轴、曲轴、离合器踏板轴及分离叉等
50	离合器从动盘等
65Mn	气门弹簧、转向纵拉杆弹簧、离合器压盘弹簧、活塞销卡簧等

3. 碳素工具钢

碳素工具钢的平均碳的质量分数 $w_C = 0.7\% \sim 1.3\%$，属于高碳素钢，以保证淬火以后有足够高的硬度和耐磨性。它主要用于制造刀具、量具和模具。碳素工具钢的质量较高，要求 S、P 等杂质的含量特别低，是经过精炼的优质钢。所有碳素工具钢都要经过热处理后，才能进一步提高硬度和耐磨性。

（1）碳素工具钢的牌号　碳素工具钢的牌号是在"碳"字汉语拼音字母首位"T"的后面附加数字表示，数字表示钢中平均含碳量的千分之几。

如碳的质量分数 $w_C = 0.8\%$ 的工具钢，其牌号为"T8"。含锰量较高者须在牌号后标以"Mn"。若为高级优质碳素工具钢则在牌号末尾加"A"，例如，T12A 表示 $w_C = 1.2\%$ 的高级优质碳素工具钢。

（2）常用碳素工具钢的牌号和成分　常用碳素工具钢的牌号和化学成分见表2-8。

表2-8　常用碳素工具钢的牌号和化学成分（摘自 GB/T 1298—2008）

钢组	钢号	化学成分 w（%）				
		C	Mn	Si	S	P
优质钢	T7	0.65 ~ 0.74	≤0.40	≤0.35	≤0.030	≤0.035
	T8	0.75 ~ 0.84	≤0.40	≤0.35	≤0.030	≤0.035
	T8Mn	0.80 ~ 0.90	0.40 ~ 0.60	≤0.35	≤0.030	≤0.035
	T9	0.85 ~ 0.94	≤0.40	≤0.35	≤0.030	≤0.035
	T10	0.95 ~ 1.04	≤0.40	≤0.35	≤0.030	≤0.035
	T11	1.05 ~ 1.14	≤0.40	≤0.35	≤0.030	≤0.035
	T12	1.15 ~ 1.24	≤0.40	≤0.35	≤0.030	≤0.035
	T13	1.25 ~ 1.35	≤0.40	≤0.35	≤0.030	≤0.035

（3）常用碳素工具钢性能和用途　常用碳素工具钢的性能和用途见表2-9。所有碳素工具钢淬火后的硬度差别不大，但随含碳量的增加，渗碳体含量增大，钢的耐磨性提高，同时韧度下降。

表2-9　常用碳素工具钢的牌号、性能及用途

钢号	硬度		用途
	供应态 HBW	淬火后 HRC ≥	
T7	187	62	硬度适当，韧性较好耐冲击的工具，如扁铲、手钳、大锤、木工工具等
T8	187	62	承受冲击，要求较高硬度的工具，如冲头、压缩空气工具、木工工具等
T9	192	62	韧性中等，硬度较高的工具，如冲头、木工工具、凿岩工具等
T10	197	62	无剧烈冲击，要求高硬度、高耐磨的工具，如车刀、刨刀、丝锥、钻头、手锯条等
T11	207	62	
T12	207	62	不受冲击，要求高硬度耐磨的工具，如锉刀、刮刀、精车刀、丝锥、量具等
T13	217	62	同上，要求更高强度和耐磨的工具，如刮刀、剃刀等

注：淬火后硬度是指碳素工具钢材料淬火后的最低硬度。

4. 铸钢

铸造碳素钢（简称为铸钢）属于中、低碳素钢，主要用于受冲击负荷作用的形状复杂的零件，如轧钢机机架，重载大型齿轮、飞轮等。因为形状复杂的零件，很难用锻压等方法成形，用铸铁又难以满足性能要求，常需选用铸钢件。

（1）铸钢的牌号　铸钢的牌号由"ZG"即"铸钢"两字的汉语拼音字首和两组数字组成，前一组数字表示铸件的屈服强度的最低值，后一组数字表示抗拉强度的最低值。

例如，ZG200-400 表示屈服强度不小于200MPa，抗拉强度不小于400MPa 的铸钢。

（2）常用铸钢的成分、力学性能　常用铸钢的成分、力学性能见表2-10。

表2-10　常用铸钢的成分、力学性能

钢　号	化学成分（%）（上限值）			力学性能				
	C	Mn	Si	屈服强度 R_{eL}/MPa	抗拉强度 R_m/MPa	伸长率 A（%）	断面收缩率 Z（%）	冲击韧度 a_K/（J/cm²）
ZG200-400	0.20	0.80	0.50	200	400	25	40	600
ZG230-450	0.30	0.90	0.50	230	450	22	32	450
ZG270-500	0.40	0.90	0.50	270	500	18	25	350
ZG310-570	0.50	0.90	0.60	310	570	15	21	300
ZG340-640	0.60	0.90	0.60	340	640	10	18	200

（3）常用碳素铸钢在汽车上的应用　表2-11 为常用碳素铸钢在汽车上的应用。

表2-11　常用碳素铸钢在汽车上的应用

牌　号	应　用
ZG270-500	机油管法兰、化油器活接头、车门限制器的限制块等
ZG310-570	进排气歧管压板、风扇过渡法兰、前减振器下支架、变速叉、起动爪等
ZG340-640	齿轮、蜗轮等

课题四　钢的热处理工艺简介

一、热处理的基础知识

热处理是改善金属材料使用性能和工艺性能的一种非常重要的工艺方法，它是强化金属材料，提高产品质量和使用寿命的主要途径之一。因此，绝大部分重要的机械零件在制造过程中都必须进行热处理。

1. 热处理的概念

所谓热处理，就是对固态的金属或合金采用适当的方式进行加热、保温和冷却，以获得所需要的组织结构与性能的工艺。

铸造、锻压、焊接和机械加工使零件成形，而热处理的目的是改变金属材料的组织和性能，而不改变零件的形状和尺寸。各种机械零件中，大多数或绝大多数都要经过热处理才能投入使用。钢的热处理对提高和改善零件的力学性能有着十分重要的作用。

2. 热处理的工艺过程

任何一种热处理的工艺过程，都包括下列三个步骤：

（1）加热 以一定速度把零件加热到规定的温度。这个温度范围根据不同的金属材料、不同的热处理要求而定。

（2）保温 在此温度下保温一定的时间，使工件全部或局部热透。

（3）冷却 以某种速度把工件冷却下来。

热处理工艺过程可用以温度-时间为坐标的曲线图表示。图 2-15 所示的曲线称为热处理工艺曲线。通过控制加热温度和冷却速度，可以在很大范围内改变金属材料的性能。

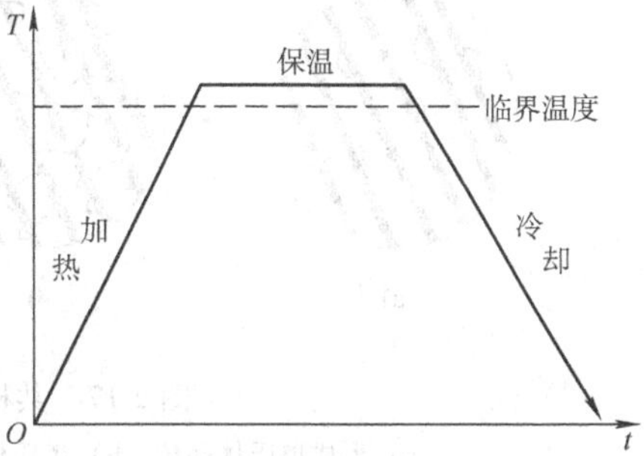

图 2-15 钢的热处理工艺曲线

二、钢在加热和冷却时的组织转变

1. 钢在加热和冷却时的相变温度

研究钢在加热和冷却时的相变规律是以铁碳合金相图为基础的。铁碳合金相图上的 A_1、A_3、A_{cm} 转变线，是碳钢在极缓慢加热或冷却情况下测定的。但在实际生产中，加热和冷却并不是极其缓慢的，因此，钢中的各相不能完全按铁碳合金相图上的 A_1、A_3、A_{cm} 线转变，必然要产生滞后的现象，即在加热时钢的转变温度要高于平衡状态下的临界点，在冷却时钢的转变温度要低于平衡状态下的临界点。升高和降低的幅度随加热和冷却的速度增加而增大。为了便于区分，通常把实际加热时的温度转变线用 Ac_1、Ac_3、Ac_{cm} 表示，把实际冷却时的温度转变线用 Ar_1、Ar_3、Ar_{cm} 表示，如图 2-16 所示。

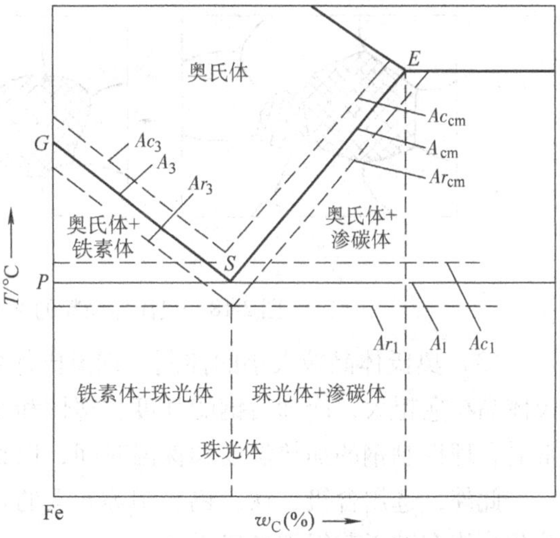

图 2-16 钢在加热和冷却时的临界温度

2. 钢加热时奥氏体的形成

大多数钢热处理加热的目的是获得成分均匀、晶粒细小的奥氏体组织，为后续冷却时的组织转变作准备。

（1）奥氏体的形成过程 由 Fe-Fe$_3$C 相图可知，将钢加热至奥氏体相区，均可获得奥氏体组织（称为奥氏体化）。

现以共析钢为例，对其奥氏体形成过程简介如下。

将共析钢加热至 Ac_1 以上温度，其珠光体组织向奥氏体转变的过程为：形成奥氏体晶核，奥氏体晶核长大，Fe_3C 继续溶解和奥氏体成分均匀化，最终形成成分均匀的单相奥氏体多晶体组织，如图 2-17 所示。

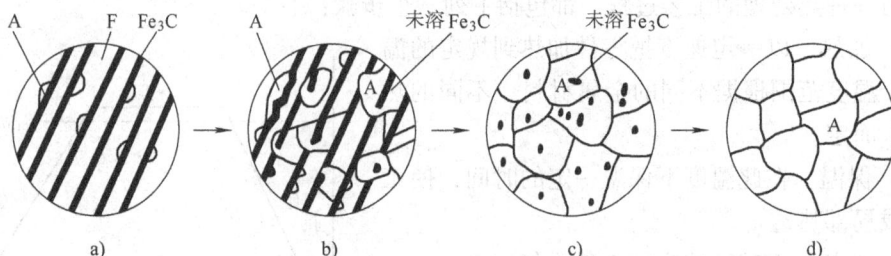

图 2-17　共析钢中奥氏体形成过程的示意图

a）形成奥氏体晶核　b）奥氏体晶核长大　c）残留渗碳体溶解　d）奥氏体均匀化

亚共析钢和过共析钢的奥氏体化加热温度分别在 Ac_3 和 Ac_{cm} 以上。它们在奥氏体化时，除珠光体转变为奥氏体外，还分别伴随有铁素体向奥氏体的转变和二次渗碳体的溶解。

（2）奥氏体晶粒的长大　当珠光体刚刚全部转变为奥氏体时，奥氏体晶粒还是很细小的。此时将奥氏体冷却后得到的组织晶粒也很细小。如果在形成奥氏体后继续升温或延长保温时间，都会使奥氏体晶粒逐渐长大。晶粒的长大是依靠较大晶粒吞并较小晶粒和晶界迁移的方式进行的，如图 2-18 所示。

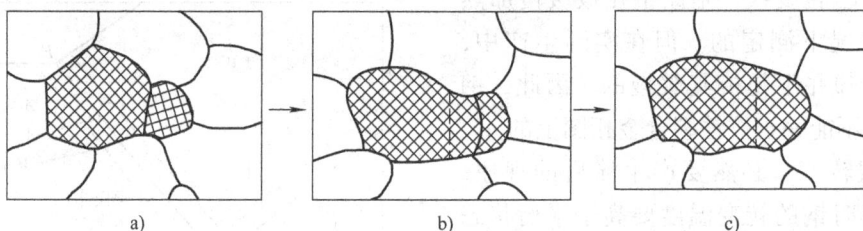

图 2-18　奥氏体晶粒的吞并与长大形成过程的示意图

（3）奥氏体晶粒大小的控制　钢奥氏体化的加热温度愈高、保温时间愈长，得到的奥氏体晶粒愈粗大，冷却后钢的强度、塑性和韧性愈差，且易引起淬火裂纹。因此，生产中常需合理控制钢的加热温度和保温时间，以获得细晶奥氏体组织。

此外，选用含钒、钛、钨、钼等元素的合金钢，或先通过预备热处理使钢中的渗碳体球化，均有助于获得细晶奥氏体。

3. 奥氏体冷却时的组织转变

钢的热处理冷却过程是决定钢热处理组织和性能的关键工序。将同一成分的钢奥氏体化后以不同速度冷却时，可获得不同的力学性能。其原因在于随冷却速度增大，奥氏体在非平衡条件下不再按 Fe-Fe_3C 相图所示规律转变为珠光体等平衡组织，而是过冷至 A_1 以下温度转变为其他非平衡组织。

钢的热处理冷却方式可采用等温冷却，也可采用连续冷却，如图 2-19 所示。因此，奥氏体冷却时的组织转变，既可在 A_1 以下某一温度等温进行，也可在连续冷却中进行，其组织转变规律，可分别用试验测定的过冷奥氏体等温转变图或过冷奥氏体连续冷却转变图来描述。

现以共析钢为例，对其过冷奥氏体等温转变图及转变产物介绍如下：

（1）过冷奥氏体等温转变图　奥氏体在 A_1 以上是稳定相。当过冷至 A_1 以下尚未转变而暂时存在的奥氏体，称为过冷奥氏体。表示过冷奥氏体等温温度与转变产物、等温时间与转变量之间关系的图形，称为过冷奥氏体等温转变图。共析钢的过冷奥氏体等温转变图如图 2-20 所示，因其形状如字母"C"，故又称为 C 曲线。

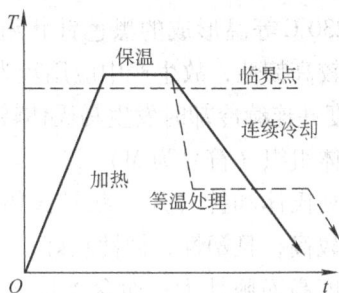

图 2-19　两种冷却方式的示意图　　　　图 2-20　共析钢奥氏体等温转变图

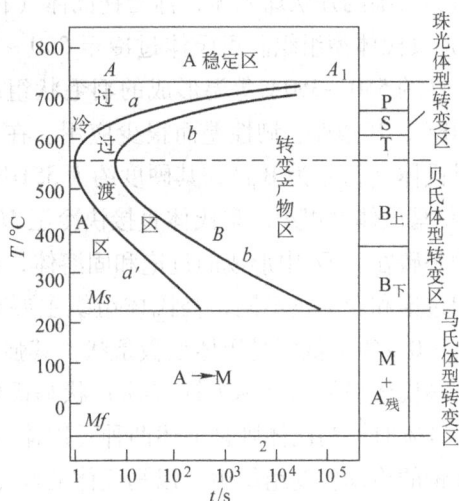

过冷奥氏体等温转变图中的纵坐标和横坐标（对数坐标）分别代表等温温度和等温时间。共析温度 A_1 线以上区域是奥氏体区。

A_1 线下面的两条"C"形曲线中，左边是过冷奥氏体等温转变的开始线，右边是过冷奥氏体等温转变的终了线；转变开始线以左的区域是不稳定的过冷奥氏体区，表示不同温度等温时，过冷奥氏体所需的转变准备时间（称为孕育期）不同；转变终了线以右的区域是等温转变产物区，表示随等温温度降低，等温转变产物依次为珠光体型（包括珠光体 P、索氏体 S、托氏体 T）和贝氏体型（包括上贝氏体 $B_上$、下贝氏体 $B_下$）的组织，且硬度也随之增高；转变开始线与转变终了线之间的区域是过冷奥氏体的等温转变区，也称过渡区，表示在该区域等温时过冷奥氏体发生等温转变，其转变产物随等温时间增加而不断增多直至转变终了。

Ms 线和 Mf（$-50℃$）线分别代表过冷奥氏体向马氏体（符号为 M）转变的开始温度和终止温度。当钢经奥氏体化后直接快冷至低温时，过冷奥氏体不再发生等温转变，而是从 Ms 温度开始向马氏体转变，并随温度不断降低，转变得到的马氏体增多，直到 Mf 温度时转变终止，即马氏体转变须在 $Ms \sim Mf$ 温度范围连续冷却时进行。由于 $w_C > 0.6\%$ 的高碳钢的 Mf 温度已降至 0℃ 以下，当其快冷至室温时，仍有部分未转变的残留奥氏体（符号为 $A_残$）。

（2）奥氏体冷却转变的产物　由 C 曲线可知，过冷奥氏体冷却转变温度不同，得到的转变产物也不同。根据产物的组织特征，可将其分为珠光体型组织、贝氏体型组织和马氏体型组织三种类型。

1）珠光体型组织。奥氏体过冷至 723～550℃ 等温时的转变产物，均为由铁素体与渗碳体相间排列而成的片层状组织，故称为珠光体型组织。等温转变温度愈低，得到的珠光体类组织愈细密，其强度和硬度愈高。

在 723～650℃ 等温时，得到粗片状珠光体，其硬度 <22HRC；在 650～600℃ 等温时，得到细片状珠光体，称为索氏体（符号为 S），其硬度约 25～32HRC；在 600～550℃ 等温时，得到极细的片状珠光体，称为托氏体（符号为 T），其硬度约 32～40HRC。

2）贝氏体型组织。奥氏体过冷至 550～230℃ 等温时的转变产物称为贝氏体型组织。其中，在约 550～350℃ 等温形成的羽毛状组织，称为上贝氏体（符号为 $B_上$），其硬度约为 45HRC，其塑性、韧性差而很少应用。在约 350～230℃ 等温形成的黑色针状组织，称为下贝氏体（符号为 $B_下$），其硬度约为 55HRC，且有较高韧性，故生产中应用较为广泛。

3）马氏体型组织。奥氏体直接快冷至 Ms 以下温度并连续冷却时发生马氏体转变，转变产物是碳在 α-Fe 中形成的过饱和固溶体，称为马氏体组织（符号为 M）。

因过饱和含碳量不同，马氏体组织主要有板条状马氏体和针（片）状马氏体两种形态。w_C <0.2% 的低碳马氏体呈板条状，其强度、硬度较高，且塑性、韧性较好；w_C >1% 的高碳马氏体呈针状，称为针（片）状马氏体，其硬度高而脆性大；而含碳量（w_C）在 0.2%～1% 时，马氏体则是上述两种马氏体的混合组织，其性能介于二者之间。

在钢的冷却转变组织中，以马氏体的硬度为最高（如共析钢为 66HRC），且其硬度与过饱和碳含量有关：即随过饱和碳含量增加，马氏体的硬度急剧升高，当 w_C >0.6% 以后，其马氏体硬度不再显著增加。此外，由于马氏体的比体积（体积与质量之比）最大，奥氏体的比体积最小，因此，钢由奥氏体转变为马氏体时，因其体积膨胀而产生淬火应力，易使淬火零件变形甚至开裂。

（3）奥氏体的连续冷却转变

在实际热处理生产中，过冷奥氏体转变大多在连续冷却过程中进行。由于连续冷却转变图的测定比较困难，故常用连续冷却曲线与等温转变图叠加，近似地分析连续冷却转变的产物和性能。

图 2-21 中，v_1、v_2、v_3、v_4 分别代表不同的冷却速度，根据它们与 C 曲线相交的温度范围，可定性地确定其连续冷却转变的产物和性能。

与 C 曲线"鼻尖"相切的冷

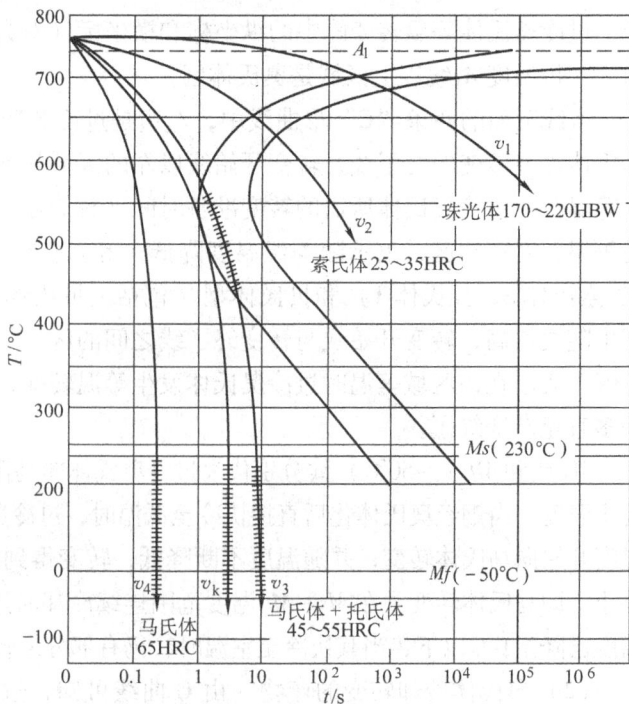

图 2-21 用等温转变曲线分析奥氏体的连续冷却转变

却速度 v_k，就是冷却时获得全部马氏体的最小冷却速度——临界冷却速度（$v_临$）。当奥氏体的冷却速度大于该钢的 $v_临$，急冷到 Ms 以下时，奥氏体便不再转变为除马氏体外的其他组织。

三、常用热处理的方法

热处理方法很多，常用的有普通热处理（包括退火、正火、淬火和回火）以及表面热处理（包括表面淬火和化学热处理等）两大类。热处理既可以作为预备热处理以消除上一道工序所遗留的某些缺陷，为下一道工序准备好条件；也可作为最终热处理进一步改善材料的性能，从而充分发挥材料的潜力，达到零件的使用要求。

1. 退火

退火是把工件加热到适当的温度，保温一定时间后随炉降温而缓慢冷却的热处理方法。退火的目的是消除铸、锻件等的内应力，以防止变形和开裂；均匀组织、细化晶粒，改善钢的力学性能；降低钢的硬度，提高钢的切削加工性等。

退火的种类很多，最常用的退火工艺有完全退火、等温退火、球化退火和去应力退火等。

（1）完全退火 一般简称退火。完全退火是将钢件加热到完全奥氏体化，即加热到 Ac_3 以上 $30 \sim 50℃$。根据零件的尺寸保温一段时间，随炉缓冷到 $500℃$ 以下再出炉空冷。室温下其组织为细小的铁素体和片状珠光体的混合物。

完全退火主要用于亚共析成分的碳钢和合金钢的铸件、锻件及热轧型材，也可用于焊接结构件。其目的在于细化组织，消除内应力与组织缺陷，降低硬度，为随后的切削加工和淬火做好组织准备。

（2）球化退火 是将钢件加热到 Ac_1 以上 $20 \sim 30℃$，保温一定时间，以不大于 $50℃/h$ 的速度随炉缓冷，使钢中未溶的碳化物自发地由片状变成球状。

球化退火的目的是降低硬度，改善切削加工性能，并为以后的淬火做好组织准备。主要用于共析或过共析成分的碳钢和合金钢。

（3）去应力退火 又称低温退火。它是将钢件缓慢加热至低于 A_1 的温度（一般为 $500 \sim 650℃$）并保温一定时间，然后随炉缓冷到 $200℃$ 后再出炉空冷的工艺方法。

去应力退火的目的是为了消除铸件、锻件、焊接件、冷冲压件及机械加工件等所产生的残留应力，防止工件在随后的机械加工或长期使用过程中，引起变形和开裂。

退火加热时温度控制应准确。温度过低达不到退火目的，温度过高又会造成过热、过烧、氧化、脱碳等缺陷。操作时还应注意零件的放置方法，当退火的主要目的是为了消除内应力时更应注意。如对于细长工件的稳定尺寸退火，一定要在井式炉中垂直吊置，以防止工件由于自身重力所引起的变形。

2. 正火

正火是将钢件加热到转变为完全奥氏体（对于亚共析钢为 Ac_3 以上 $30 \sim 50℃$，对于过共析钢为 Ac_{cm} 以上 $30 \sim 50℃$），保温一定时间后，在空气中冷却得到细片状珠光体组织的热处理工艺。

与退火相比，正火是在炉外冷却，不占用加热设备，生产周期比退火短，生产效率高，能量消耗少，工艺简单，成本低，性能好。因此，低碳钢和中碳钢多采用正火来代替退火。

由于正火比退火的冷却速度快，所以正火工件获得的组织比较细密，比退火工件的强度和硬度稍高，韧性也较好。表 2-12 列出了 45 钢正火与退火状态的力学性能对比。

表 2-12 45 钢正火与退火状态的力学性能对比

工艺方法	R_{eL}/MPa	$A_{11.3}$（%）	$a_K/$（J/cm^2）	HBW
正火	700 ~ 800	15 ~ 20	50 ~ 80	~ 220
退火	650 ~ 700	15 ~ 20	40 ~ 60	~ 180

正火的主要应用范围如下：

1）正火可作为一般结构件的最终热处理。由于正火组织较细，比退火状态有较好的综合力学性能，而且工艺过程较为简单。所以，对于某些要求不是很高的结构件和大型件可用正火作为最终热处理。

2）改善亚共析钢的切削加工性能。亚共析钢退火后，硬度偏低，切削加工时易产生"粘刀"现象。正火可以增加珠光体的数量和分散度，提高硬度，从而改善切削加工性能。

3）消除或减少过共析钢中二次渗碳体组织，为球化退火做组织准备。因为正火冷却速度较大，二次渗碳体来不及沿奥氏体晶界呈网状析出，所以渗碳体呈断续的链状分布。

4）对某些大型或形状复杂的零件，当淬火有开裂危险时，可用正火代替淬火、回火处理。

三种退火和正火的加热温度范围及热处理工艺曲线如图 2-22 所示。

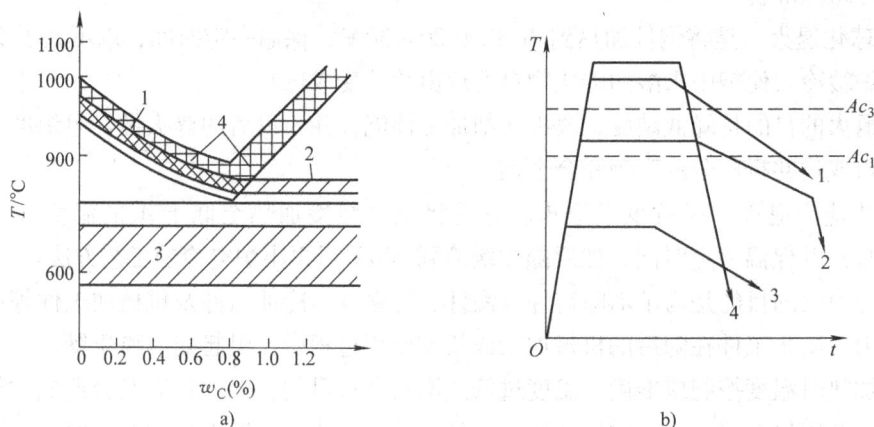

图 2-22 退火和正火的加热温度范围及热处理工艺曲线
a）加热温度范围 b）工艺曲线
1—完全退火 2—球化退火 3—去应力退火 4—正火

3. 淬火

淬火是将工件加热到 Ac_1 或 Ac_3 以上 30 ~ 50℃ 并保温一定的时间，然后快冷，以获得马氏体组织。其主要目的是提高钢的硬度和耐磨性，是强化钢材最重要的工艺方法。

淬火质量取决于淬火三要素，即加热温度、保温时间和冷却速度。

（1）淬火加热温度 钢的淬火加热温度是根据 Fe-Fe₃C 相图来选择的，如图 2-23 所示。对于亚共析钢，淬火加热温度一般选择在 Ac_3 以上 30～50℃，淬火后获得的是均匀细小的马氏体组织。而共析钢和过共析钢淬火加热温度一般选择在 Ac_1 以上 30～50℃，淬火后获得的是均匀细小的马氏体和粒状渗碳体的混合组织。

而对于合金钢，因为大多数合金元素阻碍奥氏体晶粒长大（Mn、P 除外），所以淬火温度允许比碳钢的温度要高一些。尤其是有些高合金钢，淬火加热温度远高于 Ac_1，同样能获得均匀细小的金相组织，这与合金元素在钢中的作用有关。

（2）加热保温时间 淬火加热保温时间受钢的化学成分、工件尺寸及形状、加热炉类型等多种因素的影响。一般来讲，在保证工件热透和内部组织充分转变的前提下，应尽量缩短加热保温时间，以提高热处理质量。具体加热保温时间，可根据经验公式估算，也可由试验来确定。

（3）淬火冷却介质 钢件淬火所用的冷却介质称为淬火冷却介质。淬火是为了得到马氏体，这就要求淬火的冷却速度必须大于临界冷却速度 $v_{临}$。但冷却速度过大，可能会造成很大的内应力，往往会引起钢件的变形和开裂。因此，淬火冷却介质对钢的理想淬火冷却速度应是"慢—快—慢"，如图 2-24 所示。

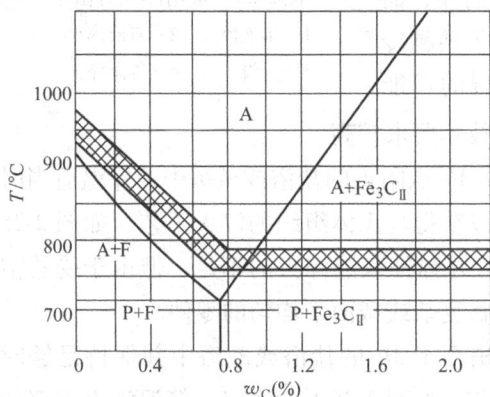

图 2-23　钢的淬火加热温度范围

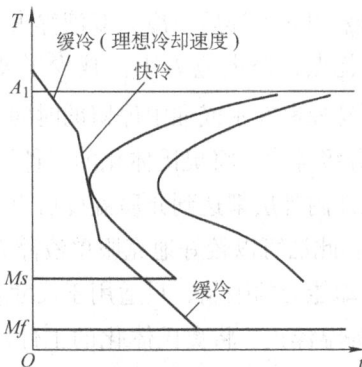

图 2-24　钢的理想淬火冷却速度

常用淬火冷却介质的特点及应用场合见表 2-13。

表 2-13　常用淬火冷却介质的特点及应用场合

介质	冷却特点	应用场合
水	在 550～650℃ 范围的冷却能力较大。但在 200～300℃ 时，冷却能力过强，易使工件获得马氏体组织，但会产生大的淬火应力，容易引起工件变形或开裂	主要用于形状简单、截面尺寸不大的碳钢零件的淬火
油	在 200～300℃ 范围内冷却能力较弱，有利于减少工件的变形和开裂倾向。但在 550～650℃ 范围的冷却能力却不够强，不利于碳钢的淬硬	常用于临界冷却速度较低的合金钢和某些小型复杂碳素钢零件的淬火

此外，还有一些冷却效果较好的新型淬火冷却介质，如聚乙烯醇水溶液，其冷却性能介于水和油之间，且有着良好的经济和环境效益，是今后淬火冷却介质应用和发展的方向。

（4）常用淬火方法　由于淬火冷却介质不能完全达到理想的状态，所以在热处理工艺方面还可以通过不同的淬火冷却方法来弥补。常用的淬火方法有以下几种，如图 2-25 所示。

1）单液淬火。将奥氏体化的工件浸入到一种淬火冷却介质中连续冷却到室温的淬火工艺，如图 2-25 中曲线 1。例如，碳钢在水中淬火或合金钢在油中淬火等。这种方法操作简单，易实现机械化和自动化，应用较广。缺点是水淬开裂倾向大，油淬冷却速度慢，容易产生硬度不足或硬度不均匀现象，所以单液淬火常用于形状简单的工件淬火。

2）双液淬火。将奥氏体化的工件先浸入冷却能力较强的介质中，冷却到稍高于 Ms 温度，再立即转入另一种冷却能力较弱的介质中，使之发生马氏体转变的淬火工艺，如图 2-25 中曲线 2。如碳钢常采用先水淬后油淬，而合金钢则采用先油淬后空冷。双液淬火充分利用了两种冷却介质的优点，淬火应力小，减少了变形和开裂的可能

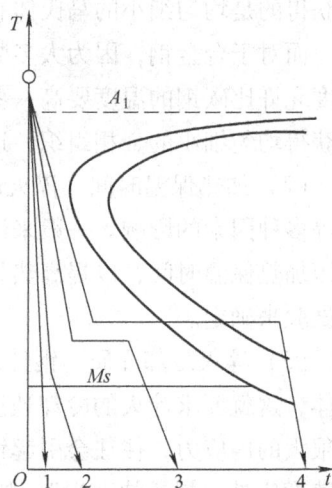

图 2-25　常用淬火方法
1—单液淬火　2—双液淬火
3—分级淬火　4—等温淬火

性；但不易控制在水或油中停留的时间，对操作技术要求较高。

3）分级淬火。将奥氏体化的工件浸入温度在 Ms 点附近的盐浴或碱浴中并保温适当时间，待工件内外层都达到介质温度后出炉空冷，以获得马氏体组织的淬火工艺，如图 2-25 中曲线 3。此法可以较好地克服单液淬火的缺点，并弥补双液淬火的不足。但由于受盐浴或碱浴冷却能力的限制，只适用于尺寸较小、形状复杂或截面不均匀的零件。

4）等温淬火。将奥氏体化的工件浸入温度稍高于 Ms 的盐浴或碱浴中并保持足够时间，使其发生下贝氏体转变后取出空冷的淬火工艺，如图 2-25 中曲线 4。等温淬火不仅能大幅度降低工件的淬火应力，有效防止变形和开裂，而且能获得具有高强度和良好韧性相配合的下贝氏体组织。但由于盐浴或碱浴的冷却能力较小，适用于形状复杂、尺寸精度要求高的小型工件，如弹簧、板牙、小齿轮等，也可用于较大截面的高合金钢零件的淬火。缺点是生产周期长，效率低。

分级淬火与等温淬火有些相似，但实质却不同。主要区别是分级淬火的时间很短，随后空冷时发生马氏体转变；而等温淬火的等温时间长（一般在 0.5h 以上），以保证完成贝氏体转变。

淬火操作时要注意工件浸入淬火剂的方法。如果浸入方式不正确，可能使工件各部分的冷却速度不一致而造成很大的内应力，使工件发生变形和裂纹，或产生局部淬不硬等缺陷。例如，钻头、轴杆类等细长工件应以吊挂的方式垂直地浸入淬火液中；薄而平的工件（圆盘铣刀等），不能平着放入而必须立着放入淬火冷却介质中；使工件各部分的冷却速度

趋于一致。

淬火操作时还必须穿戴防护用品，如工作服、手套、防护眼镜等，以防淬火液飞溅伤人。

4. 回火

回火是将淬火后的钢加热到奥氏体转变温度以下某一温度，保温后冷却下来的一种热处理工艺，其目的是减小或消除淬火应力，稳定组织，提高钢的塑性和韧性，从而使钢的强度、硬度和塑性、韧性得到适当配合，以满足不同工件的性能要求。按其回火温度范围，可将回火分为以下几种：

（1）低温回火（150～250℃）　低温回火主要是为了降低钢中残留应力和脆性，而保持钢在淬火后所得到的高强度、高硬度和耐磨性。在生产中，低温回火被广泛应用于工具、量具、滚动轴承、渗碳工件以及表面淬火工件等。

（2）中温回火（350～500℃）　经中温回火后，工件的内应力基本消除，其力学性能特点是具有极高的弹性极限和良好的韧性。中温回火主要用于各种弹簧零件及热锻模具的处理。

（3）高温回火（500～650℃）　将淬火加高温回火相结合的热处理工艺称为调质处理。经调质处理后钢的强度、塑性和韧性具有良好的配合，即具有较高的综合力学性能。因而，调质处理被广泛应用于中碳结构钢和低合金结构钢制造的各种重要的结构零件，特别是在交变载荷下工作的连杆、螺栓以及轴类等。一般要求具有较高综合力学性能的重要结构零件，如汽车车轴、坦克的扭力轴等，都要经过调质处理。用于调质处理的钢多为中碳优质结构钢和中碳低合金结构钢。一般把用于调质处理的钢称为调质钢。

5. 表面淬火

在汽车中，有许多零件是在冲击载荷、扭转载荷及摩擦条件下工作的，如汽车变速齿轮及传动齿轮轴等。它们要求表面具有很高的硬度和耐磨性，而心部要具有足够的塑性和韧性。这一要求如果仅从选材方面去解决是十分困难的，若用高碳钢，硬度高，但心部韧性不足；相反，若用低碳钢，心部韧性好，但表面硬度低，不耐磨。为了满足上述要求，实际生产中一般先通过选材和常规热处理满足心部的力学性能，再通过表面热处理的方法强化零件表面的力学性能，以达到零件"外硬内韧"的性能要求。

表面淬火是一种仅对工件表层进行淬火的热处理工艺。其原理是通过快速加热，使钢的表层奥氏体化，在热量尚未充分传到零件中心时就立即予以冷却淬火的方法。它不改变钢的表层化学成分，但却改变了表层组织。

通常钢件在表面淬火前均进行正火或调质处理，表面淬火后应进行低温回火。这样，不仅可以保证其表面的高硬度和高耐磨性，而且可以保证心部具有高的强度和韧性。表面淬火常用于在交变载荷、冲击载荷作用以及强烈摩擦条件下工作的零件，如汽车传动齿轮等，以满足其表面要具有高硬度和高耐磨性，而心部要具有足够的强度和韧性的特殊性能要求。

表面淬火的关键是加热的方法，必须要有较快的加热速度。目前表面淬火的方法很多，如火焰淬火、感应淬火、接触电阻加热淬火、激光淬火等，但生产中最常用的方法主要有火焰淬火和感应淬火两种。

（1）火焰淬火 应用氧乙炔（或其他可燃气体）焰对零件表面进行快速加热，随后立即用水喷射快速冷却的工艺称为火焰淬火，如图 2-26 所示。火焰淬火的淬硬层深度一般为 2～6mm，可通过控制火焰喷嘴的移动速度获得不同深度的淬硬层。

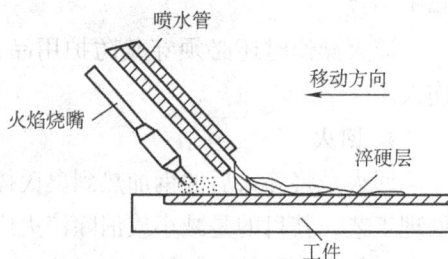

图 2-26 火焰淬火示意图

火焰加热的特点是：加热温度及淬硬层深度不易控制，易产生过热和加热不均匀的现象，淬火质量不稳定。但这种方法不需要特殊设备，故适用于单件或小批量生产。

（2）感应淬火 利用感应电流通过工件所产生的热效应，使工件表面受到局部加热，并进行快速冷却的淬火工艺称为感应淬火。

感应淬火的原理如图 2-27 所示。把工件放入空心铜管绕成的感应器内，感应器中通入一定频率的交流电，在电磁感应作用下感应器就会产生一个频率相同的交变磁场，工件内部就会产生频率相同、方向相反的感应电流，该电流在钢件内自成回路，称为"涡流"。由于涡流在工件截面上的分布是不均匀的，涡流主要集中在工件表面，这种现象称为涡流的"趋肤效应"。感应器中的电流频率越高，涡流越集中于工件的表层，趋肤效应越明显。这样，生产中只要调整通入感应器的电流频率，就可以有效控制加热层的深度。

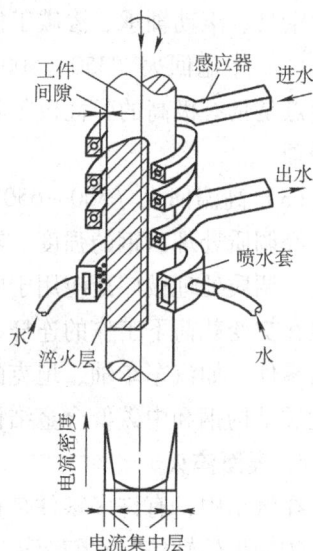

图 2-27 感应加热表面淬火示意图

感应淬火电流频率与淬硬层的关系见表 2-14。

由于涡流在趋肤效应作用下使工件表层迅速加热到淬火所需的温度（而心部温度仍接近室温），随即喷水快速冷却，从而达到表面淬火的目的。

表 2-14 感应加热表面淬火的频率选择

分类	频率范围	硬硬层深度/mm	应用举例
高频感应加热	200～300kHz	0.5～2	在摩擦条件下工作的零件，如小齿轮、小轴等
中频感应加热	1～10kHz	2～8	承受扭矩、压力载荷的零件，如曲轴、大齿轮、主轴等
工频感应加热	50Hz	10～15	承受扭矩、压力载荷的大型零件，如冷轧辊等

与火焰淬火相比，感应淬火具有以下特点：

1）加热速度快，零件由室温加热到淬火温度仅需几秒到几十秒的时间。

2）淬火质量好，由于加热迅速，奥氏体晶粒不易长大，淬火后表层可获得细针状（或隐针状）马氏体，硬度比普通淬火高 2～3HRC。

3）淬硬层深度易于控制，淬火操作易实现机械化和自动化，但设备较复杂，成本高，故适用于大批量生产。

6. 化学热处理

将工件置于一定温度的活性介质中加热和保温，使一种或几种元素渗入它的表层，以改变其化学成分、组织和性能的热处理工艺称为化学热处理。与其他热处理相比，化学热处理不仅改变了钢的组织，而且表面层的化学成分也发生了变化，因而能更有效地改变零件表层的性能。

根据渗入元素的不同，化学热处理可分为渗碳、渗氮、碳氮共渗，渗铝、渗硼、渗铬等。化学热处理的主要目的是提高工件的表面硬度、耐磨性以及疲劳强度；也可提高零件的耐蚀性、抗氧化性，以替代昂贵的合金钢。

无论哪种化学热处理方法，都是由分解、吸收和扩散三个基本过程所组成。首先在一定条件下，从介质中分解出具有活性的元素原子；活性原子吸附在工件表面，进入铁的晶格形成固溶体或化合物，被工件表面吸收；被吸收的渗入原子达到一定浓度时，由表向里扩散，形成一定浓度的渗层，以达到化学热处理的目的。扩散要有两个基本条件：一是要有浓度差，原子只能由浓度高处向浓度低处扩散；二是扩散的原子要有一定的能量，所以化学热处理要在一定的加热条件下进行。

目前，在生产中最常用的化学热处理工艺是渗碳、渗氮、碳氮共渗。

（1）钢的渗碳 渗碳是将工件置于渗碳介质中，加热到单相奥氏体（900～950℃）保温适当时间，使活性碳原子渗入钢的表面，以提高工件表面的碳浓度的热处理工艺。

渗碳的目的是提高钢件表层的含碳量，在热处理后使工件表面具有高的硬度、耐磨性和疲劳强度，而心部仍保持低碳钢良好的塑性和韧性。

根据渗碳剂的不同，渗碳方法可分为固体渗碳、气体渗碳和液体渗碳三种。生产中常用气体渗碳法，其优点是生产率高，劳动条件较好，渗碳气氛容易控制，渗碳层比较均匀，还可实现渗碳后直接淬火。

1）气体渗碳。气体渗碳是将工件置于井式气体渗碳炉中进行的渗碳方法，如图2-28所示。将工件置于密封的渗碳炉中，加热至900～950℃，通入气体渗碳剂进行渗碳。目前常采用的方法是将煤油、甲醇、丙酮、酒精等液体碳氢化合物放入渗碳炉内，使其受热后分解出活性碳原子，深入工件表面。也可以直接通入天然气、液化石油气等气体进行渗碳。

气体渗碳的特点是渗碳速度快，渗碳过程易于控制且渗碳层质量好，但其设备成本较高，不适宜单件、小批量生产。

2）固体渗碳。固体渗碳是将工件在固体渗碳剂中进行的渗碳方法，如图2-29所示。将工件

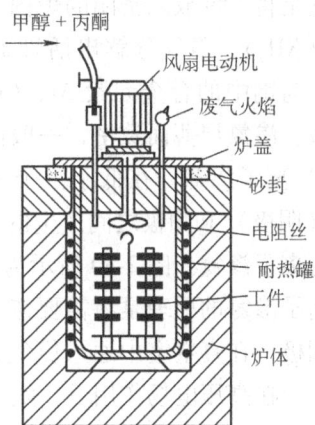

图 2-28　气体渗碳示意图

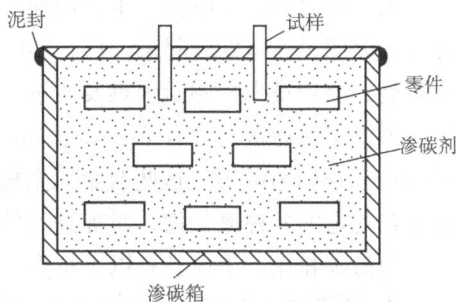

图 2-29　固体渗碳示意图

埋入充填有木炭颗粒和10%左右催渗剂（$BaCO_3$或Na_2CO_3）的密封铁箱中，然后放入箱式炉内加热至900~950℃，使渗碳剂发生化学反应释放出活性碳原子，渗入钢的表层。

固体渗碳的特点是设备简单，成本低，但渗碳速度慢，渗碳层质量不易控制，主要用于单件、小批量生产。

渗碳适用于低碳钢和低碳合金钢。渗碳后可使零件表面1~2mm厚度内的含碳量提高到0.8%~1.2%。渗碳后的零件，其表面硬度和耐磨性并不高。为了获得高硬度和高耐磨性的表面层，同时改善心部的组织，渗碳后还要进行淬火和低温回火。

渗碳是汽车和拖拉机齿轮、活塞销等零件常用的表面热处理工艺。采用渗碳工艺的零件，一般工艺路线为：锻造→正火→机械加工→渗碳→淬火+低温回火→精加工→成品。

（2）钢的渗氮　渗氮是在一定温度（一般在Ac_1温度）下，使活性氮原子渗入工件表面的化学热处理工艺。渗氮后的工件表层具有更高的硬度（68~72HRC）和耐磨性、高的疲劳强度和耐蚀性。

目前常用的渗氮方法有气体渗氮、离子渗氮等工艺方法，其中气体渗氮应用最广。

1）气体渗氮。工件在气体介质中进行渗氮称为气体渗氮。它是将工件放入密闭的炉内，加热到500~600℃，通入氨气（NH_3），氨气分解出活性氮原子；氮原子被零件表面吸收，与钢中的合金元素Al、Cr、Mo形成氮化物，并向心部扩散，渗氮层薄而致密，一般仅为0.1~0.6mm。

2）离子渗氮。在低于一个大气压的渗氮气氛中，利用工件（阴极）和阳极之间产生的辉光放电现象进行渗氮的工艺称为离子渗氮。图2-30所示为离子渗氮装置示意图。

离子渗氮的原理是将需要渗氮的工件作为阴极，将炉壁作为阳极，在真空室中通入氨气，并在阴阳极之间通以高压直流电。在高压电场作用下，氨气被电离，形成辉光放电。被电离的氮离子以极高的速度轰击工件表面，使工件表面温度升高（一般为450~650℃），并使氮离子在阴极上夺取电子后还原成氮原子而渗入工件表面，然后经过扩散形成渗氮层。

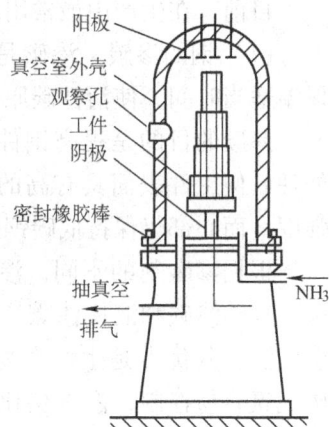

图2-30　离子渗氮装置示意图

离子渗氮具有速度快，生产周期短，渗氮质量高，工件变形小，对材料的适应性强等优点，因而迅速地发展起来，已在实际生产中得到了广泛地应用。但目前离子渗氮还存在投资高，装炉量少，测温困难及质量不够稳定等问题，尚需进一步改进。

渗氮用钢通常是含有Al、Cr、Mo等元素的合金钢，典型的牌号是38CrMoAlA，还有35CrMo、18CrNiW等。这些合金元素极易与氮元素形成颗粒细小、分布均匀、硬度很高而且非常稳定的各种氮化物，对提高工件性能有重要作用。

与渗碳相比，渗氮具有以下特点：

① 渗氮层具有很高的硬度和耐磨性，钢件渗氮后表层中形成稳定的金属氮化物，具有极高的硬度，所以渗氮后不用淬火就可得到高硬度，而且具有较高的热硬性。如

38CrMoAlA 钢渗氮层硬度高达 1000HV 以上（相当于 69～72HRC），而且这些性能在600～650℃时仍可保持。

② 渗氮层还具有渗碳层所不具有的耐蚀性，可防止水、蒸汽、碱性溶液的腐蚀。

③ 渗氮比渗碳温度低（一般约为570℃），所以工件变形小。

渗氮虽然具有上述优点，但它的生产周期长、成本高、渗氮层薄而脆，不宜承受集中的重载荷，这就使渗氮的应用受到一定限制。在生产中渗氮主要用来处理重要和复杂的精密零件，如精密丝杠、镗杆、排气阀、精密机床的主轴等。

采用渗氮工艺制造的零件常用的工艺路线为：锻造→退火（或正火）→粗加工→调质→半精加工→去应力退火→粗磨→渗氮→精磨→成品。

（3）钢的碳氮共渗　碳氮共渗是在一定温度下，同时将碳、氮原子渗入工件表面的一种化学热处理工艺，这种工艺是渗碳与渗氮的结合，兼有两者的优点。常用的碳氮共渗工艺有液体和气体碳氮共渗两种。液体碳氮共渗的介质有毒，污染环境，劳动条件差，很少应用。气体碳氮共渗有高温氮碳共渗和中温碳氮共渗，其中中温碳氮共渗应用较为广泛。

1）高温气体氮碳共渗。气体氮碳共渗实质上是以渗氮为主的共渗工艺，与一般渗氮相比渗层脆性较小，故又称为软氮化。这种工艺生产周期短，成本低，零件变形小，不受钢材限制，常用于汽车、机床上的小型轴类和齿轮以及模具、量具、刃具等。

2）中温气体碳氮共渗。中温气体碳氮共渗实质上是以渗碳为主的共渗工艺。零件经共渗后需进行淬火及低温回火。中温气体碳氮共渗主要用于低碳及中碳结构钢零件，如汽车和机床上的各种齿轮、蜗轮、蜗杆和轴类零件等。

四、钢的热处理常见缺陷及防止措施

工件在热处理的过程中，由于工艺措施不当或其他各种因素，会产生某些缺陷，这些缺陷的存在直接影响着工件的性能。

1. 过热与过烧

（1）过热　过热是指由于加热温度过高或保温时间过长，导致晶粒显著粗化的现象。其结果是淬火后得到粗针马氏体，脆性增加，疲劳强度降低。

对于过热不严重的工件，碳素结构钢及合金结构钢一般应经过一次正火或退火后再次加热重新淬火；对于高碳钢和合金工具钢，则应通过退火、正火多次处理，然后按正确的淬火工艺重新淬火。

（2）过烧　过烧是指当钢的加热温度远远超过了正常的加热温度，致使晶界出现熔化和氧化的现象。钢的过烧组织晶粒极为粗大，在晶界上有氧化物网络，力学性能急剧恶化，这种缺陷无法挽救，只能报废，应尽量避免。

2. 氧化和脱碳

（1）氧化　当加热介质是空气或熔盐时，钢表层的铁和碳与加热介质中的氧气、二氧化碳和水蒸气等将在高温下产生化学作用，形成铁和碳的氧化物，这种现象称为氧化。

氧化会降低零件的尺寸精度和表面粗糙度，影响淬火质量；过分氧化会造成零件报废。

（2）脱碳 工件表面层的碳由于被氧化自钢内逸出，因而降低了工件表层含碳量，这种现象称为脱碳。

脱碳会使表面硬度、耐磨性降低，同时使疲劳强度大大下降。过分脱碳也会造成零件报废。

为防止氧化和脱碳，可采用以下方法处理：

1）隔绝被加热的工件，不与炉气接触。

2）为了控制炉气中氧化性气体的含量，使炉内为中性气氛，通入保护性气体（氨、氮、焦炉煤气等）。

3）在工件表面敷防氧化涂料，如硼砂、石墨粉、玻璃粉、耐火粘土等。

4）高级合金钢及精密零件在真空中采用无氧化加热。

3. 变形和开裂

变形和开裂是热处理中常见的缺陷，其根本原因是热处理时工件内部产生的内应力引起的。

工件在加热和冷却时，其表层与心部或各部温度变化是不同的。由于工件各部分热胀冷缩现象不一致，引起工件内部一部分金属对另一部分金属的作用，因而产生了内应力，称为热应力。加热和冷却的速度越快，热应力也越大。此外，在热处理过程中，由于工件内各部分组织转变的不同时性，导致体积的膨胀与收缩不同，也会产生内应力，称为组织应力。特别是奥氏体向马氏体转变时的体积膨胀，由于受到尚未转变部分的阻碍，组织应力更大。在热应力和组织应力的作用下，工件在热处理时会产生变形或开裂。

对于变形工件，可在未冷透前，趁热进行矫正；或在正火后矫正，再进行淬火。但若变形过大或产生开裂，则工件无法补救而报废。为了预防变形或开裂，淬火时，在马氏体转变区采取缓慢冷却；在设计时，工件的截面积不要过于悬殊，截面形状尽量对称以避免尖棱和直角，预留较大的磨削余量。

4. 硬度不足及软点

（1）硬度不足 硬度不足是指工件淬火后达不到硬度要求。当淬火温度过低，保温时间过短，淬火冷却速度不够或回火温度过高以及加热后表面脱碳等都会造成零件硬度不足。

（2）软点 软点是指工件淬火后，局部硬度偏低的现象。淬火时局部区域氧化皮未爆开、零件淬火冷却介质选择不当及冷却方式不合理、局部脱碳以及淬火后在冷却介质内相对运动不够等，都会在零件表面上出现软点。

为了防止硬度不足和软点，必须制订合理的热处理工艺并选择正确的淬火冷却介质。如已产生硬度不足，对于一般碳素钢及合金结构钢，可经正火后再次加热重新淬火。对合金工具钢最好退火后重新淬火。

五、钢的热处理新工艺简介

随着科学的进步和发展，有许多钢的热处理新技术、新工艺不断出现，大大地提高了钢的热处理质量和性能。

1. 可控气氛热处理

可控气氛热处理，即向炉内通入一种或几种成分的气体，通过对这些气体成分的控制，使工件在热处理过程中不发生氧化和脱碳的方法，它是当前热处理的发展方向之一。其目的是为了有效地控制渗碳、碳氮共渗等化学热处理表面的碳含量，防止工件在加热时的氧化和脱碳；节约钢材，提高产品质量；便于实现热处理过程中机械化和自动化，从而提高劳动生产率。

目前我国常用的可控气氛有吸热式气氛、放热式气氛、放热-吸热式气氛和有机液滴注式气氛等几种。

2. 真空热处理

真空热处理是将钢件置于专门的真空炉内加热和冷却，不仅能防止氧化、脱碳，并能使零件表面的氧化物、油脂迅速分解，得到光亮表面；还可以使表面净化，减小热处理变形。

真空热处理包括真空淬火、真空退火、真空回火和真空化学热处理。

3. 化学热处理新工艺

（1）离子渗氮 与气体渗氮相比，离子渗氮的最大优点是氮化速度快，质量好，渗氮层脆性小，韧性和疲劳强度大，从而提高了生产效率和零件的使用寿命，但其生产成本高。

（2）离子碳氮共渗 在离子渗氮的过程中，将含碳的气体引入炉内。实现同时渗碳和渗氮，达到共渗的目的。

（3）真空渗碳 在具有一定真空度的炉内，将工件加热到渗碳温度，通入含碳气体（如甲烷）进行渗碳。其特点是渗碳速度快，渗层质量好，表面光亮，但其设备昂贵、成本高。

（4）多元共渗 它是为了弥补单一元素渗层的硬度不足，使渗层具有良好的综合性能，加快渗入速度，缩短生产周期。

4. 形变热处理

钢的形变热处理是将形变和相变结合在一起的热处理新工艺。它能较大程度地提高金属材料的综合力学性能。形变热处理的形变方式很多，可以是锻、轧、挤压、拉拔等。形变热处理的相变类型也很多，有铁素体、珠光体类型相变，贝氏体相变，马氏体相变等。目前常用的有以下两种：

（1）高温形变热处理 将钢加热到 Ac_3 以上，再塑性变形，然后淬火回火；也可在变形后空冷或控制冷却速度，得到铁素体、珠光体或贝氏体组织，这种方法称为高温形变正火或"控制轧制"。

高温形变热处理能提高钢的强度，又能提高钢的塑性和韧性；而回火脆性显著减少，使钢的综合力学性能得到改善。它适用于各类钢材，可将锻造和压轧同热处理结合起来，减少加热次数，节约能源；同时还能减少工件氧化、脱碳和变形，而设备则没有特殊要求。目前在连杆、曲轴、汽车板簧和热轧齿轮中应用较多。

（2）中温形变热处理 将钢加热到 Ac_3 以上，迅速冷却到珠光体和贝氏体形成温度之间；对过冷奥氏体进行一定量的塑性变形，然后淬火回火，这种方法称为中温形变热处理。

中温形变热处理的强化效果非常显著，塑性和韧性不降低，并稍有升高。由于形变温度较低因而形变速度要快，加工设备功率要大，所以这种处理方法的应用受到限制。目前主要用于强度要求极高的零件，如飞机起落架、高速钢刃具、弹簧钢丝、轴承等。

5. 激光热处理

随着大功率激光器在生产中的应用，激光热处理工艺也得到越来越广泛的应用。其热处理方法主要有以下几种：

（1）激光淬火　激光束可以在极短的时间内将工件表面加热到相变温度，再靠工件本身的传热实现快速冷却淬火。其特点是：

1）加热时间短，相变温度高，形核率高，淬火得到隐晶马氏体组织，故表面硬度高，耐磨性好。

2）加热速度快，表面氧化与脱碳极轻，本身可自冷淬火，不用冷却介质，工件表面清洁、无污染。

3）工件变形小，特别适合于形状复杂的零件（拐角、沟槽、不通孔）的局部热处理。

（2）激光表面合金化　在工件表面涂覆一层合金元素或化合物，再用激光束进行扫描，使涂覆层材料和基体材料的浅表层一起熔化、凝固，形成超细晶粒的合金化层，从而使工件表面具有优良的力学性能或其他一些特殊要求的性能。

6. 气相沉积技术

气相沉积是在工件表面涂覆一层过渡族元素（如钛、铌、钒、铬等）的碳、氮、氧、硼化合物。此法的优点是涂覆层附着力强、均匀、质量好、无污染，而且还具有良好的耐磨性、耐蚀性等，涂覆后的零件寿命能提高 2~10 倍以上。气相沉积有化学气相沉积（简称 CVD 法）和物理气相沉积（简称 PVD 法）两大类。将等离子技术引入化学气相沉积，又出现了等离子体化学气相沉积（简称 PCVD）法。

（1）化学气相沉积　化学气相沉积是利用气态物质在固态工件表面进行化学反应，生成固态沉积物的过程。其特点是速度较快，而且涂层均匀。但由于沉积温度高，工件变形大，只能用于少数几种能承受高温的材料。

（2）物理气相沉积　物理气相沉积是在蒸发、电离或溅射等过程中产生金属粒子与反应气体反应生成化合物，沉积在工件的表面形成涂层。物理气相沉积温度低（550℃以下），可以在刃具、模具的表面沉积一层硬质膜，提高它们的使用寿命。

（3）等离子体化学气相沉积　等离子体化学气相沉积技术是在化学气相沉积技术基础上，将等离子体引入到反应室内，使沉积温度从化学气相沉积的 1000℃ 降到了 600℃ 以下，扩大了其应用范围。

此外，气相沉积技术还能用于制造各种润滑膜、磁性膜、光学膜以及其他功能膜。因此在机械制造、航空航天、核能等部门得到了广泛的应用。

课题五 合金钢

现代工业和科学技术的发展，对钢的性能提出了更高的要求。碳钢价格低廉，便于获得，容易加工；通过改变含碳量和进行不同的热处理，能满足许多工程上的需求。但碳钢也存在一定的缺点，难以满足耐热、耐低温、耐腐蚀、高耐磨等性能要求。而这些都需要通过钢的合金化来得到。

为了提高钢的力学性能、工艺性能或物理、化学特殊性能，有目的地向钢中加入一种或几种一定量的化学元素（金属或非金属），这种钢就称为合金钢。

合金钢中常加入的元素有锰（Mn）、硅（Si）、铬（Cr）、镍（Ni）、钼（Mo）、钨（W）、钒（V）、钛（Ti）、铌（Nb）、锆（Zr）、钴（Co）、铝（Al）、硼（B）、稀土（RE）等。这些合金元素与钢中的铁、碳两个元素的作用以及它们彼此间的作用，促使钢中晶体结构和显微组织发生有利的变化，可提高和改善钢的性能。

一、合金钢的基础知识

1. 钢中合金元素的作用

（1）形成合金铁素体　除了铅以外的绝大部分元素，如 Ni、Si、Al、B、Cu、Co 等在钢中都能溶于铁素体中，形成合金铁素体。由于它们与铁的晶格类型和原子半径有差异，引起铁素体晶格畸变，产生固溶强化，使铁素体的强度、硬度提高，塑性、韧性下降。从而对铁素体起到了强化的作用。

（2）形成合金碳化物　作为碳化物形成元素，在元素周期表中都是位于铁左边的过渡族金属元素，离铁越远，则其与碳的亲和力越强，形成碳化物能力越大，形成的碳化物越稳定而不易分解。通常 V、Nb、Zr、Ti 为强碳化物形成元素；Mo、W 为中强碳化物形成元素；Mn、Cr 为弱碳化物形成元素。

钢中形成的合金碳化物的类型主要有：

1）合金渗碳体。Mn 一般是溶入钢中渗碳体，形成合金渗碳体 $(Fe, Mn)_3C$；Cr、Mo、W 在钢中的质量分数为 0.5% ~ 3% 时，形成合金渗碳体，如 $(Fe, Cr)_3C$、$(Fe, Mo)_3C$。

合金渗碳体较渗碳体略为稳定，硬度也较高，是一般低合金钢中碳化物的主要存在形式。

2）合金碳化物。由中强或强碳化物形成元素所构成的碳化物。

强碳化物形成元素，即使含量较少，但只要钢中有足够的碳，就倾向于形成碳化物。中强碳化物形成元素，只有当含量较高（质量分数 >5%）时，才倾向于形成碳化物。合金碳化物比合金渗碳体具有更高的熔点、硬度与耐磨性，并且更为稳定，不易分解。

（3）阻碍奥氏体晶粒的长大　当合金元素形成难熔化合物（TiC、NbC、Al_2O_3、AlN 等）时，这些化合物存在于奥氏体晶界上，阻止奥氏体晶粒长大，使奥氏体冷却转变组织细小，强度、硬度和塑性、韧性均有提高。要获得成分均匀的奥氏体，必须将合金钢加热到更高的温度且保温更长的时间。

（4）提高钢的淬透性　所谓淬透性就是钢在淬火过程中获得高硬度组织深度的能力。除 Co、Al 外，所有合金元素都能使钢淬透性提高。因此合金钢可以在获得同样的淬硬层深度的情况下，采用冷却速度较低的淬火冷却条件，以减小零件在淬火过程中的变形与开裂。在淬火条件相同时，合金钢能够获得更深的淬硬层，能使大截面零件获得均匀的组织，从而获得均匀的力学性能。

（5）提高耐回火性　由于合金元素溶入马氏体和残留奥氏体，使铁、碳原子的扩散能力降低，从而使马氏体分解、残留奥氏体转变以及回火过程中合金碳化物的析出与偏聚，与碳钢相比需在更高的温度下进行。合金元素提高了铁素体的再结晶温度；使碳化物难以聚集长大，即提高了钢的耐回火性。

2. 合金钢的分类

合金钢的分类方法很多，但最常用的是下面两种分类方法。

（1）按用途分类　按用途可分为以下三类：

1）合金结构钢。用于制造机械零件和工程结构的钢。又可分为低合金高强度钢、渗碳钢、调质钢、弹簧钢、滚动轴承钢等。

2）合金工具钢。用于制造各种工具的钢，又可分为刃具钢、模具钢和量具钢等。

3）特殊性能钢。具有某种特殊物理、化学性能的钢，如不锈钢、耐热钢、耐磨钢等。

（2）按合金元素总含量分类　按合金元素总含量可分为以下三类：

1）低合金钢。合金元素总质量分数 <5%。

2）中合金钢。合金元素总质量分数为 5% ~ 10%。

3）高合金钢。合金元素总质量分数 >10%。

3. 合金钢的牌号

我国合金钢牌号采用碳含量、合金元素的种类及含量、质量级别来编号，简单明了，实用。

（1）合金结构钢　合金结构钢的牌号采用"两位数字(碳含量)＋元素符号(或汉字)＋数字"表示。前面两位数字表示以平均万分数表示的碳的质量分数；元素符号（或汉字）表明钢中含有的主要合金元素，后面的数字表示该元素的质量百分含量。合金元素质量分数小于 1.5% 时不标，平均质量分数为 1.5% ~ 2.5%，2.5% ~ 3.5%，…时，则相应地标以 2，3，…，依次类推。

例如：

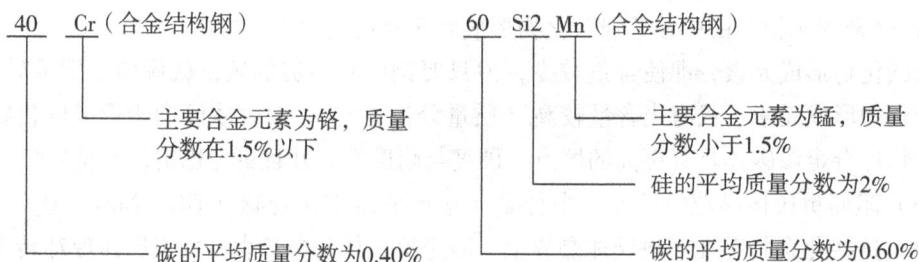

（2）合金工具钢　合金工具钢的牌号和合金结构钢的区别仅在于碳含量的表示方法，它用一位数字表示以名义千分数表示的碳的平均质量分数，当碳的平均质量分数≥1.0%时，不予标出。

例如：

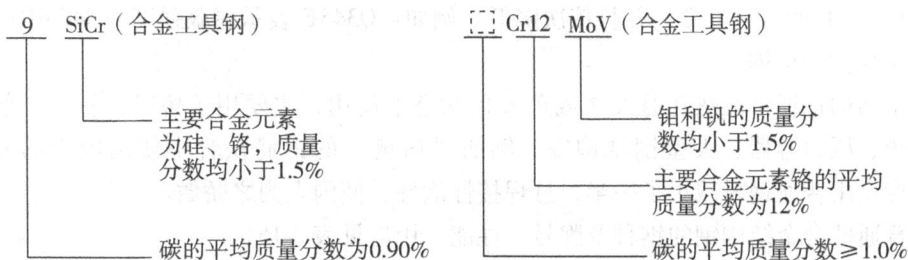

9　SiCr（合金工具钢）

- 主要合金元素为硅、铬，质量分数均小于1.5%
- 碳的平均质量分数为0.90%

□　Cr12　MoV（合金工具钢）

- 钼和钒的质量分数均小于1.5%
- 主要合金元素铬的平均质量分数为12%
- 碳的平均质量分数≥1.0%

（3）高速钢　高速钢含碳量均不标出，如 W18Cr4V 钢中碳的平均质量分数为 0.7% ~0.8%。

（4）特殊性能钢　特殊性能钢的牌号与合金结构钢的表示方法相同，如不锈钢 20Cr13 表示碳的质量分数为 0.20%，铬的平均质量分数为 13%。当碳的质量分数大于或等于 0.04% 时，用两位小数表示；当碳的质量分数小于等于 0.03% 时，用三位小数表示。如 06Cr18Ni9 钢的碳的质量分数为 0.06%，008Cr30Mo2 钢的碳的平均质量分数为 0.008%。

（5）特殊专用钢　特殊专用钢为表示其用途，在钢的牌号前面冠以汉语拼音字首，而不标含碳量，合金元素含量的标注也与上述有所不同。例如，滚动轴承钢前面标"G"（"滚"字的汉语拼音字首），如 GCr15。这里应注意牌号中铬元素后面的数字是表示含铬质量的千分数，其他元素仍用百分数表示，如 GCr15SiMn 表示含铬量为 1.5%，硅、锰含量均小于 1.5% 的滚动轴承钢。又如易切钢也是在牌号前冠以拼音字母字首"Y"，如 Y15 表示碳的质量分数为 0.15% 的易切钢。

（6）高级优质合金钢　各种高级优质合金钢在牌号的最后标上"A"，如 38CrMoAlA 表示碳的质量分数为 0.38% 的高级优质合金结构钢。

二、合金结构钢

用于制造各种机械零件以及建筑工程的合金钢，称为合金结构钢。根据其用途可分为以下几类。

1. 低合金高强度结构钢

（1）主要合金元素及作用　低合金高强度结构钢的碳的质量分数一般小于 0.2%，合金元素总质量分数小于 3%，以锰为主加元素。锰、硅的主要作用是强化铁素体；钒、钛、铌等主要是细化晶粒，提高钢的塑性和韧性；少量的铜和磷可以提高钢的耐蚀性；加入少许稀土元素主要是脱硫除气，进一步改善钢的性能。

（2）主要性能　低合金高强度结构钢具有较高的屈服强度、良好的韧性和塑性，其屈服点比碳钢提高30%～50%以上；同时还具有很好的焊接性能，用以制作金属结构可减轻质量、节约钢材。

（3）牌号及用途　牌号用"Q＋数字＋质量等级（A、B、C、D、E）"表示，其中"Q"为屈服强度中"屈"字的汉语拼音字首，数字表示屈服强度值，A、B、C、D、E则表示钢材中S、P的质量分数，并且依次降低。例如：Q345E表示屈服强度为345MPa的E级低合金高强度结构钢。

低合金结构钢通常在热轧退火（或正火）状态下使用，主要用于桥梁、船舶、车辆、建筑、锅炉、压力容器、大型钢结构等。例如"鸟巢"的钢筋铁骨中使用国产的Q460钢，其厚度比用普通钢材减小了一半，且焊接性能好，使国人为之骄傲。

常用普通低合金结构钢的钢种及牌号、性能、用途见表2-15。

表2-15　常用普通低合金结构钢的钢号、成分、性能及用途（摘自GB/T 1591—2008）

牌号	质量等级	化学成分（质量分数）（%）													
		C	Si	Mn	P	S	Nb	V	Ti	Cr	Ni	Cu	N	Mo	B	Als
					不大于											不小于
Q345	A	≤0.20	≤0.50	≤1.70	0.035	0.035	0.07	0.15	0.20	0.30	0.50	0.30	0.012	0.10	—	—
	B				0.035	0.035										
	C				0.030	0.030										
	D	≤0.18			0.030	0.025										0.015
	E				0.025	0.020										
Q390	A	≤0.20	≤0.50	≤1.70	0.035	0.035	0.07	0.20	0.20	0.30	0.50	0.30	0.015	0.10	—	—
	B				0.035	0.035										
	C				0.030	0.030										
	D				0.030	0.025										0.015
	E				0.025	0.020										
Q420	A	≤0.20	≤0.50	≤1.70	0.035	0.035	0.07	0.20	0.20	0.30	0.80	0.30	0.015	0.20	—	—
	B				0.035	0.035										
	C				0.030	0.030										
	D				0.030	0.025										0.015
	E				0.025	0.020										
Q460	C	≤0.20	≤0.60	≤1.80	0.030	0.030	0.11	0.20	0.20	0.30	0.80	0.55	0.015	0.20	0.004	0.015
	D				0.030	0.025										
	E				0.025	0.020										
Q500	C	≤0.18	≤0.60	≤1.80	0.030	0.030	0.11	0.12	0.20	0.60	0.80	0.55	0.015	0.20	0.004	0.015
	D				0.030	0.025										
	E				0.025	0.020										

2. 合金渗碳钢

渗碳钢是指经渗碳、淬火、低温回火后使用的钢。

（1）主要合金元素及作用　一般合金渗碳钢的碳的质量分数在 0.10%～0.25% 之间，以保证零件心部有足够的塑性和韧性；加入铬、镍、锰、硼等合金元素，是为了提高钢的淬透性；加入钨、钒、钛等碳化物形成元素，是为了防止高温渗碳时晶粒长大，细化晶粒，并提高钢的耐磨性。

（2）主要性能　合金渗碳钢的表面具有高的硬度、耐磨性和接触疲劳强度，心部具有良好的韧性和足够的强度。

（3）牌号及用途　常用的合金渗碳钢有 20Cr、20MnB、20CrMnTi、18Cr2Ni4W 等。主要用于制造高耐磨性并同时承受动载荷，尤其是冲击载荷的机器零件，如汽车齿轮、内燃机的凸轮和活塞销等。其中 20CrMnTi 是应用最广泛的渗碳钢，例如 CA—10B 载货汽车变速器中间轴的三挡齿轮采用 20CrMnTi 材质，其工艺路线为：下料→锻造→正火→车削→加工齿形→渗碳（930℃）→预冷淬火（830℃）→低温回火（200℃）→磨削加工→磨齿。

合金渗碳钢在汽车上的应用见表 2-16。

表 2-16　合金渗碳钢在汽车上的应用

牌　号	应　用
15Gr	活塞销、挺杆、气门弹簧座等
20GrMnTi	变速器齿轮、变速器齿套、变速器轴、半轴齿轮、万向节和差速器十字轴等
15MnVB	变速器轴、变速器齿轮、变速器齿套、板簧中心螺栓等
20MnVB	减速器齿轮、万向节十字轴、差速器十字轴等

3. 合金调质钢

合金调质钢是指经过调质处理（淬火＋高温回火）后，使用的中碳合金结构钢。

（1）主要合金元素及作用　合金调质钢的碳的质量分数一般在 0.25%～0.50% 之间，属于中碳钢，经调质后有足够的强度、塑性和韧性。主加元素为铬、锰、硼、镍等，主要用于提高钢的淬透性，而镍可提高钢的韧性。少量的钨、钛、钒、钼等碳化物形成元素的加入，可起到细化晶粒和提高耐回火性的作用，其中钨、钼具有防止回火脆性的作用。

（2）主要性能　合金调质钢应具有高的强度，又要有良好的塑性和韧性，即有比较好的综合力学性能。

调质钢按其淬透性不同也可分为低淬透性合金调质钢（40Cr、40MnB）、中淬透性合金调质钢（35CrMo、38CrMoAlA）、高淬透性合金调质钢（40CrMnMo、25Cr2Ni4A）。其中低淬透性合金调质钢适合制造小尺寸的零件；中淬透性合金调质钢适合制造较大截面及重要零件；高淬透性合金调质钢适合制造大截面、重载荷的重要零件。

（3）牌号及用途　最常用的调质钢有 40Cr、35CrMo、38CrMoAlA，主要用于制造受力复杂、要求综合力学性能高的重要零件，如精密机床的主轴、汽车的后桥半轴、发动机的曲轴、连杆螺栓、机床齿轮等。其中 40Cr 应用最为广泛，如连杆螺栓一般用 40Cr 钢制作，其工艺路线为：下料→锻造→退火→粗机械加工→调质（830℃加热，油淬火，525℃回火）→精机械加工。

合金调质钢在汽车上的应用见表2-17。

表2-17　合金调质钢在汽车上的应用

牌　　号	应　　用
40Gr	发动机支架固定螺栓、水泵轴、连杆、气缸盖螺栓等
40MnB	变速器轴、半轴、转向节、转向节臂、万向节叉等
45Mn2	进气门、半轴套管、板簧U形螺栓等
50Mn2	离合器从动盘、减振盘等

4. 合金弹簧钢

弹簧是汽车及各种机器和仪表中的重要零件，它的主要作用是利用弹性变形吸收能量以达到缓冲、减振及储能的目的。

（1）主要合金元素及作用　合金弹簧钢的碳的质量分数一般在0.50%~0.70%之间，主加元素为锰、铬、钒、硼等，主要是增加钢的淬透性和耐回火性，强化铁素体，因而有效地提高了钢的力学性能。硅的加入能提高钢的弹性极限和屈服强度，但硅的加入使钢加热时表面脱碳、疲劳强度降低。少量的钒、钼能减少硅、锰带来的脱碳和过热倾向，钒还能细化晶粒，提高钢的韧性。

（2）主要性能　弹簧大多是在冲击、振动及变动载荷下工作，因此要求弹簧钢应具有高的强度和疲劳强度，以及足够的塑性和韧性。

（3）牌号及用途　常用合金弹簧钢有65Mn、60Si2Mn、50CrVA。最具有代表性的是60Si2Mn，例如，汽车板簧成形选用60Si2Mn后的工艺路线为：扁钢下料→加热压变成形→淬火→中温回火→喷丸，为减少弹簧的加热次数，往往把热变形与淬火结合起来进行。弹簧热处理后，可采用喷丸处理进行表面强化，进一步提高弹簧的疲劳极限和使用寿命。

常用合金弹簧钢在汽车上的应用见表2-18。

表2-18　常用合金弹簧钢在汽车上的应用

牌　　号	应　　用
65Mn	气门弹簧、离合器弹簧、转向纵拉杆弹簧、活塞销卡簧等小型弹簧
55Si2Mn	汽车叠板弹簧等
60 Si2Mn	

5. 滚动轴承钢

滚动轴承钢是指制造各类滚动轴承的内外套圈及滚动体（滚珠、滚柱、滚针）的专用钢。

（1）主要合金元素及作用　滚动轴承一般都是高碳钢，碳的质量分数为 0.95%～1.10%，以保证淬火后有足够的硬度和一定数量的合金碳化物，从而提高其耐磨性；主要合金元素是铬，其作用是提高钢的淬透性并与碳形成合金渗碳体，阻碍加热时奥氏体晶粒长大，进而提高钢的硬度、韧性和接触疲劳强度；但铬的含量过高会产生大量的残留奥氏体，不仅使钢的硬度下降，也会使轴承尺寸不稳定，因而轴承钢中铬的质量分数为 0.40%～1.65%。大型轴承中还需要加入适量的 Si（$w_{Si} = 0.40\%～0.65\%$）和 Mn（$w_{Mn} = 0.90\%～1.20\%$），进一步提高钢的强度、弹性极限和淬透性。此外，为了保证钢的疲劳强度，提高轴承的使用寿命，对轴承冶金量要求很高，硫的质量分数应小于 0.02%，磷的质量分数应小于 0.027%。所以轴承钢都是高级优质钢。

滚动轴承钢的热处理工艺为球化退火、淬火和低温回火，得到的组织为马氏体 + 细粒状碳化物 + 少量的残留奥氏体，硬度为 60～66HRC。对于精密零件，应进行淬火后附加回火或冷处理，减少残留应力和奥氏体量，稳定尺寸。

（2）主要性能　滚动轴承在交变载荷下工作，滚柱与套圈之间呈点或线接触，接触应力很大；滚动体与套圈之间不仅有滚动摩擦还有相对摩擦，使工件表面产生接触疲劳破坏与磨损；另外滚动轴承在工作时，还受到润滑剂的化学浸蚀。因此，滚动轴承必须具有高的硬度和耐磨性、高的弹性极限和接触疲劳强度，以及足够的韧性和淬透性、一定的耐蚀性。

（3）牌号及用途　常用的轴承钢有 GCr9、GCr15、GCr15SiMn。其中 GCr15 是最常用的轴承钢，其制作轴承的工艺路线为：锻造→球化退火→机械加工→淬火 + 低温回火→磨削加工。

6. 易切钢

易切钢是在钢中附加一种或几种元素，使它成为容易被切削加工的钢。钢的切削加工性能主要包括切削的难易程度、切削时对刀具的磨损程度以及切削后工件表面的质量三个方面。改善钢的切削加工性能既能提高生产效率，又能降低成本、提高工件的表面质量。

在易切钢中加入易切削元素，如 S、Pb、Ca 等，尤其 S、Pb 两种元素应用最为广泛。S（$w_S = 0.08\%～0.35\%$）是以 MnS 形式存在的，能中断基体的连续性，形成卷曲半径小而短的切屑，减小切屑与刀具的接触面积，还有润滑作用，减少刀具磨损。Pb（$w_{Pb} = 0.15\%～0.25\%$）在钢中不溶解，仅以极细分散颗粒存在，切削时受热熔化，使切屑易断裂，提高表面质量，也起到润滑作用来减少刀具的磨损。

三、合金工具钢

为了满足高硬度和耐磨性的使用要求，工具钢均为高碳成分，一般经过淬火和低温回火后使用。碳素工具钢虽然能达到较高的硬度和耐磨性，但其淬透性差，淬火变形倾向大，并且韧性和热硬性差（只能在 200℃ 以下保持其高硬度）。因此，尺寸大、精度高、承受冲击载荷和较高工作温度的工具，都要采用合金工具钢制造。

合金工具钢按其用途不同，可分为刃具钢、模具钢和量具钢。

1. 刃具钢

常用的刃具钢主要有低合金刃具钢和高速钢。

（1）低合金刃具钢

1）主要合金元素及作用。低合金刃具钢的碳的质量分数为0.80%～1.5%，合金元素总量（质量分数）不超过5%。主加元素铬、锰、硅、钨、钒等，用以提高淬透性、耐回火性和耐磨性。

2）主要性能。刃具钢在切削时，受切削力作用而发热，还受到一定的冲击和振动，因此，要求有高强度（特别是抗弯、抗压强度）、高硬度、高耐磨性、高热硬性和足够的塑性和韧性。

低合金刃具钢的预备热处理采用球化退火改善切削加工性能，最终热处理采用淬火和低温回火，获得组织为回火马氏体和未溶碳化物及少量残留奥氏体。

3）牌号及用途。常用低合金刃具钢有9SiCr、CrWMn、9Mn2V等，主要用于制作低速和中速切削刀具、中等负荷的冷成形模具及量具。

以9SiCr钢制造的圆板牙为例，其生产过程的工艺路线如下：下料→球化退火→机械加工→淬火＋低温回火→磨平面→开槽→开口。

（2）高速钢

1）主要合金元素及作用。高速钢的碳的质量分数高达0.7%～1.6%，并含有质量分数总和在10%以上的钨、铬、钒、钴、钼等合金元素。高的含碳量是为了保证形成足够量的合金碳化物，并使高速钢具有高的硬度和耐磨性；钨和钼是提高钢热硬性的主要元素；铬主要提高钢的淬透性；钒能显著提高钢的硬度、耐磨性和热硬性，并能细化晶粒。

2）主要性能。高速钢是热硬性、耐磨性较高的合金工具钢。它的热硬性很高，当切削温度高达600℃时，硬度仍无明显下降并能长时间保持刃口锋利，故又称为"锋钢"。

高速钢必须经过锻造以达到改善碳化物形态和分布均匀的作用，然后进行球化退火，以降低硬度和消除内应力，便于机械加工，并为淬火做好组织准备。

因高速钢的导热性很差，淬火温度又高，所以淬火加热时必须进行预热。高速钢中含有大量W、Mo、Cr、V的难溶碳化物，它们只有在1200℃以上才能大量溶于奥氏体中，故使得高速钢淬火加热温度很高，一般为1220～1280℃。淬火后组织为马氏体、剩余合金碳化物和大量残留奥氏体。

3）牌号及用途。我国常用的高速钢有两种：一种是钨系W18Cr4V，另一种是钨-钼系W6Mo5Cr4V2。W6Mo5Cr4V2钢的热塑性、韧度和耐磨性均优于W18Cr4V钢，热硬性相当，而且碳化物细小、分布均匀。W6Mo5Cr4V2的密度小、价格较便宜，但磨削加工性不如W18Cr4V钢，可用于制造要求耐磨性和韧性很好结合的高速切削工具，如丝锥、钻头等。而W18Cr4V钢用于制造一般高速切削车刀、刨刀、铣刀、插齿刀等。

2. 模具钢

模具钢按其用途分为冷作模具钢和热作模具钢。

（1）冷作模具钢　是指在常温下，使金属材料变形成形的模具钢。

1）主要合金元素及作用。冷作模具钢的碳的质量分数多在 1.0% 以上，有时高达 2.0% 以上。常用于制造各种冷冲模、冷挤压模和拉丝模等，其工作温度一般不超过 200～300℃。

2）主要性能。冷作模具钢工作时承受很大的压力、弯曲力、冲击载荷和摩擦。其主要损坏形式是磨损，也常出现崩刃、断裂和变形等失效现象。因此，冷作模具应具有高硬度、高耐磨性、高韧性和抗疲劳强度、热处理变形小等特性。

冷作模具钢的热处理为淬火加低温回火。

3）牌号及用途。小型冷作模具可采用碳素工具钢或低合金刃具钢制造，如 CrWMn、9Mn2V 等；大型冷作模具一般采用 Cr12、Cr12MoV 等高碳高铬钢制造。

（2）热作模具钢　热作模具钢是使加热的金属或液态金属获得需要形状的模具钢。

1）主要合金元素及作用。热作模具钢的碳的质量分数一般在 0.30%～0.60% 范围内。其含碳量不能过高，否则将降低钢的导热性和韧性；但也不能过低，否则就不能保证所需的强度、硬度和耐磨性。加入铬、镍、锰、硅等元素是为了强化钢的基体，并提高钢的淬透性和强度等性能；加入钨、钼、钒、铝等元素是为了细化晶粒，并可以防止回火脆性，提高热稳定性及热硬性；适当提高铬、钼、钒在钢中的含量，还可以提高钢的抗疲劳性。

2）主要性能。热作模具钢在工作中，承受很大的冲击载荷和塑变摩擦及强烈的冷热循环，因此，引起不均匀热应变和热应力以及高温氧化，导致出现崩裂、磨损、塌陷、龟裂等失效现象。因此，热作模具钢要求具有高的热硬性和高温耐磨性、高的抗氧化能力、高的热强性和足够高的韧性，尤其是受冲击较大的热锻模具钢。此外，由于热作模具钢的体积比较大，还要求有较高的淬透性和导热性。

热作模具钢的最终热处理一般为淬火后高温（或中温）回火，硬度在 40HRC 左右，以保证有较高的韧性。

3）牌号及用途。一般采用 5CrMnMo 和 5CrNiMo 制造热锻模具，采用 3Cr2W8V 制造热挤压模、压铸模等模具。

3. 量具钢

量具钢是用于制造量具的钢。量具是测量工件尺寸的工具，如游标卡尺、千分尺、块规、塞规等。

（1）主要合金元素　量具钢的成分要求高，碳的质量分数一般为 0.9%～1.5%，并常加铬、钨、锰等元素。

（2）主要性能　量具在使用过程中主要受磨损。对量具钢的性能要求是：高硬度（不小于56HRC）和耐磨性、高的尺寸稳定性和高的表面质量。

量具钢的热处理关键在于减小热处理变形和提高尺寸稳定性。因此，在淬火和低温回火时，要采取措施提高组织的稳定性。

（3）牌号及用途　制造量具没有专门的钢种，合金工具钢和滚动轴承钢均可用于制造量具。尺寸小，形状简单，精度较低的量具，用碳素工具钢制造；复杂的较精密的量具，一般用低合金刃具钢制造。CrWMn 的淬透性较高，淬火变形少，可用于精度要求高且形状复杂的量规及块规；GCr15 的耐磨性、尺寸稳定性较好，多用于制造各种高精度的块规、卡规、千分尺、螺旋测微仪等。

四、特殊性能钢

具有特殊的物理和化学性能的钢称为特殊性能钢。特殊性能钢的种类很多，机械制造行业中常用的特殊性能钢有不锈钢、耐热钢、耐磨钢等。

1. 不锈钢

不锈钢是指在大气、水、酸、碱和盐溶液或其他腐蚀介质中，具有高度化学稳定性的合金钢的总称。在酸、碱、盐等浸蚀性较强的介质中，能抵抗腐蚀作用，故又称为耐蚀钢（或称耐酸钢）。

（1）主要合金元素及作用　大多数不锈钢的碳的质量分数为 0.1% ~ 0.2%。耐蚀性要求越高，碳含量应越低；但用于制造刃具和滚动轴承等的不锈钢，碳的质量分数应较高，一般为 0.85% ~ 0.95%，此时必须相应地提高铬含量。加入铬能提高基体的基极电位，基体中铬的质量分数超过 12.7% 时，可使钢形成单一的铁素体组织，铬在氧化性介质中极易氧化，形成致密的氧化膜，使钢的耐蚀性大大提高；加入钛、铌等，能优先形成碳化物，使铬保留在基体中，从而减轻钢的晶间腐蚀倾向；加入镍、锰、氮等，获得奥氏体组织，并提高铬不锈钢在有机酸中的耐蚀性。

（2）主要性能　制作工具的不锈钢，要有高硬度、高耐磨性，而制作重要结构零件时，还要求具有高强度。

（3）牌号及用途　根据不锈钢室温下显微组织的不同，可分为马氏体型不锈钢、铁素体型不锈钢和奥氏体型不锈钢三种。

1）马氏体型不锈钢（Cr13 型）。其碳的质量分数为 0.1% ~ 0.4%、铬的质量分数为 12% ~ 14%，属于铬不锈钢。这类钢经淬火加高温回火后，得到回火马氏体组织，塑性、韧性好，并具有良好的抗腐蚀能力。常用于制造受冲击载荷的耐蚀结构件，如汽轮机叶片、水压机阀。有时在空气中即可淬硬，但一般采用油淬。12Cr13、20Cr13 常用作综合力学性能与耐蚀性较高的零件，30Cr13 常用作高硬度的医疗器械、量具等。

马氏体型不锈钢在锻造以后需要退火，以降低硬度，改善切削加工性。在冲压以后也需退火，消除加工硬化，恢复塑性，以便进一步加工。

2）铁素体型不锈钢（10Cr17 型）。其碳的质量分数低于 0.12%，铬的质量分数为 12% ~ 18%，也属铬不锈钢。

铁素体型不锈钢具有很高的耐蚀性以及良好的塑性、切削加工性和焊接性；其抗氧化性也较好，经济性较佳，但强度较低。主要用于制造耐蚀性要求很高，而强度要求不高的构件，如硝酸、氮肥、磷酸等化学工业中在氧化性腐蚀介质中工作的构件，应用最广的是 10Cr17 钢。

3）奥氏体型不锈钢（18-8 型）。奥氏体型不锈钢属于铬镍钢，也称为 18-8 型不锈钢，是应用最广的不锈钢，具有低碳（$w_C < 0.12\%$）、高铬（$w_{Cr} = 17\% ~ 19\%$）和高镍（$w_{Ni} = 8\% ~ 11\%$）的成分特点。这类钢具有良好的塑性、韧性、冷变形性和焊接性；但

其强度、硬度比较低，切削加工性能差，主要通过冷加工硬化来提高强度。18-8型不锈钢应用最广的是 12Cr18Ni9 钢，主要用于制造化工生产中的某些设备零件及管道等。

2. 耐热钢

（1）主要合金元素及作用　在钢中加入铬、铝、硅等元素。这些元素在高温下与氧作用，在其表面形成一层致密的氧化膜，能有效地保护钢不致在高温下继续氧化腐蚀，提高钢的抗氧化能力。而要提高钢在高温下保持高强度（热强性）的性能，通常要加入钛、钨、钒、铌、铬、钼等元素。

（2）主要性能　耐热钢应具有优良的高温抗氧化性和高温强度，还具有适当的物理性能，如热胀系数小和良好的导热性以及较好的加工工艺性能等。

（3）牌号及用途　钢的耐热性包含高温抗氧化性和高温强度两个指标。因此，耐热钢分为热化学稳定钢（抗氧化钢）和热强钢。

1）抗氧化钢　在高温下具有抗高温介质腐蚀能力的钢称为抗氧化钢。常用的抗氧化钢有 O3Cr11Ni25Si2、O3Cr18Mn12Si2N 等，最高工作温度可达 1000℃，多用于制造工业炉中的构件，如炉底板、炉管等。

2）热强钢　在高温下仍具有足够力学性能的钢称为热强钢。常用的热强钢有珠光体钢、马氏体钢和奥氏体钢。

常用的珠光体钢有 15CrMo、12CrMoV 等，工作温度在 600℃ 以下，主要用于制造锅炉炉管、汽轮机、耐热紧固件。

马氏体钢的耐热性能较高，淬透性好（如 12Cr13、42Cr9Si2、40Cr10Si2Mo 等），这类钢主要用于制作在 500～600℃ 下长期工作的零件。

奥氏体钢的化学稳定性和热强性都优于珠光体钢和马氏体钢，可在 750～800℃ 之间使用，常用于制造较重要的零件，如燃气轮机轮盘、叶片、紧固螺栓等。常用的奥氏体钢有 12Cr18Ni9、45Cr14 Ni14W2Mo 等。

3. 耐磨钢

耐磨钢是指在强烈冲击载荷作用下，才能产生硬化的钢。

耐磨钢的典型牌号是 ZGMn13，其化学成分特点是高碳（$w_C = 0.9\% \sim 1.4\%$）、高锰（$w_{Mn} = 11\% \sim 14\%$），故耐磨钢又称高锰钢。

高锰钢的热处理工艺一般都采用水韧处理，即加热到临界温度以上（约 1000～1100℃）并保温一段时间，使碳化物全部溶解到奥氏体中，然后快速水冷，在室温下得到均匀单一的奥氏体组织。水韧处理后，其韧性很好，但硬度并不高（≤220HBW），当受到强烈的冲击、挤压和摩擦时，其表面因塑性变形而产生强烈的变形强化，使表面硬度显著提高（50HRC 以上），因而可获得很高的耐磨性，其心部仍保持良好的塑性和韧性。

高锰钢不仅具有良好的耐磨性，并且材质坚韧，即使有裂纹开始产生，由于加工硬化能抵抗裂纹的继续扩展。高锰钢难以切削加工，一般采用铸造方法成型，钢的牌号为 ZGMn13。高锰钢可用于既要耐磨又要耐冲击的较恶劣的工作场合，如车辆履带板、挖掘机铲斗、铁路道岔等。

需要指出的是：高锰钢只有在强烈的冲击和摩擦条件下工作，才能显示出高的韧性和耐磨性，若在一般工作条件下，其耐磨性甚至不及碳钢。

课题六 铸铁

铸铁是碳的质量分数大于2.11%的铁碳合金，其主要组成元素为铁、碳、硅和一定量的锰，而硫磷等杂质的含量也比普通碳素钢要高。工业上常用铸铁的成分范围大致为：$w_C = 2.5\% \sim 4.0\%$、$w_{Si} = 1.0\% \sim 3.0\%$、$w_{Mn} = 0.5\% \sim 1.4\%$、$w_P = 0.01\% \sim 0.5\%$、$w_S = 0.02\% \sim 0.20\%$等。

铸铁成本低廉，生产工艺简单并具有优良的铸造性能和切削加工性能，有很高的耐磨减振性和极低的缺口敏感性等，目前仍然是机械制造业中最重要的材料之一。在农用机械、汽车、拖拉机、机床等行业中，铸铁件约占总重量的45%~90%。

一、铸铁的组织与石墨化

1. 铸铁的石墨化

铸铁的性能与其内部组织密切相关，由于铸铁中的含碳量、含硅量较高，所以铸铁中的碳大部分不再以渗碳体的形式存在，而是以游离的石墨状态存在（$w_C = 100\%$）。把铸铁中的碳以石墨形式析出的过程称为石墨化。

（1）石墨化的途径　铸铁中的石墨可以从液态合金中直接结晶出或从奥氏体中直接析出，也可以先结晶出渗碳体，再由渗碳体在一定条件下分解而得到（$Fe_3C \rightarrow 3Fe + C$）。

（2）影响石墨化的因素　影响石墨化的因素主要是铸铁的成分和冷却速度。

1）铸铁的成分。铸铁中的各种合金元素根据对石墨化的作用不同可分为两大类：一类是促进石墨化的元素，有碳、硅、铝、镍、铜和钴等，其中碳和硅对促进石墨化作用最为显著。因此，铸铁中碳、硅含量越高，往往其内部析出的石墨量就越多，石墨片也越大。另一类是阻碍石墨化的元素，有铬、钨、钼、钒、锰和硫等。

2）冷却速度。冷却速度对石墨化的影响也很大，当铸铁结晶时，冷却速度越缓慢，就越有利于扩散，使析出的石墨越大、越充分；在快速冷却时碳原子无法扩散，则阻碍石墨化，促进白口化。

铸件的冷却速度主要取决于壁厚和铸型材料。铸件越厚，铸型材料散热性能越差，铸件的冷却速度就越慢，越有利于石墨化。这就是在加工铸铁件时，往往在其表面会遇到"白口"且很难切削的原因。

2. 铸铁的组织与性能的关系

当铸铁中的碳大多数以石墨形式析出后，组织状态如图2-31所示。其组织可看成是在钢的基体上分布着不同形态、大小、数量的石墨。由于石墨的力学性能很差，强度和塑性几乎为零，这样就可以把分布在钢的基体上的石墨看做不同形态和数量的微小裂纹或孔洞，这些孔洞一方面割裂了钢的基体，破坏了基体的连续性，另一方面又使铸铁获得了良好的铸造性能、切削加工性能，以及消声、减振、耐压、耐磨、缺口敏感性低等诸多优良性能。

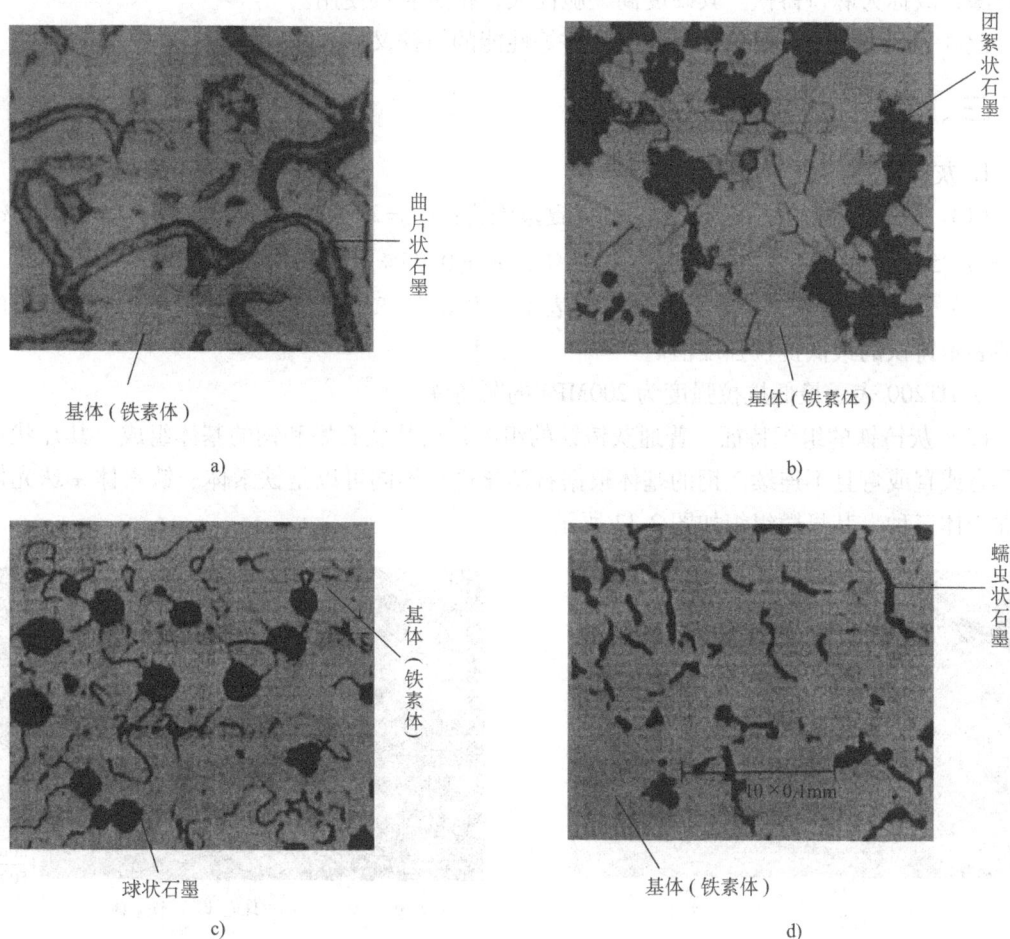

图 2-31　退火状态下铸铁的组织

二、铸铁的分类

根据碳在铸铁中的存在形式及石墨的形态，可将铸铁分为白口铸铁、灰口铸铁、麻口铸铁三种。

1. 白口铸铁

碳在白口铸铁中完全以 Fe_3C 的形式存在，断口呈亮白色，故称白口铸铁。白口铸铁硬度高，脆性大，很难加工。因此，在工业应用方面很少直接使用。

2. 灰口铸铁

碳在灰口铸铁中以石墨的形式存在，其断口呈浅灰色，故称为灰口铸铁。灰口铸铁是应用最广的铸铁。在灰口铸铁中，根据石墨的形态不同，可细分为灰铸铁、可锻铸铁、球墨铸铁、蠕墨铸铁等。

3. 麻口铸铁

碳部分以石墨形式存在，部分以 Fe_3C 形式存在，断口夹杂着白亮的渗碳体和暗灰色的石墨，故称为麻口铸铁。其硬度高，脆性大，很少直接使用。

此外，其中凡具有耐热、耐蚀、耐磨等性能的铸铁又称为特殊性能铸铁。

三、常用铸铁

1. 灰铸铁

（1）灰铸铁的成分　灰铸铁的成分大致范围为：$w_C = 2.7\% \sim 3.6\%$，$w_{Si} = 1.0\% \sim 3.0\%$，$w_{Mn} = 0.25\% \sim 1.0\%$，$w_S = 0.02\% \sim 0.15\%$，$w_P = 0.05\% \sim 0.30\%$。

（2）灰铸铁的牌号　牌号中"HT"表示"灰铁"二字的拼音大写字首，"HT"后的数字表示铸铁的最低抗拉强度值。

如 HT200 表示最低抗拉强度为 200MPa 的灰铸铁。

（3）灰铸铁的组织特征　普通灰铸铁的组织是由片状石墨和钢的基体组成，其片状石墨形态或直或弯且不连续。钢的基体根据石墨化进程不同可以是铁素体、铁素体＋珠光体或珠光体三种，其显微组织如图 2-32 所示。

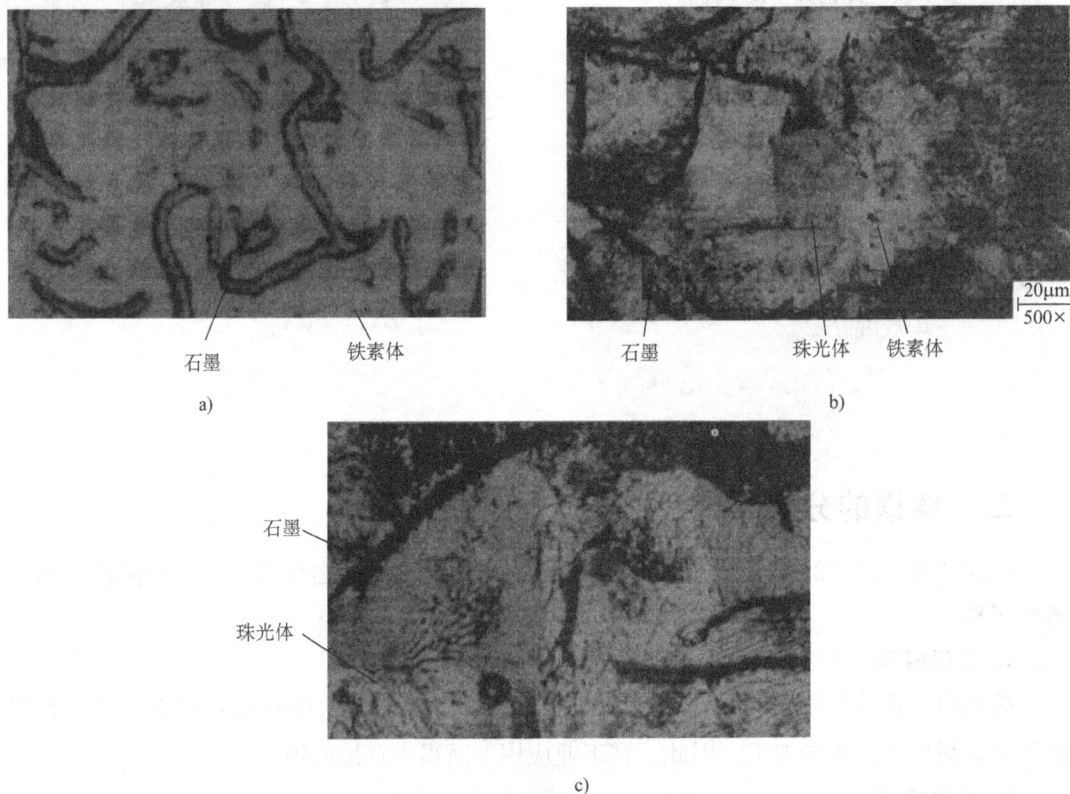

图 2-32　灰口铸铁的显微组织
a）铁素体灰铸铁　b）铁素体＋珠光体灰铸铁　c）珠光体灰铸铁

（4）灰铸铁的性能及应用　与普通钢材相比，灰铸铁具有如下性能特征：抗拉强度和塑性低，耐磨性和减振性优异，铸造、切削加工工艺性能良好。

灰铸铁的牌号、组织及应用见表 2-19。

表 2-19 灰铸铁的牌号、组织及应用

分类	牌号	显微组织		应用举例
		基体	石墨	
普通灰口铸铁	HT100	F + P（少）	粗片	—
	HT150	F + P	较粗片	主要用于机器制造业承受中等应力的一般铸件，如阀体、曲轴、变速器、端盖、汽轮机泵体、轴承座、进排气歧管及管路附件；一般机床底座、床身、刀架、滑座、工作台、手轮等
	HT200	P	中等片	主要用于一般运输机械和机床中承受较大应力和较重要零件，如凸轮轴正时齿轮、气缸体、气缸盖、气门导管、制动蹄、底架、机件、飞轮、齿条、衬筒；一般机床床身及中等压力液压筒、液压泵和阀的壳体等
孕育铸铁	HT250	细珠光体	较细片	阀壳、油缸、气缸体、飞轮、曲轴带轮、联轴器、机体、齿轮、齿轮箱外壳、飞轮、衬筒、凸轮、轴承座等
	HT300	索氏体或托氏体	细小片	用于制造大型发动机曲轴、车床卡盘、齿轮、凸轮；剪床、压力机的机身；导板、自动车床及其他重载荷机床的床身；高压液压筒、液压泵和滑阀的壳体等

（5）灰铸铁的热处理 灰铸铁的热处理只能改变铸铁的基体组织，不能改变石墨的形状和分布，也不能消除片状石墨的有害作用；但可消除铸件的内应力，稳定尺寸，消除白口组织和提高铸件表面耐磨性。常用的热处理方法有：

1）去应力退火。在凝固冷却过程中，铸件的收缩和组织转变不同，内部会存在不同程度的内应力，易使铸件变形甚至开裂。因此，铸件在铸后或切削加工前通常进行一次消除内应力退火，又称人工时效。

2）降低硬度的高温退火。由于冷却速度快，易出现白口组织，硬度较高，难切削加工。为了消除白口组织，应采用高温石墨化退火，使渗碳体在高温下分解成铁和石墨。

3）表面淬火。为提高铸件表面的硬度和耐磨性，机加工后用快速加热的方法对铸铁表面淬火热处理，如机床导轨面和内燃机气缸套内壁等。

2. 可锻铸铁

可锻铸铁是由白口铸铁通过可锻化退火处理使渗碳体分解而得到团絮状石墨的一种高强度铸铁。可锻铸铁又称马铁，实际并不可以锻造，这些名称只表示它具有一定的塑性和韧性，故称为展性铸铁或韧性铸铁。

可锻铸铁按退火方法不同有黑心和白心两种类型。黑心可锻铸铁依靠石墨化退火获得，白心可锻铸铁利用氧化脱碳退火来制取，后者已很少生产，我国主要生产黑心可锻铸铁。

（1）可锻铸铁的化学成分 可锻铸铁的化学成分为：$w_C = 2.0\% \sim 2.8\%$，$w_{Si} = 1.2\% \sim 1.8\%$，$w_{Mn} = 0.4\% \sim 0.6\%$，$w_P < 0.1\%$，$w_S < 0.25\%$。

（2）可锻铸铁的牌号 牌号中用"KT"代表可锻铸铁的"可铁"二字的拼音字首；其后的两组数字分别表示最低抗拉强度和最低断后伸长率；"KTH"表示铁素体基黑心可锻铸铁；"KTZ"表示珠光体可锻铸铁。如：

KTZ700-02 表示珠光体可锻铸铁，其最低抗拉强度为700MPa，最低断后伸长率为2%。

KTH350-10 表示铁素体黑心可锻铸铁，最低抗拉强度值为350MPa，最低断后伸长率为10%。

（3）可锻铸铁组织 根据基体组织的不同，可分为铁素体可锻铸铁（黑心可锻铸铁）、铁素体 + 珠光体可锻铸铁、珠光体可锻铸铁，其显微组织如图2-33所示。

（4）可锻铸铁性能和用途 可锻铸铁的性能主要取决于基体组织与石墨分布的状况。

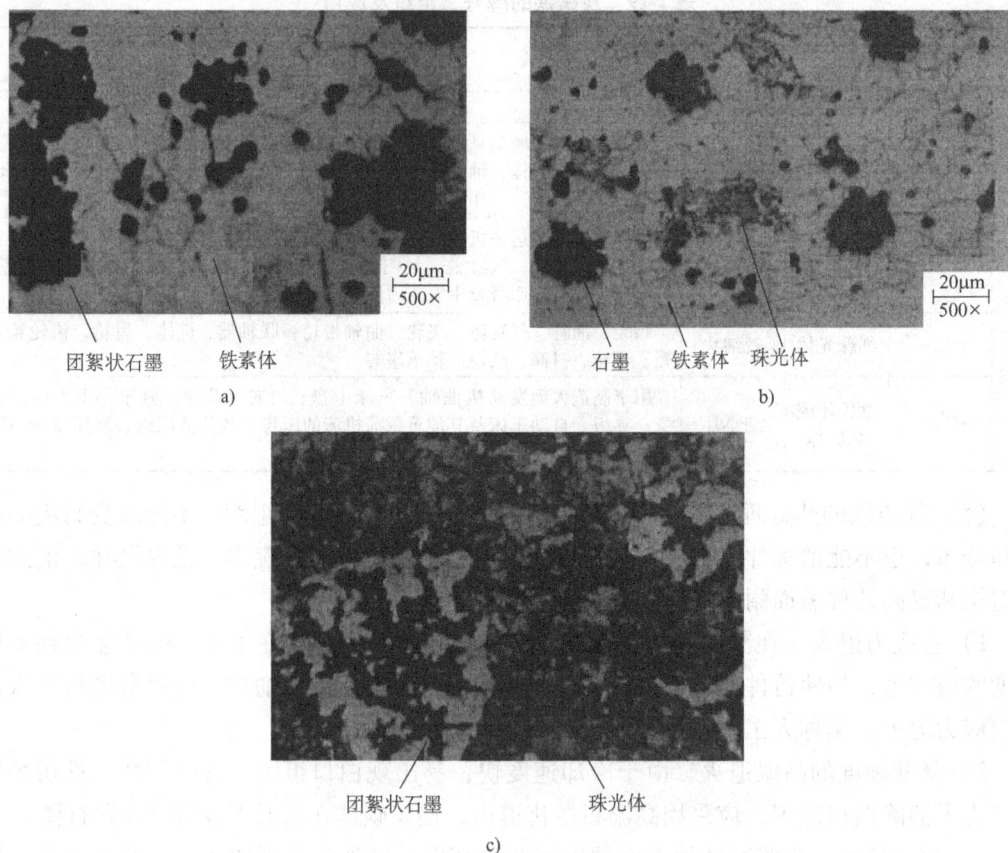

团絮状石墨　　铁素体
a)

石墨　　铁素体　　珠光体
b)

团絮状石墨　　珠光体
c)

图 2-33　可锻铸铁的显微组织

a）铁素体可锻铸铁　b）铁素体＋珠光体可锻铸铁　c）珠光体可锻铸铁

铁素体可锻铸铁具有一定的强度，较高的塑性和较低的硬度，可部分代替低碳钢和有色合金，用于制造承受一定交变载荷的零件；珠光体可锻铸铁的强度和耐磨性比铁素体可锻铸铁高，可代替中碳素钢制造强度和耐磨性要求较高的零件。但由于生产周期长，成本较高，使其适应性受到一定的限制，已逐渐被球墨铸铁取代。

可锻铸铁的牌号、力学性能及应用见表 2-20。

表 2-20　可锻铸铁的牌号、力学性能及应用

分类	牌号	铸铁壁厚/mm	试棒直径/mm	R_m/MPa	A（%）	HBW	应用举例
铁素体基	KTH300-06	>12	16	300	6	120～163	弯头、三通等管件
	KTH330-08			330	8		扳手、车轮壳等
	KTH350-10			350	10		汽车前后轮壳、减速器壳、差速器壳、转向节壳、制动器等
	KTH370-12			370	12		
珠光体基	KTZ450-05			450	5	152～219	曲轴、凸轮轴、连杆、齿轮、活塞环、发动机摇臂、万向接头、轴套等
	KTZ500-04			500	4	179～241	
	KTZ600-03			600	3	201～269	
	KTZ700-02			700	2	240～270	

3. 球墨铸铁

石墨呈球状的铸铁即为球墨铸铁，简称球铁。球铁是铁液经球化处理及孕育处理后结晶而获得。常用球化剂有镁、稀土或稀土镁；常用的孕育剂是硅铁和硅钙。

（1）球墨铸铁的化学成分　球铁的大致化学成分如下：$w_C = 3.6\% \sim 4.0\%$，$w_{Si} = 2.0\% \sim 2.8\%$，$w_{Mn} = 0.6\% \sim 0.8\%$，$w_S < 0.07\%$，$w_P < 0.1\%$，$w_{Mg} = 0.03\% \sim 0.08\%$。

（2）球墨铸铁的牌号　球墨铸铁牌号中"QT"代表"球铁"二字的汉语拼音字首，后面的第一组数字代表该铸铁的最低抗拉强度值，第二组数字代表其最低断后伸长率值。

（3）球墨铸铁的组织特征　球铁的显微组织由球形石墨和金属基体两部分组成。随着成分和冷却速度的不同，球铁在铸态下的金属基体可分为铁素体、铁素体＋珠光体和珠光体三种。球铁的显微组织见图2-34。

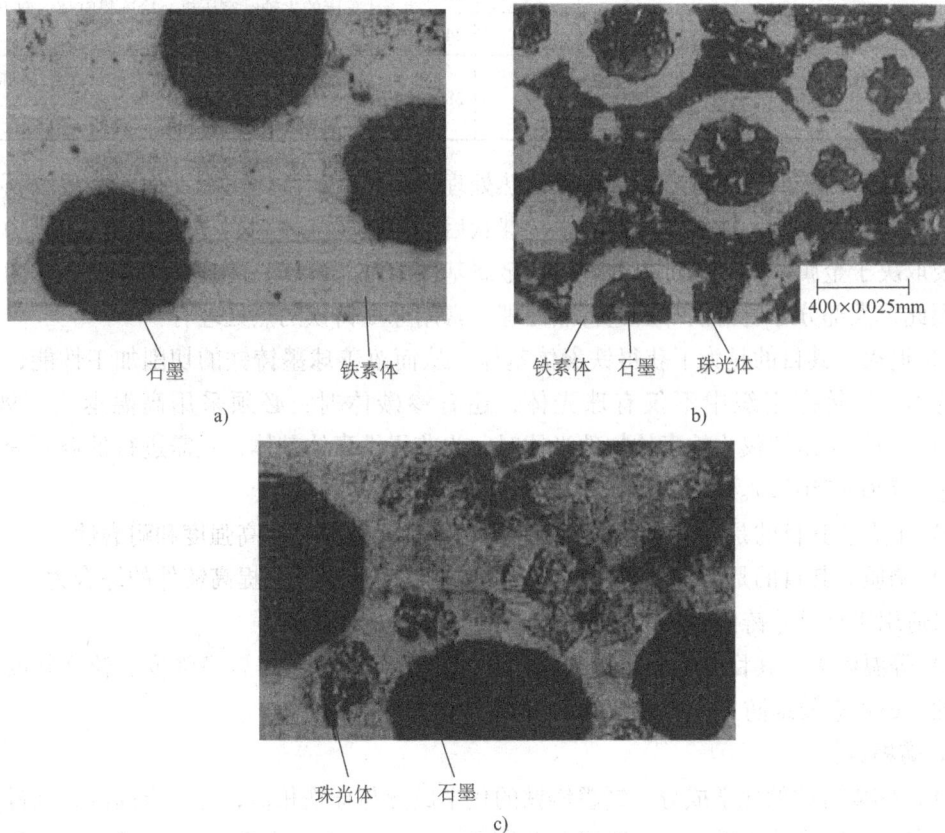

石墨　铁素体
a)

铁素体　石墨　珠光体
$400 \times 0.025mm$
b)

珠光体　石墨
c)

图2-34　球墨铸铁的显微组织

a）铁素体球墨铸铁　b）铁素体＋珠光体球墨铸铁　c）珠光体球墨铸铁

（4）球墨铸铁的性能和用途　球墨铸铁比普通灰铸铁具有更高的强度、塑性和韧性，同时较好地保留了普通灰铸铁具有耐磨、减振、易切削、好的铸造性能和对缺口不敏感等特性。它比可锻铸铁的力学性能更高，且生产工艺简单，周期短，不受铸件尺寸限制。此外，球铁与钢相同，可进行各种热处理改变金属基体的组织，能使力学性能大大提高。所以球铁是最重要的铸造金属材料。球墨铸铁的牌号、力学性能及用途见表2-21。

表 2-21 球墨铸铁的牌号、力学性能及应用

牌号	基体	力学性能				应用举例
		R_m/MPa	R_{eL}/MPa	A（%）	HBW	
QT400-18	铁素体	400	250	18	130~180	汽车、拖拉机底盘零件；阀体、阀盖、离合器及减速器等的壳体、齿轮箱、轮毂、转向器壳、制动蹄、牵引钩前支承座、辅助钢板弹簧支架
QT400-15	铁素体	400	250	15	130~180	
QT450-10	铁素体	450	310	10	160~210	
QT500-7	铁素体 + 珠光体	500	320	7	170~230	机油泵齿轮、传动轴、连杆、曲柄、离合器片等
QT600-3	珠光体 + 铁素体	600	370	3	190~270	柴油机、汽油机曲轴，发动机摇臂、牵引钩支承座，板簧侧垫板及滑块；磨床、铣床、车床的主轴；空压机、冷冻机缸体、缸套等
QT700-2	珠光体	700	420	2	225~305	
QT800-2	珠光体	800	480	2	245~335	
QT900-2	下贝氏体	900	600	2	280~360	用于制造高强度齿轮，如汽车后桥弧齿锥齿轮、大减速器齿轮等

（5）球墨铸铁的热处理　球墨铸铁的热处理也只能改变基体组织，而不能改变石墨的形态、大小及其分布。球墨铸铁的石墨呈球状后，对金属基体割裂作用很小，故其力学性能主要取决于金属基体。通过热处理改变金属基体组织，可以显著提高球墨铸铁的力学性能。因此，大部分球墨铸铁都要进行热处理。常用球墨铸铁的热处理有：

1）退火。其目的是为了获得铁素体基体，从而改善球墨铸铁的切削加工性能，消除铸造应力。当铸态组织中不仅有珠光体，还有渗碳体时，必须采用高温退火（900~950℃）；当铸态组织仅为铁素体加珠光体时，为获得铁素体基体，只需进行低温石墨化退火工艺（720~750℃）。

2）正火。其目的是为了得到珠光体基体，并细化晶粒，提高强度和耐磨性。

3）调质。其目的是为了获得回火索氏体和球状石墨组织，提高铸件的综合力学性能，一般只适用于小尺寸铸件。

4）等温淬火。其目的是为了得到贝氏体组织，使铸件获得较高强度、较高硬度和较高韧性，还可有效地防止变形和开裂。

4. 蠕墨铸铁

（1）蠕墨铸铁的化学成分　蠕墨铸铁的化学成分与球铁相似，即要求高碳、高硅、低磷并含有一定量的镁和稀土，一般成分范围是：$w_C = 3.5\% ~ 3.9\%$，$w_{Si} = 2.1\% ~ 2.8\%$，$w_{Mn} = 0.4\% ~ 0.8\%$，$w_P < 0.1\%$，$w_S < 0.1\%$。

（2）蠕墨铸铁的牌号　牌号中"RuT"代表"蠕铁"二字的拼音字首；其后的数字表示最低抗拉强度。

（3）蠕墨铸铁的组织特征　蠕墨铸铁中的石墨形态介于片状与球状之间，形似蠕虫状，其显微组织是由蠕虫状石墨 + 金属基体组成，如图 2-35 所示。

（4）蠕墨铸铁性能和用途　蠕墨铸铁既保留了灰铸铁工艺性能优良和球墨铸铁力学性能优良的共同特点，又克服了灰铸铁力学性能低和球墨铸铁工艺性能差的不足；其抗拉强

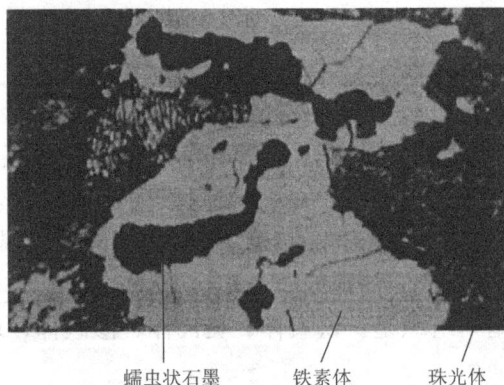

蠕虫状石墨　铁素体　珠光体

图 2-35　蠕墨铸铁的显微组织

度和疲劳强度相当于铁素体球墨铸铁，减振性、导热性、耐磨性、切削加工性和铸造性能近似于灰铸铁。主要用于承受循环载荷、要求组织致密、强度高、形状复杂的零件。

蠕墨铸铁的牌号、力学性能及用途见表 2-22。

表 2-22　蠕墨铸铁的牌号、力学性能及用途

牌号	R_m/MPa	R_{eL}/MPa	A（%）	HBW	组织	用途举例
	不小于					
RuT420	420	335	0.75	200～280	珠光体＋石墨	活塞环、制动器、柴油机缸体、气缸套、排气管、汽车底盘零件、增压器零件、机座、电机壳、钢锭模、液压阀等
RuT380	380	300	0.75	193～274	珠光体＋石墨	
RuT340	340	270	1.0	170～249	珠光体＋铁素体＋石墨	
RuT300	300	240	1.5	140～217	铁素体＋珠光体＋石墨	
RuT260	260	195	3.00	121～197	铁素体＋石墨	

5. 特殊性能铸铁

特殊性能铸铁是在铸铁中加入数量不等的合金元素，从而改善铸铁的物理、化学和力学性能，如耐磨性、耐蚀性和耐热性等特殊性能。常用的特殊性能铸铁有耐磨铸铁、耐热铸铁和耐蚀铸铁。

（1）耐磨铸铁　耐磨铸铁主加合金元素为锰和硅，以提高耐磨性。耐磨铸铁可广泛用于制造要求高耐磨的机床导轨、气缸套、活塞环、凸轮轴、气门摇臂及挺杆、磨球、拖拉机履带板等耐磨零件。

（2）耐热铸铁　耐热铸铁的主加合金元素为硅、铝、铬等。耐热铸铁常用作炉栅、水泥焙烧炉零件、辐射管、退火罐、炉体定位板、中间架、炼油厂加热耐热件、锅炉燃烧嘴等。

（3）耐蚀铸铁　耐蚀铸铁的主加合金元素为硅、铝、铬、铜、镍等。这些合金元素提高了铸铁的抗蚀性，同时还保持了铸铁一定的力学性能。耐蚀铸铁广泛用于制造化工管道、阀门、泵、反应器及存贮器等。

【单元小结】

黑色金属材料包括钢和铸铁，即钢铁材料，它占金属材料总量的95%以上。由于钢铁材料力学性能优良且具有低廉的价格，所以在汽车制造材料中一直占据着不可替代的主导地位。

1. 不同的金属材料具有不同的力学性能，是因为不同的金属具有不同的晶体类型，晶粒大小对金属材料的力学性能有一定的影响。

2. 铁碳合金的五种基本组织是：铁素体、奥氏体、渗碳体、珠光体、莱氏体，其性能各异。

3. 铁碳合金相图说明了不同成分的铁碳合金在缓慢冷却过程中状态及组织的变化情况。

4. 热处理是改善金属材料使用性能和工艺性能的一种非常重要的工艺方法，同一种金属材料，采用不同的热处理工艺可以得到不同性能的材料。

5. 按照化学成分来分，钢可分为碳素钢和合金钢。汽车上的变速杆、制动盘、齿轮、轴、销等零件一般使用碳素钢材料；而汽车上一些重要的、性能要求较高的零件，如曲轴、凸轮轴、主轴、齿轮轴、连杆、后桥齿轮、变速器齿轮等大多使用合金钢材料制造。

6. 铸铁由于具有良好的铸造性能、切削加工性能、耐磨性、减振性，而且价格低廉，因此，广泛应用于汽车制造业。常用的铸铁为灰铸铁、可锻铸铁、球墨铸铁、蠕墨铸铁。随着铸造和热处理技术的进步，现在，除了变速器、发动机缸体采用铸铁制造外，汽车中许多重要零件也采用铸铁来制造，既可保证使用效果，又可显著地降低制造成本。

【思考与练习】

1. 晶体有哪些特点？

2. 常见金属的晶格类型有哪几种？并说明各自的结构特点。

3. 举例说明什么叫合金？什么叫合金系？

4. 什么叫固溶体？根据溶质原子在溶剂中所占位置的不同，固溶体可分为哪两种？

5. 晶粒大小对金属材料的性能有何作用？

6. 什么叫同素异构转变？并说明纯铁的同素异构转变过程。

7. 什么叫铁素体、奥氏体、珠光体、渗碳体、莱氏体？它们的性能有何特征？

8. 试画出简化的 $Fe-Fe_3C$ 相图，并说明图中点、线的含义。

9. 什么是共晶转变和共析转变？

10. 试比较碳的质量分数为 0.25%、1.0%、3.0%、5.0% 的铁碳合金的室温组织有何异同。

11. 简述铁碳合金的分类。

12. 含碳量的变化，对铁碳合金的组织和性能有何影响？

13. 碳素钢常存杂质元素中，为什么锰和硅是有益元素，而硫和磷是有害元素？

14. 按用途不同，碳素钢可分为哪两类？其各自的用途有哪些？

15. 什么叫热处理？处理的工艺过程包括哪三个步骤？

16. 常用的热处理方法有哪些?

17. 以共析钢为例,过冷奥氏体在不同温度等温冷却时,可得到哪些不同产物? 其性能如何?

18. 什么是马氏体? 它有哪两种类型? 它们的性能各有何特点?

19. 什么是退火? 常用的退火分为哪几种? 简述各自的适用范围。

20. 什么是正火? 说明其主要应用范围。

21. 什么是淬火? 淬火的主要目的是什么? 有哪些常用的方法?

22. 钢在淬火时常见的缺陷有哪些? 应如何防止?

23. 什么是回火? 淬火钢回火的目的是什么?

24. 常用的回火方法有哪几种? 各适用于什么场合?

25. 哪些零件需要进行表面热处理? 表面热处理有哪些常用方法?

26. 表面淬火加热方法有哪两种? 各有哪些特点?

27. 什么是化学热处理? 它由哪几个过程组成?

28. 什么是渗碳? 渗碳的目的是什么?

29. 什么是渗氮? 与渗碳相比,渗氮具有哪些特点?

30. 什么叫合金钢? 按用途合金钢可分为哪些类型?

31. 合金元素在钢中有哪些主要作用?

32. 简述合金渗碳钢的主要合金元素及作用。

33. 弹簧的主要作用有哪些? 对弹簧有哪些性能要求?

34. 什么叫特殊性能钢? 机械制造行业中常用的特殊性能钢有哪些?

35. 什么叫不锈钢? 不锈钢是如何分类的? 简述不锈钢中主要合金元素及作用。

36. 说明下列牌号钢的类型、碳及合金元素的含量、用途:
    Q345、20CrMnTi、40Cr、GCr15、ZGMn13、9SiCr、CrWMn、12Cr13、12Cr18Ni9、5CrMnMo、Cr12MoV。

37. 什么叫铸铁? 工业上常用铸铁的成分范围大致为多少?

38. 什么是铸铁的石墨化? 影响铸铁石墨化的因素有哪些?

39. 灰铸铁有哪些优异特性?

40. 灰铸铁常用的热处理方法有哪些?

41. 可锻铸铁是如何获得的? 可锻铸铁有何性能特点?

42. 球墨铸铁是如何获得的? 常用的球化剂有哪些? 球墨铸铁在性能上有何特点?

43. 简述蠕墨铸铁的性能和用途。

44. 常用的特殊性能铸铁有哪些? 简述其主加元素和作用。

45. 说明下列牌号铸铁的类型、数字含义、用途:
    HT250、QT600-3、KTH350-10、KTZ550-04、RuT260。

第三单元

非铁金属及其合金

【任务描述】

把黑色金属以外的其他金属都叫非铁金属（又称有色金属）。非铁金属是汽车的主要材料，但由于非铁金属具有材质轻、导电性好等钢铁材料所不及的特性，因此，在现代汽车上的用量呈现逐年增长的趋势。本项目主要介绍在汽车上应用比较广泛的铝合金、铜合金、钛合金、镁合金及滑动轴承合金等材料。

【学习目标】

1. 掌握常用非铁金属及其合金的牌号、性能和在汽车上的应用。
2. 明确粉末冶金的应用，了解常用硬质合金的牌号及用途。

课题一　铝及铝合金

铝在地壳中储量丰富，占地壳总质量的8.2%，居所有金属元素之首。铝及其合金在工业产生中的应用仅次于钢铁材料，居有色金属的首位。

一、铝及铝合金的性能特点

1. 密度小，熔点低，导电性、导热性好，磁化率低

纯铝的密度为$2.72 \times 10^3 kg/m^3$，仅为铁的1/3左右，熔点为660.34℃，导电性仅次于铜、金、银。铝合金的密度也很低，熔点更低，但导电性、导热性不如纯铝。铝及铝合金

的磁化率极低，属于非铁磁材料。

2. 抗大气腐蚀性能好

铝和氧的化学亲和力大，在空气中铝及铝合金表面会很快形成一层致密的氧化膜，可防止内部继续氧化。但在碱和盐的水溶液中，氧化膜易破坏，因此不能用铝及铝合金制作的容器盛放盐溶液和碱溶液。

3. 加工性能好

纯铝具有较高的塑性（$A = 30\% \sim 50\%$，$Z = 80\%$），易于压力成形加工，并有良好的低温性能。纯铝的强度低，虽经冷变形强化，但也不能直接用于制造受力的结构件，而铝合金通过冷成形和热处理，具有低合金钢的强度。

因此，铝及铝合金被广泛应用于电气工程、航空航天、汽车制造及生活等各个领域。

铝及其铝合金的种类情况如图 3-1 所示。

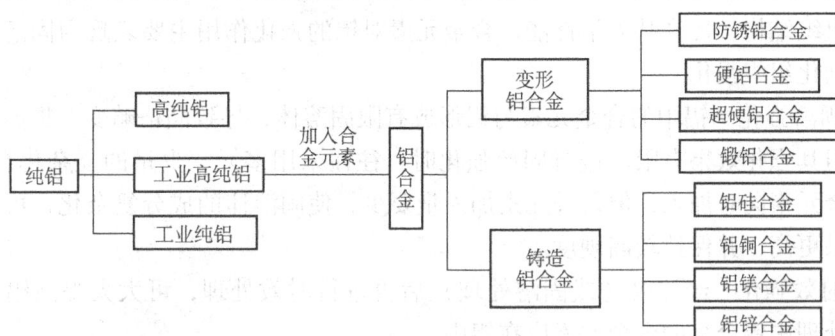

图 3-1　铝及铝合金的种类

二、纯铝

1. 纯铝的分类

按铝含量分为高纯铝、工业高纯铝和工业纯铝三类，其纯度、用途及代号见表 3-1。其中牌号中的 "L" 为 "铝" 的汉语拼音之首。

表 3-1　纯铝的分类、用途及代号

分　类	铝质量分数（%）	代　号	用　途
高纯铝	99.93 ~ 99.996	L01 ~ L04	主要用于科研
工业高纯铝	99.85 ~ 99.9	L00、L0	用做铝合金的原料、特殊化学器械等
工业纯铝	98.0 ~ 99.0	L1 ~ L6	用做管、线、板材和棒料

2. 工业纯铝

工业纯铝有银白色光泽，密度小（$2.72 \times 10^3 \text{kg/m}^3$），熔点低（660℃），导电导热性优良（仅次于 Ag、Cu），为非磁性材料。纯铝化学性质活泼，在空气中极易氧化形成一层牢固致密的氧化膜表面，从而使其在空气及淡水中具有良好的抗蚀性；铝具有良好的塑性和韧性，可以很容易通过压力加工成型；且在低温下也有很好的塑性和韧性。纯铝还易于铸造和切削，具有良好的工艺性能。

工业纯铝强度低，室温下仅为 45 ~ 50MPa，故一般不宜用作结构材料，主要用于制作电线、屏蔽壳体、反射器、散热器、包覆材料及化工容器等。

三、铝合金

纯铝的强度低，因而在纯铝中常加入硅、铜、镁、锰等合金元素配制成铝合金。铝合金不仅能保持纯铝密度小、耐蚀性和导热性好的优点，而且强度比纯铝更高。铝合金常用于制造质量轻、强度要求较高的零件，在汽车、航空制造等部门得到广泛的应用。

目前铝合金中主要加入的合金元素有铜、镁、硅、锰、锌和锂等，它们可单独加入，也可配合加入。

1. 铝合金的强化

固态铝无同素异构转变，其热处理与钢不同。而铝合金中，由于加入了合金元素，可改变铝的组织结构，提高其力学性能。合金元素对铝的强化作用主要表现为固溶强化、时效强化和细化组织强化。

（1）固溶强化　铝中的合金元素与铝形成有限固溶体，导致晶格畸变，提高了铝合金的强度，但其强化效果有限。进行固溶强化时，往往采用多元、少量的复杂化合物原则，即多种合金元素同时加入；但每种元素加入量要少，使固溶体的成分复杂化，可使固溶体的强化效果更高，并保持较高硬度。

（2）时效强化　经淬火（或固溶处理）后再进行时效处理，可大大提高铝合金的强度。时效处理中铝合金的合金元素应在铝中有较高的极限溶解度，并且该溶解度随温度降低而显著减少，使淬火后形成过饱和固溶体。在随后的时效处理过程中，从过饱和的固溶体中析出均匀、弥散的强化相。

在室温下进行的时效称为自然时效，在加热条件下进行的时效称为人工时效。淬火加热时效处理是铝合金强化的一种重要手段。图 3-2 为 $w_{Cu} = 4\%$ 的铝合金的自然时效曲线。

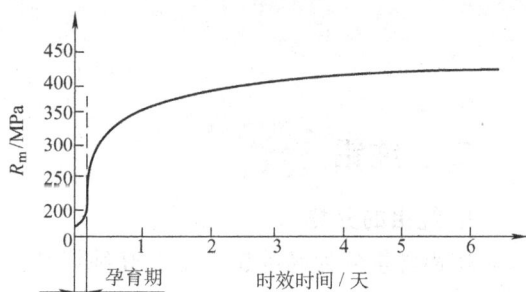

图 3-2　$w_{Cu} = 4\%$ 的铝合金的自然时效曲线

（3）细化组织强化　细化组织强化是指在铝合金中加入微量合金元素，细化铝合金固溶体基体或过剩相组织（铝中加入合金元素含量超过其溶解度时，淬火加热时有一部分不能溶入固溶体而形成第二相，即过剩相），合金中的亚结构即位错密度增加，使铝合金的强度和塑性提高。变形铝合金主要通过变形和再结晶退火实现晶粒细化；铸造铝合金通过改变铸造工艺和加入微量元素来实现合金晶粒和过剩相的细化。

2. 铝合金的分类

根据铝合金的化学成分及生产工艺不同，可分为变形铝合金和铸造铝合金两类，如图 3-3 所示为铝合金相图。

（1）变形铝合金 铝合金中溶质 B 的含量小于最大溶解度 D，在加热时形成单相固溶体。它具有良好的塑性，适合于各种压力加工，称为变形铝合金。

按化学成分、性能特点和用途的不同，变形铝合金可分为：防锈铝合金、硬铝合金、超硬铝合金和锻造铝合金四大类。除防锈铝合金外，变形铝合金都是可热处理强化的铝合金。

1）防锈铝合金。防锈铝合金是由铝-锰或铝-镁组成的合金，其耐蚀性很好，故名"防锈铝"。此外，它还具有良好的塑性和焊接性，但切削加工性能较差。防锈铝不能通过热处理来强化，只能通过加工硬化的方法来提高其强度。所以防锈铝一般轧制成板材，用来制造负荷不大的冲压件和焊接件，如汽车车身、驾驶室、汽油罐、汽油箱、汽油管、防锈蒙皮、铆钉等。此外，防锈铝还用于制造各种生活器具。

防锈铝合金的牌号用"LF + 顺序号"格式表示。其中"LF"代表"铝防"两字的汉语拼音之首。常用的牌号有 LF5、LF11、LF21 等。

2）硬铝合金。硬铝合金是由铝-铜-镁或铝-铜-锰组成的合金。它可以通过淬火加时效处理来提高强度，而且在退火状态下具有良好的塑性，可以在冷态下进行压力加工。硬铝合金主要用于制造中等强度的构件或零件，如铆钉、螺栓及航空工业中的一般受力件。

硬铝的耐蚀性较差，所以在实际使用过程中，一般在硬铝板材表面包一层纯铝以提高其耐蚀性。

硬铝的牌号用"LY + 顺序号"格式表示。其中"LY"，代表"铝硬"两字的汉语拼音之首。常用的牌号有 LY1、LY11 等。

3）超硬铝合金。超硬铝合金是在硬铝的基础上加入锌形成的铝-铜-镁-锌合金。在常温下可获得比硬铝更高的力学性能，抗拉强度高达 588MPa。超硬铝和硬铝一样，耐蚀性较差，所以在实际使用过程中也要在其表面包一层纯铝以提高其耐蚀性。超硬铝合金的价格昂贵，主要用于制造受力一般的航空零件以及汽车铆钉。

超硬铝的牌号用"LC + 顺序号"格式表示。其中"LC"代表"铝超"两字的汉语拼音之首。常用的牌号有 LC4、LC6 等。

4）锻造铝合金。锻造铝是由铝-镁-硅-铜或铝-铜-镁-铁-镍组成的合金。其力学性能与硬铝相近，在退火状态下具有良好的塑性，易于锻造，故名"锻铝"。它的热塑性及耐蚀性比硬铝高，在经过人工时效处理后，可获得更佳的强化效果。该类铝合金主要用作复杂的航空及仪表零件，如叶轮、支杆等；也可作耐热合金（工作温度 $200 \sim 300℃$），如内燃机活塞及气缸盖等。在汽车上主要用于制造形状复杂的中等强度的锻件和冲压件，如发动机活塞、风扇叶片等。

锻造铝的牌号用"LD + 顺序号"格式表示，其中"LD"代表"铝锻"两字的汉语拼

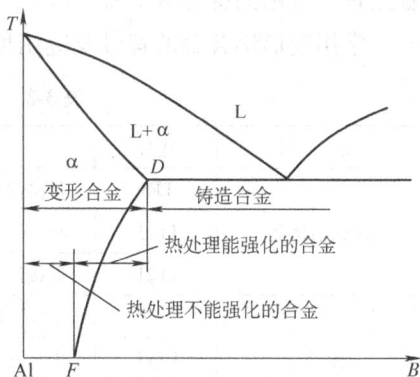

图 3-3 铝合金相图

音之首。常用的牌号有 LD5、LD7、LD10 等。

常用变形铝合金的牌号及应用见表3-2。

表3-2 常用变形铝合金的牌号及应用

类　别	代号	应　用
防锈铝合金	LF5	焊接油箱、油管、焊条、铆钉及中载零件
	LF11	车身、车门、发动机罩、行李箱罩、地板、冀子板、车轮等
	LF21	焊接油箱、油管、焊条、铆钉及轻载零件
硬铝合金	LY1	工作温度不高于100℃的中等强度的铆钉等
	LY11	中等强度的结构件,如骨架、叶片、铆钉等
	LY12	高强度的结构件及150℃以下工作的零件
超硬铝合金	LC4	主要受力构件,如飞机大梁、桁架等
	LC6	主要受力构件,如飞机大梁、桁架、起落架等
锻造铝合金	LD5	形状复杂、中等强度的锻件
	LD7	高温下工作的复杂锻件及结构件
	LD10	承受中载荷的锻件

（2）铸造铝合金　铸造铝合金是指适宜于铸造成型的铝合金。一般含较多的合金元素B（总量为8%～25%），具有良好的铸造性能，可直接铸造成各种形状复杂的零件；并有足够的力学性能和其他性能，且生产工艺和设备简单，成本低。尽管其力学性能不如变形铝合金，但在许多工业领域仍然有着广泛的应用。

根据合金中加入主要合金元素的不同，铸造铝合金可分四大类：

铝硅基铸造铝合金（共11个代号，分别为：ZL101、ZL102……ZL111）；

铝铜基铸造铝合金（代号为：ZL201、ZL202、ZL203）；

铝镁基铸造铝合金（代号为：ZL301、ZL302）；

铝锌基铸造铝合金（代号为：ZL401、ZL402）。

常用铸造铝合金在汽车上的应用情况见表3-3。

表3-3 常用铸造铝合金在汽车上的应用

代　号	应　用
ZL103	发动机风扇、离合器壳体、前盖及主动板等
ZL104	气缸盖罩、挺杆室盖板、机油滤清器底座、链子及外罩等
ZL108	发动机活塞等

1）铝硅系铸造铝合金　铝硅合金又称硅铝明，它含硅的质量分数一般为4.5%～13%。硅铝明的特点是：具有良好的铸造性能，密度小，线胀系数小，同时具有良好的导热性和耐蚀性。常用的硅铝明有简单硅铝明和特殊硅铝明两种。简单硅铝明（ZL101）由铝、硅两种元素组成，它不能热处理强化，故力学性能不高。特殊硅铝明加有一定量的镁、铜、锰、镍等元素，并可通过热处理强化，所以有较好的力学性能，主要

用于制造发动机活塞、气缸体、风扇叶片等。常用的有 ZL102，ZL105，ZL108 等。

2）铝铜系铸造铝合金　铸造铝合金中该类合金热强性最好，但其强度和铸造性能不如铝硅系合金，耐蚀性也较差。铝铜系铸造铝合金一般只用作要求强度高且工作温度较高的零件，如汽车、摩托车活塞，发动机缸盖等。

3）铝镁系铸造铝合金　这类合金密度最小、比强度高、耐蚀性最好，且抗冲击、切削加工性好；但其铸造性和耐热性差，冶炼复杂。铝镁系铸造铝合金多用于制造承受冲击载荷，耐海水腐蚀且外形较简单的零件，如舰船配件、雷达底座、螺旋桨等。

4）铝锌系铸造铝合金　该类合金的突出优点是价格便宜、成本低，而且其铸造、焊接和尺寸稳定性较好，但耐热性和耐蚀性差。故一般只用于制造工作温度低（＜200℃）但形状复杂的压铸件及型板、汽车发动机零件以及仪表零件。

（3）压力铸造工艺　把液态金属以高压注入金属铸型中并保持压力一段时间，用于获得高质量、高精度、形状比较复杂的铸造零件，这种方法称为压力铸造，简称压铸。压力铸造是汽车铝合金铸件生产的重要工艺，由于压铸件比普通铸件具有更高的强度、尺寸精度和表面粗糙度，且压铸可铸造形状复杂的薄壁零件，生产效率高，铸件质量稳定，最适合大批量的汽车零件生产。铝硅系的铸造铝合金是汽车上应用最广泛的压铸合金，常用于制造汽车发动机缸体、曲轴箱、离合器壳体、变速器壳体、转向器壳体、轮毂、电动机冷却风扇叶片等。

四、铝合金的热处理

热处理是提高铝合金综合力学性能和组织稳定性的重要工艺方法，铝合金在使用前主要进行的热处理强化方法有淬火（固溶处理）和时效。

淬火，即铝合金的固溶处理，是将合金加热到固溶线以上的特定温度保温后快冷，以得到不稳定的过饱和固溶体组织，为后续合金的时效强化处理做好准备。淬火后铝合金的强度和硬度不高，且有良好的塑性，可以进行一定的压力加工。

固溶处理后，铝合金都要进行时效强化处理。这种处理可以是自然时效，也可以是人工时效。时效过程可以根据铝合金的组织转变特征和性能需求确定。

五、车用铝合金的前景

随着汽车工业的迅速发展，减轻汽车重量、降低油耗、改善对环境的污染等要求，使汽车轻量化设计变得越来越重要。减轻汽车自重的关键是使用轻质材料，能够大幅度减轻重量的铝合金等材料的应用越来越广泛。从 1992 年到 2000 年非铁合金铸件产量逐年上升，铝合金铸件增长了近80%，取得了很大的发展，特别是铝及其合金由于具有质轻、耐磨、耐腐蚀、弹性好、比强度和比刚度高、抗冲击性能好、易表面着色，并具有良好的加工成形性以及极高的再回收、再生等一系列优良特性，已成为汽车轻量化最理想的材料。由于能源、环境问题普遍受到人们的重视，汽车用铝合金的开发和应用得到广泛关注，铝合金在汽车上的应用逐年扩大。表3-4 所示为发达国家每辆汽车使用的铝合金量。

表 3-4 发达国家每辆汽车使用的铝合金量

国别	1980 年	1985 年	1990 年	1995 年	2000 年
美国	54kg (3.6%)	54kg (5.5%)	91kg (8.9%)	103kg (12.8.%)	150kg
日本	4.5%	5.5%	6.5%	7.5%	9.0%
法国	38kg	45kg	52kg	55kg	65kg

注：表中百分比数据为铝合金用量占汽车总质量百分比。

汽车上一些关键又复杂的零部件，如缸盖、缸体、进、排气歧管、车轮轮毂、变速器壳体等，由于汽车轻量化的要求，采用铝合金生产的越来越多。近十年，美国汽车铝铸件增加 1.7 倍，到 2007 年，美国轿车发动机缸盖的 95% 已采用铝铸件，缸体的 50% 已采用铝铸件。缸体是汽车发动机上最大、最复杂的铸件，其壁厚最薄处仅 3mm 左右，目前大多采用高强度灰铸铁铸造生产。根据轻量化的需求，汽车采用铝合金生产的也越来越多，应该说发动机采用铝合金制造是当今国际最先进的技术，为目前高档轿车的首选。

课题二　铜及铜合金

铜是重金属，其产量仅次于钢和铝。铜及其合金是人类最早使用的且应用最广泛的金属材料之一。铜的导电、导热性好，耐腐蚀，有优良的塑性，可以焊接或冷热压力加工成型。铜及铜合金的分类情况如图 3-4 所示。

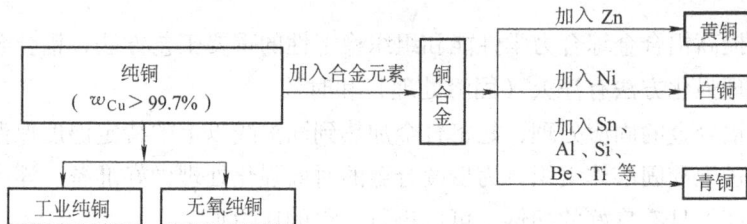

图 3-4　铜及铜合金的分类

一、工业纯铜及其性能和用途

纯铜的颜色为紫红色。纯铜的含铜量 $w_{Cu} = 99.5\% \sim 99.95\%$，熔点为 1083℃，相对密度为 $8.96 \times 10^3 kg/m^3$，无磁性，在固态时具有面心立方晶格结构，无同素异构转变现象。

纯铜具有优良的导电、导热性，并具有很好的化学稳定性，在大气、淡水、冷水中具有很好的耐蚀性；但在海水、氨盐、氯化物、碳酸盐及氧化性酸中抗蚀性差。其塑性好，但强度、硬度低。冷塑性变形后，其强度可提高到 400 ~ 500MPa，硬度提高到 100 ~ 200HBW，但断后伸长率降为 6% 左右。采用退火可消除铜的冷加工硬化。工业纯铜的主要用途是配制铜合金，制作导电、导热和耐蚀器件等。

我国工业纯铜按其纯度不同有四个牌号，即 T1（$w_{Cu} = 99.95\%$）、T2（$w_{Cu} = 99.90\%$）、T3（$w_{Cu} = 99.70\%$）、T4（$w_{Cu} = 99.50\%$）。

无氧铜其含氧量极低，一般质量分数不大于 0.003%，其代号有 TU1、TU2，"U"是"无"字的汉语拼音字首。

二、常用铜合金及其性能特点和应用

按铜合金的成形方法可将其分为变形铜合金及铸造铜合金。除专用铸造铜合金外，大部分的铜合金既可用于变形铜合金，又可用于铸造铜合金。

工业中常按主要合金元素及化学成分特点对铜合金分类，分为黄铜、白铜和青铜三大类。

1. 黄铜

黄铜是以锌为主加合金元素的铜合金，根据其成分特点又分为普通黄铜和特殊黄铜两大类。

（1）普通黄铜　普通黄铜是指铜-锌二元合金，其锌 $w_{Zn} < 50\%$，牌号以"H + 数字"表示，"H"为"黄"字的汉语拼音字首，数字代表铜的质量百分含量。如 H62 表示 $w_{Cu} = 62\%$ 和 $w_{Zn} = 38\%$ 的普通黄铜。

一般来说，当 $w_{Zn} < 32\%$ 时，普通黄铜具有良好的力学性能，易进行各种冷热加工；并对大气、海水具有相当好的抗蚀能力，且成本低，色泽美丽，但黄铜强度较低。常用的黄铜有 H80、H70、H68 等，用于制作防护镀层、冷凝器、弹壳等。

普通黄铜当其含锌量 $w_{Zn} = 32\% \sim 47\%$ 时，为双相黄铜，如 H59、H62 等。它们低温下塑性较低，不能进行冷变形加工，但可进行热加工（500℃）。双相黄铜一般轧成板材、棒材，再经切削加工制成各种耐蚀零件，如螺钉、弹簧等。

表 3-5 列出了部分普通黄铜的牌号、化学成分及主要用途。

表 3-5　部分普通黄铜的牌号、化学成分及主要用途（摘自 GB/T 5231—2001）

牌号	化学成分（%）					主　要　用　途
	Cu	Fe	Pb	Ni	Zn	
H96	95.0 ~ 97.0	0.10	0.03	0.5	余量	冷凝管、热交换器、散热器及导电零件、空调器、冷冻机部件、引线框架等
H80	79.0 ~ 81.0	0.10	0.03	0.5	余量	薄壁管、装饰品等
H70	68.5 ~ 71.5	0.10	0.03	0.5	余量	弹壳，机械及电子零件
H68	67.0 ~ 70.0	0.10	0.03	0.5	余量	形状复杂的深冲零件，散热器外壳等
H62	60.5 ~ 63.5	0.15	0.08	0.5	余量	机械、电器零件、铆钉、螺母、垫圈、散热器及焊接件、冲压件等
H59	57.0 ~ 60.0	0.30	0.5	0.5	余量	同上

（2）特殊黄铜　特殊黄铜是在普通黄铜的基础上又加入铝、锰、硅、铅等元素的黄铜，其牌号以"H + 主加元素的化学符号（除锌外）+ 铜的质量分数 − 主加元素的质量分数"表示。如 HMn58-2 表示含 $w_{Cu} = 58\%$ 和 $w_{Mn} = 2\%$，其余为 Zn 的特殊黄铜。

在特殊黄铜中，除主加元素 Zn 外，按主要的辅加元素又分为锰黄铜、铝黄铜、铅黄铜、硅黄铜等。这些元素的加入除可不同程度地提高黄铜的强度、硬度和耐腐蚀性。生产中特殊黄铜常用于制造螺旋桨、紧压螺母等船用重要零件和其他耐蚀零件。特殊黄铜的产品牌号、化学成分及主要用途见表 3-6。

表 3-6　部分特殊黄铜的产品牌号、化学成分及主要用途（摘自 GB/T 5231—2001）

组别	牌号	化学成分（%）							主要用途
		Cu	主加元素	Fe	Pb	Ni	Zn	其他	
铅黄铜	HPb63-3	62.0~65.0	Pb：2.4~3.0	0.10		0.5	余量	—	钟表零件、汽车、拖拉机及一般机器零件
	HPb59-1	57.0~60.0	Pb：0.8~1.9	0.50		1.0	余量	—	一般机器结构零件
锡黄铜	HSn90-1	88.0~91.0	Sn：0.25~0.75	0.10	0.03	0.5	余量		汽车、拖拉机套件
	HSn62-1	61.0~63.0	Sn：0.7~1.1	0.10	0.10	0.5	余量		船舶零件
铝黄铜	HAl77-2	76.0~79.0	Al：1.8~2.5	0.06	0.07	—	余量	As：0.02~0.06	海船冷凝器管及耐蚀零件
	HAl60-1-1	58.0~61.0	Al：0.70~1.5	0.7~0.15	0.40		余量	Mn：0.10~0.6	缸套、齿轮、蜗轮、轴及耐蚀零件
	HAl59-3-2	57.0~60.0	Al：2.5~3.5	0.5	0.10	2.0~3.0	余量		船舶、电机、化工机械等常温下工作的高强度耐蚀零件
硅黄铜	HSi80-3	79.0~81.0	Si：2.5~4.0	0.6		0.5	余量		船舶及化工机械零件
锰黄铜	HMn58-2	57.0~60.0	Mn：1.0~2.0	1.0	0.10	0.5	余量	Mn：1.0~2.0	船舶零件及轴承等耐磨件
铁黄铜	HFe59-1-1	57.0~60.0	Fe：0.6~1.2		0.20	0.5	余量	Al：0.10~0.5 Mn：0.5~0.8 Sn：0.3~0.7	摩擦及海水腐蚀下工作的零件
镍黄铜	HNi65-5	64.0~67.0		0.15	0.03	5.0~6.5	余量		船舶用凝器管、电机零件

2. 青铜

青铜是指除 Zn 和 Ni 以外的其他元素为主要合金元素的铜合金。

其牌号为"Q + 主加元素符号 + 主加元素的质量百分含量"（若后面还有数字，则为其他辅加元素的百分含量）；"Q"为"青"字的汉语拼音字首。

青铜合金中，工业用量最大的为锡青铜和铝青铜，强度最高的为铍青铜。

（1）锡青铜　锡含量是决定锡青铜性能的关键，锡的质量分数为 5%~7% 的锡青铜塑性最好，适用于冷热加工；而锡的质量分数大于 10% 时，合金强度升高，但塑性却很低，只用于铸造。锡青铜铸造流动性较差，易形成分散缩孔，故铸件致密度不高，但合金凝固时线收缩很小，适于铸造形状复杂且对外形和尺寸要求精确的铸件或工艺品，但不宜铸造要求致密度高和密封性好的铸造零件。锡青铜在大气、海水和无机盐类溶液中有极好的耐蚀性，但在氨水、盐酸和硫酸中耐蚀性较差。

（2）铝青铜　根据合金的性能特点，铝青铜中铝的质量分数一般控制在 12% 以内。工业上压力加工用铝青铜的铝的质量分数一般为 5%~7%；铝的质量分数在 10% 左右的合金，强度高，可用于热加工或铸造用材。铝青铜铸造流动性好，缩孔集中，故易获得致密的铸件；且铝青铜强度高、韧性好、疲劳强度高，受冲击不产生火花；在大气、海水、碳酸及多数有机酸中有极好的耐蚀性，比黄铜和锡青铜好。因此铝青铜在结构件上应用极广，主要用于制造在复杂条件下工作，要求高强度、高耐磨、高耐蚀的零件和弹性零件，如齿轮、摩擦片、蜗轮、弹簧和船用设备等。

（3）铍青铜 指铍的质量分数为 1.7%～2.5% 的铜合金，其时效硬化效果极为明显，通过淬火时效，可获得很高的强度和硬度，抗拉强度 1250～1500MPa，HBW 达 350～400，远远超过了其他铜合金，且可与高强度合金钢相媲美。铍青铜易于成形加工，可直接制成零件后再时效强化。

铍青铜不但强度硬度高，且有很高的疲劳强度和弹性极限；导热、导电性好，无磁性，耐磨、耐蚀、耐寒、耐冲击。因此铍青铜被广泛地用于制造精密仪器仪表的重要弹性元件，耐磨、耐蚀零件，航海罗盘仪中零件和防爆工具等。但其生产工艺复杂，价格昂贵。

表 3-7 列出了为部分青铜的牌号、化学成分及用途。

表 3-7 部分青铜的牌号、化学成分及用途（摘自 GB/T 5231—2001）

组别	牌号	化学成分（%）							主要用途
		主加元素	Zn	Ni	Fe	Pb	其他	Cu	
锡青铜	QSn6.5-0.1	Sn：6.0～7.0	0.3	0.2	0.05	0.02	P：0.10～0.25 Al：0.002	余量	精密仪器中耐磨件和抗磁元件、弹簧
	QSn4-4-4	Sn：3.0～5.0	3.0～5.0	0.2	0.05	3.5～4.5	P：0.03 Al：0.002	余量	飞机、拖拉机、汽车轴承和轴套衬垫等
	QSn4-3	Sn：3.5～4.5	2.7～3.3	0.2	0.05	0.02	P：0.03 Al：0.002	余量	弹簧、化工机械耐磨零件和抗磁零件
铝青铜	QAl10-3-1.5	Al：8.5～10.0	0.5	0.5	2.0～4.0	0.03	P：0.01 Si：0.1 Mn：1.0～2.0 Sn：0.1	余量	飞机、船舶用高强度、高耐磨性抗蚀零件
	QAl9-4	Al：8.0～10.0	1.0	0.5	2.4～4.0	0.01	P：0.01 Si：0.1 Mn：0.5 Sn：0.1	余量	船舶及电气零件、耐磨零件
	QAl7	Al：6～8.5	0.2	0.5	0.5	0.02	Si：0.1	余量	重要的弹簧及弹性元件
铍青铜	QBe2	Be：1.85～2.1	—	0.2～0.5	0.15	0.005	Si：0.15 Al：0.15	余量	重要的弹簧及弹性元件，耐磨零件，高压高速高温轴承，钟表齿轮，罗盘零件
	QBe1.9	Be：1.85～2.1	—	0.2～0.4	0.15	0.005	Si：0.15 Al：0.15 Ti：0.1～0.25	余量	
	QBe1.7	Be：1.6～1.85	—	0.2～0.4	0.15	0.005	Si：0.15 Al：0.15 Ti：0.1～0.25	余量	
硅青铜	QSi3-1	Si：2.7～3.5	0.5	0.2	0.3	0.03	Mn：1.0～1.5 Sn：0.25	余量	弹簧、耐蚀零件、蜗轮、蜗杆、齿轮等

3. 白铜

白铜是指以镍为主要合金元素（质量分数低于50%）的铜合金。白铜主要用于制造海水和蒸汽环境中精密仪器仪表零件，热交换器和高温高压下工作的管道，以及电阻器、低温热电偶及其补偿线、变阻器和加热器等电工器件。

三、铜及其合金在汽车上的应用

纯铜在汽车上的应用，一是利用它的导电性，制造电线、电缆、电气接头等电器零件；二是利用它的导热性，制造散热器等需要热传导的零部件。此外也用作轿车内外装饰件、气管油管管子、垫片垫块甚至密封材料。但由于其强度和硬度低，不宜作结构件。

常用铜合金在汽车上的应用情况见表3-8。

表3-8　常用铜合金在汽车上的应用

类别	牌号（代号）	应用
黄铜	H62	散热器进出水管、散热器盖、散热器加水口支座、散热器进出水管等
	H68	散热器储水室、散热器本体主片、散热器主片等
	H90	排水管热密封圈外壳、散热器本体、散热器散热管及冷却管等
	HPb59-1	汽油滤清器滤芯、化油器零件、制动阀阀座、储气筒放水阀本体及安全阀座等
	HSn90-1	转向节衬套、行星齿轮及半轴齿轮、支承垫圈等
青铜	QSn4-4-2.5	活塞销衬套、发动机摇臂衬套等
	QSn3-1	散热器出水阀弹簧、车门铰链衬套等
	ZCuSn5Pb5Zn5	机油器上、下轴承等
	ZCuPb30	曲轴轴瓦、曲轴止退垫圈等

课题三　滑动轴承合金

一、滑动轴承工作条件及对组织性能的要求

滑动轴承是汽车、拖拉机及机床等机械制造工业中用以支承轴进行工作的零件。滑动轴承由轴承体和轴瓦组成，轴瓦可直接用耐磨合金制成，也可在钢背上浇注（或轧制）一层耐磨合金形成复合的轴瓦。这些用于制作轴瓦及其内衬的合金称轴承合金。

当轴高速旋转时，轴瓦表面要承受轴颈的周期性负荷，有时还会有冲击作用，这时滑动轴承的基本作用是要保证轴的准确定位，在载荷作用下支承轴颈不损坏。轴工作时，与轴瓦间的强烈摩擦和磨损是不可避免的；虽然工作时常注入润滑油进行理想的液体润滑，但在机器起动、停车、受冲击或重载和载荷变动时，还是常常出现边界润滑或半干摩状态，引起磨损。

根据轴承的工作条件，轴承合金应具有下述基本性能：足够的抗压强度和疲劳强度；良好的减摩性、磨合性、抗冷焊性和嵌镶性；一定的塑性和韧性；良好的导热性和小的膨胀系数。

为满足上述基本性能的要求，轴承合金的组织和结构应具备如下特征：

1）轴承材料的组成基体采用对钢铁互溶性小的元素组成的合金，如锡（Sn）、铅（Pb）、铝（Al）、铜（Cu）、锌（Zn）等合金，其对钢铁材料的粘着性和擦伤性小。

2）轴承材料的组织应是软基体上分布有均匀硬质点或硬基体上分布有均匀的软质点。这样当其工作时，软基体（或质点）被磨损凹陷从而可保持润滑油，还可起到嵌藏外来硬质点磨粒的作用，以免划伤轴颈；而硬质点（或基体）耐磨且相对凸起，以支承轴的压力并使轴和轴瓦接触面积减小。

3）轴承材料有适量低熔点元素。当轴承与轴的接触点由于工作而产生高温时，熔化的低熔点合金会在摩擦力作用下展平于摩擦面并形成塑性好的润滑层，减少接触点处的压力和摩擦阻力。

二、常用轴承合金

1. 锡基轴承合金（锡基巴氏合金）

锡基轴承合金的成分是在锡-锑合金基础上添加铜、铅等元素形成，又称锡基巴氏合金，属软基体硬质点类材料。

锡基轴承合金牌号的意义："Z"为"铸"字汉语拼音第一个字母，第一个元素为基体金属，其余为主要元素，其后数字为该元素的质量分数（%）。常用牌号主要有ZSnSb11Cu6、ZSnSb8Cu4、ZSnSb4Cu4 等，如 ZSnSb11Cu6 表示基本元素为 Sn，主要元素Sb、Cu 的质量分数分别为 11%、6% 的锡基铸造轴承合金。

锡基轴承合金的特点是摩擦因数小、线膨胀系数小、有良好的工艺性；嵌镶性、导热性和耐蚀性优良；但其抗疲劳性能较差，运转工作温度应小于110℃，且成本高。锡基轴承合金主要用于制作重要轴承，如汽轮机、蜗轮机、内燃机、压气机等大型机器的高速轴瓦等。

2. 铅基轴承合金（铅基巴氏合金）

该合金是在铅-锑基合金基础上加入 Sn 和 Cu 元素形成，又称铅基巴氏合金，也为软基硬质点类合金。其牌号的表示方法与锡基轴承合金相同。常用牌号有 ZPbSn16-16-2，表示基本元素为 Pb，主加元素 Sb 的质量分数为 16%、Sn 的质量分数为 16%，辅加元素 Cu 的质量分数为 2.0% 的铅基轴承合金。

铅基轴承合金可制成双层或三层金属结构。该合金显著特点是高温强度高、亲油性好、有自润滑性、适于润滑较差的场合；而强度、硬度、耐磨性、耐蚀性、导热性低于锡基合金；但成本低，适宜制作中低载荷的轴瓦，如汽车拖拉机的曲轴轴承。

3. 铝基轴承合金

铝基轴承合金密度小、导热性好、疲劳强度高、抗蚀性和化学稳定性好，且价格低廉，适用于高速、高载荷下工作的汽车、拖拉机和柴油机的轴承。按化学成分可分为铝-锡系（Al-20%Sn-10%Cu）、铝-锑系（Al-4%Sb-0.5%Mg）和铝-石墨系（Al-8%Si 合金 + 3%~6% 石墨）三类。

1）铝-锡系合金具有疲劳强度高，耐热耐磨的特点，常用于制作高速重载条件下工作的轴承。

2）铝-锑系合金疲劳抗力高、耐磨，但承载能力不大，用于低载（＜20MPa）低速（＜10m/s）条件下工作的轴承。

3）铝-石墨系合金有优良的自润滑和减振作用，耐高温性能好，适用于制造活塞和机床主轴的轴承。

4. 铜基轴承合金

铜基轴承合金常用的牌号有 ZCuSn10Pb1 和 ZCuSn5Pb5Zn5 等锡青铜以及 ZCuPb30 等铅青铜。前者强度高，适合于制造中速、承受较大载荷的轴承，如电动机、发电机、起重机、减速机、机床等用的轴承；后者具有较高的耐磨性、疲劳强度、导热性和低的摩擦因数，工作温度可达350℃，适合于制造高速重载条件下工作的轴承，如航空发动机、高速柴油机、汽轮机上的轴承以及高速重载的汽车曲轴轴瓦。

5. 粉末冶金减摩材料

用于轴承的粉末冶金材料包括铁-石墨及铜-石墨多孔含油轴承材料及金属塑料减摩材料。与巴氏合金、铜基合金相比，这类材料减摩性好、寿命高、成本低、效率高；且自润滑性优良，材料孔隙能贮存润滑油，使其工作时具有长期的润滑性。该类材料已广泛用于汽车、农机、冶金矿山和纺织机械中的轴承。

6. 其他轴承材料

除上述之外，还有锌基轴承合金以及充分利用不同材料的特性而制作的多层轴承合金（如将上述轴承合金与钢带轧制成的双金属轴承材料等）。还有非金属材料轴承，其所用材料为酚醛夹布胶木、塑料、橡胶等，它们主要用于不能采用机油润滑而只能采用清水或其他液体润滑的轴承，如自来水深井泵中的滑动轴承。

课题四　其他非铁金属简介

随着汽车工业的不断发展，对汽车轻量化、减少排放污染的要求逐年提高，使非铁金属在汽车上的应用越来越广泛。其中，钛、镁、锌等合金的应用越来越受到重视，它们在汽车上的用量也越来越多。

一、钛及钛合金

钛在地球中的储藏量居铝、铁、镁之后占第四位，钛及其合金的主要特点是比强度高、耐腐蚀性好，在航空、化工、电力、医疗等领域得到广泛的应用。

1. 工业纯钛

钛是一种银白色金属，熔点为1725℃，密度为 $4.5 \times 10^3 kg/m^3$，导热性差。钛具有同素异构转变特性，在882.5℃以下为密排六方晶格的 α-Ti 相，在该温度以上为体心立方晶格的 β-Ti 相。

钛具有优良的耐蚀性能，在大气、海水、氧化性酸和大多数有机酸中，其抗蚀性超过不锈钢；但钛不耐热强碱、氢氟酸以及还原性酸（稀硫酸、盐酸等）的腐蚀。

工业纯钛中含有少量的氧、氮、碳等杂质时，可提高钛的强度，但塑性急剧下降。根据杂质含量的不同，工业纯钛分为 TA1、TA2、TA3 三种牌号。"T"为"钛"字的首写拼音字母；A 表示其退火组织为 α 单相组织；后面的数字为顺序号，数字越大，杂质含量越高。

工业纯钛的强度很低，但耐蚀性最好。其主要用于制造热交换器、管道、反应器和一些工作在 350℃ 温度以下且受力小的零件和冲压件。

2. 钛合金

在钛中加入合金元素，既可提高钛的强度，也会影响到钛的同素异构转变温度。根据钛在室温下的组织，钛合金可以分为 α 钛合金、β 钛合金和（α + β）钛合金。

（1）α 钛合金 当钛中加入铝、氧、氮、碳等 α 相稳定化合金元素时，可以提高钛的同素异构转变温度，扩大 α 相区，使钛合金在室温时为单相固溶体组织，因而又称为 α 钛合金。

这种合金的稳定性好、耐热性高、焊接性好；但常温下强度低于其他合金，不能进行热处理强化。

其牌号用"TA + 顺序号"表示，A 表示室温下合金的组织为 α 单相组织。其主要用来制造飞机的骨架、叶片，以及使用温度不超过 500℃ 的其他部件。

（2）β 钛合金 当钛中加入铬、钼、钒、铁、镍等 β 稳定化合金元素时，可以降低钛的同素异构转变温度，扩大钛的 β 相区，因合金在退火或淬火状态下的组织为单相的 β 固溶体，故又称为 β 钛合金。

这种合金具有良好的塑性，易于冲压加工成型。β 钛合金的焊接性好，但热稳定较差。β 钛合金都要经过固溶处理，淬火时效后具有很高的强度。

其牌号用"TB + 顺序号"表示，B 表示室温下合金的组织为 β 单相组织。其主要用来制造气压机叶片、轴等重载荷的旋转件及构件等。

（3）（α + β）钛合金 其室温组织为 α 固溶体和 β 固溶体的混合组织，因而又称为（α + β）钛合金。这种合金具有较高的力学性能和优良的高温抗变形能力，并可进行淬火时效强化，是应用最广泛的一种钛合金。

其牌号用"TC + 顺序号"表示，C 表示室温下合金的组织为（α + β）两相组织。TC4 是目前国内外应用最多的（α + β）钛合金，其主要组成为 Ti-6Al-4V。钒不仅在 β 相中能完全固溶，而且在 α 相中也有较大的固溶度，可提高钛合金的强度和塑性。TC4 合金可以在 -196 ~ 400℃ 范围内使用，可用于制造火箭发动机外壳、航空发动机气压机叶片和在低温下使用的压力容器。

二、镁及镁合金

镁是非铁金属，它比铝轻，其密度为 $1.74 \times 10^3 kg/m^3$，只有铝的 $\frac{2}{3}$、钛的 $\frac{2}{5}$、钢的 $\frac{1}{4}$；镁合金比铝合金轻 36%、比锌合金轻 73%、比钢轻 77%。镁还有很多其他优异的物理特性：比铝高 30 倍的减振性能，有良好的减振阻尼和电磁屏蔽性能、易于加工成形、容易回收等优点，因此被誉为"21世纪绿色工程材料"。但长期以来，由于受价格昂贵和技术方面的限制，镁及镁合金只少量应用于航空、航天及军事工业，因而被称为"贵族金属"。自20世纪90年代以来，镁的需求量不断增加。据报道，西方金属镁的需求量以每年5%的速度递增。镁是继钢铁、铝之后的第三大金属工程材料，被广泛地应用于航空航天、汽车、电子、移动通信、冶金等领域。

随着汽车工业的发展，汽车设计人员想方设法来减轻汽车重量，以达到减少汽油消耗和废气排放量的双重效果。由于镁合金是最轻的结构材料，因此，目前汽车仪表、座位架、方向操纵系统部件、发动机盖、变速器、进气歧管、轮毂、发动机和安全部件上都有镁合金压铸产品的应用。

工业纯镁的牌号用"Mg+序列号"表示，例如 Mg1 称为一号纯镁，Mg2 称为二号纯镁。

与铝相比，镁主要利用合金化固溶强化和时效强化来提高其合金的强度。在镁中加入的合金元素主要有铝、锌、锰等。一般铝的质量分数为 0.2%~9.2%，锌的质量分数为 0.2%~6.0%，锰的质量分数为 0.1%~2.5%。经过热处理后（固溶时效处理），其强度可达 300~350MPa。

镁合金根据加工方法分为变形镁合金（压力加工镁合金）和铸造镁合金两类，代号分别以"MB 或 ZM+序号"表示，如 MB2 称为二号镁合金、ZM6 称为六号铸造镁合金等。

常用的变形镁合金有 MB1、MB2、MB8、MB15。其中应用较多的是 MB15，它具有较高强度和良好的塑性，且热处理工艺简单，热加工后直接进行时效便可强化。常用的铸造镁合金有 ZM1、ZM2，ZM5，它们具有较高的常温强度和良好的铸造工艺性，但耐热性较差，长期使用温度不能高于150℃。

三、锌及锌合金

锌的熔点较低，抗大气腐蚀性良好，再结晶温度在室温以下，一般采用普通压力加工方式成形。

铝、铜、镁等为锌的主要合金元素，它们对锌合金产生明显的强化作用。锌合金可分为变形合金和铸造合金两大类。

随着我国汽车工业的迅速发展，镀锌产品和压铸合金产量日益扩大，对金属锌的需求将大幅度上升。据专家预测，在未来的几年时间，我国锌的消费需求将保持6%以上的年平均增长率。目前，应用最广的锌合金是 ZZnAl4Cu1Mg，主要用作压铸小尺寸、高强度、高耐蚀性零件，如汽车汽化器、机油泵体、仪器仪表外壳及零件。

课题五　粉末冶金材料简介

一、粉末冶金方法及其应用

粉末冶金法是指粉末经压制成形并经烧结而制成零件或毛坯的成形方法。

粉末冶金的应用主要有以下几个方面：

（1）减摩材料、摩擦材料　含油轴承、离合器片、制动摩擦片。

（2）结构材料　它是用碳钢或合金钢的粉末为原料，采用粉末冶金方法制造结构零件。这种制品的精度较高、表面光洁，不需或少需切削加工即为成品零件，如制造液压泵齿轮、电钻齿轮、凸轮等。

（3）高熔点材料　一些高熔点的金属和金属化合物如 W、Mo、WC、TiC 等，用熔炼和铸造方法生产比较困难，可用粉末冶金方法生产。

粉末冶金法的缺点是：由于设备和模具的限制，粉末冶金还只能生产尺寸有限和形状不很复杂的制品，烧结零件的韧性较差，生产效率不高，成本较高。

二、硬质合金

硬质合金是金属陶瓷的一种，它是以金属硬碳化物（如 WC、TiC、TaC 等）为基体，再加入适量金属粉末（如 Co、Ni、Mo 等）作粘结剂经制粉、配料、压制成形，再通过高温烧结制成。

1. 硬质合金的性能特点

1）高硬度、高热硬性、耐磨性好；

2）抗压强度、弹性模量高；

3）耐蚀性和抗氧化性良好，热膨胀系数比钢低；

4）抗弯强度低、脆性大、导热性差。

硬质合金加工常采用电加工（电火花、线切割）和专门的砂轮磨削。

2. 硬质合金的分类、牌号和应用

常用硬质合金的牌号、成分和性能见表3-9。

表3-9　常用硬质合金的牌号、成分和性能

类别	牌号	ISO	化学成分（%）				力学性能		密度/（g/cm³）
			WC	TiC	TaC	Co	硬度（HRA）	抗弯强度/MPa	
钨钴类	YG3X	K01	96.5	—	<0.5	3	91.5	1100	15.0 ~ 15.3
	YG6	K01	94	—	—	6	89.5	1450	14.6 ~ 15.0
	YG6X	K01	93.5	—	<0.5	6	91	1400	14.6 ~ 15.0
	YG8	K01 ~ K01	92	—	—	8	89	1500	14.5 ~ 14.9
	YG8C	K01	92	—	—	8	88	1750	14.5 ~ 14.9
	YG11C	K01	89	—	—	11	86.5	2100	14.0 ~ 14.4
	YG15	K01	85	—	—	15	87	2100	13.9 ~ 14.2
	TG20C	K01	80	—	—	20	82 ~ 84	2200	13.4 ~ 16.8
	YG6A	K01	91	—	3	6	91.5	1400	14.6 ~ 15.0
	YG8A	K01	91	—	<1.0	8	89.5	1500	14.5 ~ 14.9

（续）

类别	牌号	ISO	化学成分（%）				力学性能		密度/（g/cm³）
			WC	TiC	TaC	Co	硬度（HRA）	抗弯强度/MPa	
钨钴钛类	YT5	P30	85	5	—	10	89	1400	12.5 ~ 13.2
	YT15	P10	79	15	—	6	91	1150	11.0 ~ 11.7
	YT30	—	66	30	—	4	92.5	900	9.3 ~ 9.7
通用类	YW1	M10	84	6	4	6	91.5	1200	12.8 ~ 13.3
	YW	M20	82	6	4	8	90.5	1300	12.6 ~ 13.0

注：牌号中的"X"代表细颗粒合金，"C"代表粗颗粒合金，不加字母的为一般颗粒合金。"A"代表含有少量 TaC 的合金。

硬质合金常做成刀片，镶在刀体上使用；还可以制作冷作模具、量具及冷拔模、冷冲模、冷挤压模和冷镦模等耐磨零件。

【单元小结】

相对于黑色金属，非铁金属有许多优良的特性，在工业领域尤其是高科技领域具有极为重要的地位。

1. 汽车制造商为了减轻汽车重量、满足更为严格的尾气排放标准、节约燃料，而采用铝材等优质材料来代替钢材。

2. 镁金属是继铝金属之后，有望成为又一前景广阔的车用轻量化材料。目前镁金属主要应用于制造汽车的内部部件。

3. 铜及其合金、钛及其合金以及滑动轴承合金等在汽车上都得到了广泛的应用。

【思考与练习】

1. 汽车常用的非铁金属有哪几种？

2. 不同铝合金可通过哪些途径达到强化目的？

3. 何谓硅铝明？为什么硅铝明有良好的铸造性能？

4. 铜合金分为几类？举例说明各类铜合金的牌号、性能特点和用途。

5. 轴承合金必须具备哪些基本性能？其组织和结构有何特征？

6. 常用滑动轴承合金有哪些？在汽车上的应用方面各举一例。

7. 指出下列牌号的类别：ZL203、H68、HPb59-1、ZCuZn16Si4、QSn4-3、QBe2、ZCuSn10Pb1、ZSnSb11Cu6。

8. 常用的钛合金有哪些？各种钛合金的性能特点有哪些？

9. 硬质合金有哪些性能特点？

10. 试述轴承合金应具有哪些性能？应具备什么样的组织来保证这些性能？

汽车零件的选材

【任务描述】

在汽车的制造过程中，除了一些标准件外，其他零件都会涉及到材料的选择、加工工艺的制订和热处理工序的安排等问题。本单元将讨论汽车零件的失效与选材的关系、选材的基本原则，并实际分析一些典型的汽车零件的选材及热处理工艺。

【学习目标】

1. 了解零件失效的概念及失效的基本形式。
2. 明确汽车零件的选材原则。
3. 掌握典型汽车零件的选材方法、热处理方法及加工路线。

课题一 零件的失效分析

一、失效的概念

各种机械零件都具有一定的功能，零件由于某种原因丧失原设计所规定的功能称为零件失效。零件未达到预期寿命的失效称为早期失效。

判定一个机械零件失效与否，主要从以下几个方面进行考虑：

1）零件已被完全破坏，不能继续工作。

2）零件受到严重损伤，已不能安全工作。

3）零件虽然仍能安全工作，但不能完成规定的功能。

以上三种情况中只要有一种情况发生，即可认为零件已经失效。

二、常见的失效形式

根据零件损坏的特点、所受载荷类型的不同，零件失效的类型可归纳为变形、断裂与表面损伤三种。一般机械零件的失效形式见表4-1。

表4-1 零件失效形式的形式

类 型	名 称	失 效 机 理
过量变形失效	弹性变形失效	弹性变形
	塑性变形失效	塑性变形
	蠕变变形失效	弹性、塑性变形
断裂失效	韧性断裂失效	塑性变形
	低应力脆性断裂失效	断裂韧度
	疲劳断裂失效	疲劳
	蠕变断裂失效	蠕变断裂
	介质加速断裂失效	应力腐蚀
表面损伤失效	磨损失效	磨粒磨损、粘着磨损
	表面疲劳失效	疲劳
	腐蚀失效	氧化、电化学腐蚀

在选材之前，了解零件的失效形式，找出零件失效的原因，提出防止或推迟失效的措施，对于零件的合理选材显得尤为重要。不同的失效形式有不同的失效机理，可以通过失效分析来判断零件失效属于哪一种类型，失效的原因是什么，从而选取相应的材料，采用适当的热处理手段。

1. 过量变形失效

过量变形失效指零件在使用过程中，整体或局部因外力作用而产生超过设计允许变形量的失效形式。它可以是弹性变形失效，也可以是塑性变形失效。另外还有因温度变化引起的蠕变变形失效等。

（1）弹性变形失效 弹性变形失效常发生在长轴、杆件、薄壁板件或薄壁筒件上。弹性变形失效主要是由于材料的刚性不足，使零件在受力过程中产生过量弹性变形或弹性失稳而使零件失效。

（2）塑性变形失效 塑性变形失效多发生在零件的实际工作应力超过其屈服强度时，产生了过量的塑性变形而引起的失效。

（3）蠕变变形失效 蠕变变形失效是指在固定载荷下，随着时间的延长，变形不断增加，最终导致变形过大引起的失效。通常陶瓷材料、金属材料的抗蠕变的能力较好，而高分子材料在室温下也会发生明显的蠕变。

2. 断裂失效

断裂失效是零件最危险的失效形式，尤其是突然断裂，往往带来巨大的损失。所以，人们长期以来就非常重视对断裂的断口分析以及对断裂原因的研究。断裂失效包括韧性断裂失效、低应力脆性断裂失效、疲劳断裂失效、蠕变断裂失效和介质加速断裂失效等形式。

（1）韧性断裂失效 韧性断裂失效是指材料在断裂前发生了明显的宏观塑性变形引起的失效。它是金属材料破坏的主要方式之一，大多数发生在具有良好塑性的金属材料上。韧性断裂是一个缓慢的断裂过程，且比较容易被事先察觉。

（2）低应力脆性断裂失效 低应力脆性断裂失效与材料的冲击韧度和断裂韧度有关。这种失效在低温、冲击载荷作用下或在有缺陷的部位以及产生应力集中的零件上尤其容易发生。材料中，陶瓷的冲击韧度非常低，高分子材料也不高，金属材料最优越。

（3）疲劳断裂失效 疲劳断裂失效多见于汽车发动机曲轴、齿轮、弹簧等零件的失效。这种失效事先无征兆，突然发生断裂。据统计，零件断裂失效中约有80%为疲劳断裂。

（4）介质加速断裂失效 介质加速断裂失效是由于零件在腐蚀性介质的环境下工作，同时受到应力和介质的腐蚀，从而造成断裂失效。如黄铜零件的应力腐蚀断裂就是在应力和腐蚀介质的联合作用下加速断裂的。

（5）蠕变断裂失效 蠕变断裂失效是蠕变变形失效的进一步发展。

3. 表面损伤失效

表面损伤失效是指零件在工作时，由于相对的机械摩擦或受环境介质的腐蚀，或在两者的联合作用下发生的失效。这种失效在零件的表面产生损伤或尺寸变化，主要有磨损失效、腐蚀失效和表面疲劳失效等。

（1）磨损失效 磨损失效指相互接触的、具有相对运动的一对摩擦副零件，在接触表面不断发生损耗或产生塑性变形，是零件表面产生损伤或尺寸减小的失效形式。磨损是零件表面失效的重要原因之一，直接影响机器的使用寿命。

（2）表面疲劳失效 表面疲劳失效是指两个接触面作滚动时，在交变接触应力的作用下，材料的表面因疲劳而产生材料损失，如麻点、剥落等现象。汽车的齿轮副、凸轮副、滚动轴承的滚动体与座圈都容易产生表面疲劳失效。要避免表面疲劳失效，就要对表面采用各种强化处理技术，如表面淬火、化学热处理及其他表面技术处理。

（3）腐蚀失效 腐蚀失效是材料受环境介质的化学或电化学作用而产生的表面及其附近的损耗。

课题二 零件选材的基本原则及方法

汽车零件材料的选择首先必须遵循一般工程材料的选择原则。选择合适的材料是设计和制造产品的必要条件。工程材料的选择一般遵循以下三个原则。

一、使用性能原则

零件的使用性能主要指零件在使用状态下应具有的力学性能、物理性能和化学性能。

满足使用性能是保证零件完成规定功能的必要条件。在大多数情况下，使用性能是选材首先要考虑的问题。

由于工况不同，零件的工作条件是复杂的。从载荷性质来分，有静载荷、动载荷；从受力状态来分析，有拉、压、弯、扭应力，有交变应力；从工作温度来分，有低温、室温、高温、交变温度等；从环境介质来看，有加润滑剂的，有接触酸、碱、盐、海水、粉尘等。此外，有时还要考虑物理性能方面的要求，如电导性、磁导性、热导性、热膨胀性、辐射等。

汽车上几种常用零件的工作条件、失效形式及所要求的主要力学性能见表4-2。

表4-2　几种常用零件的工作条件、失效形式及所要求的主要力学性能

零件	工作条件			常见失效形式	要求的主要力学性能
	应力类型	载荷性质	受载状态		
紧固螺栓	拉、切	静载		过量变形断裂	强度、塑性
传动轴	弯、扭	循环、冲击	轴颈摩擦、振动	疲劳断裂、过量变形、轴颈磨损	综合力学性能
传动齿轮	压、弯	循环、冲击	摩擦、振动	齿折断、磨损、疲劳断裂、表面疲劳磨损	表面高强度及疲劳强度、心部强度、韧性
滚动轴承	压	循环	摩擦	过度磨损、点蚀、表面疲劳磨损	抗压强度、疲劳极限
弹簧	扭、弯	交变、冲击	振动	弹性失稳、疲劳破坏	弹性极限、屈服比、疲劳强度
冷作模具	复杂应力	交变、冲击	强烈摩擦	磨损、脆断	硬度、足够的强度、韧性

如前所述，材料各项力学性能指标可满足零件不同的使用要求。在确定了零件的具体力学性能指标和数值以后，即可利用各种机械手册选材。

二、工艺性能原则

材料的工艺性能表示材料加工的难易程度，包括铸造性能、锻造性能、焊接性能、切削加工性能及热处理性能。在选材时，同使用性能相比较，材料的工艺性能一般处于次要地位，但在某些特殊情况下，工艺性能也可成为选材考虑的主要依据。如在大批量切削加工生产中，为保证材料的切削加工性，往往选用易切削钢。

在金属材料选材时，若是采用铸造成形，最好选用共晶或接近共晶成分的合金；若是锻造成形，则最好选用呈固溶体的合金；若是焊接成形，则最适宜的材料是低碳钢或低碳合金钢。

金属材料的一般加工过程示意图如图4-1所示。

其工艺路线大致可分为三类：

1）性能要求不高的一般零件的工艺路线为：毛坯→正火或退火→切削加工→零件。

采用这种工艺的零件多用普通的铸铁和碳钢制造，它们的工艺性能较好。

2）性能要求较高的零件的工艺路线为：毛坯→预备热处理（正火或退火）→粗加工→最终热处理（淬火、回火，固溶时效，渗碳处理等）→精加工→零件。

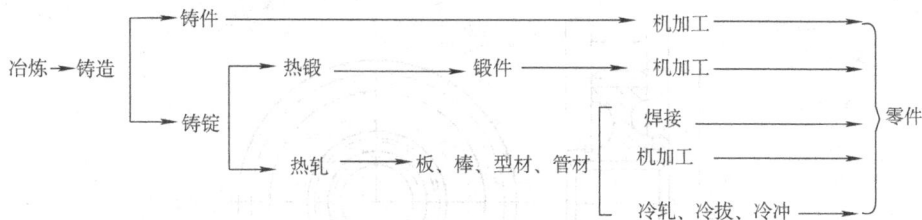

图 4-1 金属材料的一般加工过程示意图

采用这种工艺路线的零件多是采用合金钢、高强铝合金制造的轴、齿轮等零件，但它们的工艺性能较复杂。采用预备热处理是为了改善零件的切削加工性能，为最终热处理做好准备。

3）性能要求较高的精密零件的工艺路线为：毛坯→预备热处理（正火、退火）→粗加工→最终热处理（淬火、低温回火、固溶时效或渗碳）→半精加工→稳定化处理或氮化→精加工→稳定化处理→零件。

三、经济性原则

材料的经济性是选材的根本原则。采用便宜的材料，把总成本控制至最低，取得最大的经济效益，使产品在市场上具有竞争力，始终是零件设计的重要任务之一。

材料的成本为直接成本，在产品的总成本中占有相当的分量。在以强度为主要指标进行选材时，常常根据强度和成本来比较材料。例如，在轿车零件选材时，要求质量轻、强度高，可根据材料的比强度（强度/密度）来比较候选材料。在满足使用要求的前提下，尽量选用成本低的材料，并把必须使用的贵重金属材料减少到最低限度。值得一提的是，许多优异性能的高分子材料，在一些场合可以替代金属材料，既降低了成本，又减轻了质量。例如，利用高密度聚乙烯替代钢板制造油箱；采用 SMC 片状玻璃纤维增强材料替代钢板制造车身外板件，具有相当的竞争力；采用聚甲醛替代轴承钢制造的 4t 载货汽车用底盘衬套轴承，可在 10000km 以上不用加油保养。

零件的总成本与其使用寿命、质量、加工费用、研究费用、维修费用和材料的价格有关。如果能准确地知道零件总成本与上述各因素之间的关系，就可以将其对材料的选材的影响作出比较精确的判断。

课题三 典型汽车零件的选材及热处理

下面以汽车上几个典型的零件为例，介绍汽车典型零件的选材步骤。

一、齿轮类零件

汽车齿轮的选材要从齿轮的工作条件、失效形式及其对材料性能的要求等方面综合考虑。如图 4-2 所示为汽车变速器齿轮。

1. 汽车齿轮的工作条件

汽车变速器齿轮主要用于传递转矩和改变车速。工作时，其承受很大的交变弯曲应

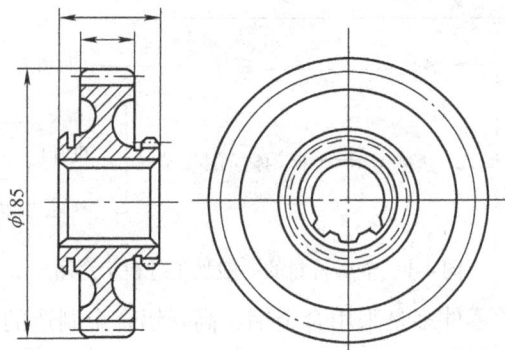

图 4-2　汽车变速器齿轮

力，换挡、起动或啮合不均匀时，齿部受力较大，受冲击频繁。其耐磨性、疲劳强度、心部强度以及冲击韧度等，均要比机床齿轮高。

2. 汽车齿轮的主要失效形式

按照工作条件不同，汽车齿轮的失效形式及失效表现见表4-3。

表 4-3　汽车齿轮的主要失效形式

失 效 形 式	失 效 表 现
疲劳断裂	主要从根部发生，这是齿轮最严重的失效形式，常常一齿断裂会引起数齿甚至所有齿的断裂
齿面磨损	由于齿面接触区摩擦，使齿厚变小
齿面接触疲劳破坏	在交变接触应力作用下，齿面产生微裂纹，微裂纹的发展引起点状剥落（或称麻点）
过载断裂	主要是冲击载荷过大造成的断齿

3. 对汽车齿轮的性能要求

根据工作条件及失效形式的分析，可以对齿轮材料提出如下性能要求：

1）高的弯曲疲劳强度。

2）高的接触疲劳强度和耐磨性。

3）较高的强度和冲击韧度。

4）较好的热处理性能，热处理变形小。

4. 汽车齿轮的选材

（1）选材及热处理　在我国应用最多的汽车齿轮用材是合金渗碳钢 20Cr 或 20CrMnTi，并经渗碳、淬火和低温回火。渗碳后表面碳含量大大提高，保证淬火后得到高硬度，提高耐磨性和接触疲劳抗力。由于合金元素提高淬透性，淬火后回火可使心部获得较高的强度和足够的冲击韧度。

为了进一步提高齿轮的耐用性，渗碳、淬火、回火后，还可采用喷丸处理，增大表面压应力，有利于提高疲劳强度，并清除氧化皮。

（2）合金渗碳齿轮的加工路线　下料→锻造→正火→切削加工→渗碳、淬火及低温回火→喷丸→磨削加工→最终检验。

二、轴类零件

曲轴是汽车发动机零件中形状复杂的重要零件之一，其结构如图 4-3 所示。

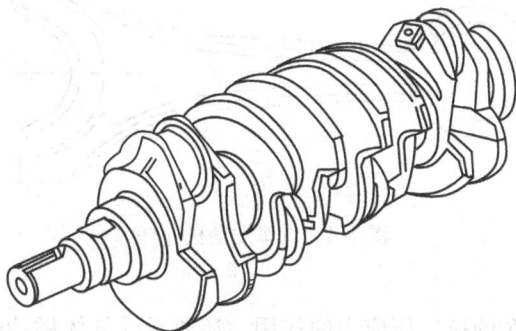

图 4-3 汽车发动机曲轴

1. 曲轴的工作条件

汽车发动机曲轴的作用是输出动力，并带动其他部件运动。曲轴在工作中受到弯曲、扭转、剪切、拉压、冲击等交变应力，而且曲轴的形状极不规则，其上的应力分布极不均匀；曲轴颈与轴承还发生滑动摩擦。

2. 曲轴的主要失效形式

由上述受力情况可知，曲轴的主要失效形式是疲劳断裂和轴颈严重磨损两种。

3. 对曲轴的性能要求

根据曲轴的破坏形式，要求其具有：

1）高的强度。

2）一定的冲击韧度。

3）足够的弯曲、扭转、疲劳强度。

4）足够的刚度，轴颈表面有高的硬度和耐磨性。

4. 曲轴的选材

（1）材料选取　按照制造工艺，将汽车发动机曲轴分为锻钢曲轴和铸造曲轴。锻钢曲轴一般采用优质中碳钢和中碳合金钢制造，如 45、35Mn2、40Cr、35CrMo 等。铸造曲轴主要由铸钢、球墨铸铁、珠光体可锻铸铁及合金铸铁等制造，如 ZG230-450、QT600-3、KTZ500-4 等。

（2）加工路线　可根据材质不同分为两类：

1）铸造曲轴的典型工艺路线：铸造→高温正火→高温回火→切削加工→轴颈气体渗碳。

2）锻钢曲轴的典型工艺路线：下料→模锻→调质→切削加工→轴颈表面淬火。

三、连杆类零件

1. 连杆的工作条件

发动机连杆结构如图 4-4 所示。连杆是汽车发动机的连接件和传力件，作用是将活塞和曲轴连接起来，并将活塞上的惯性力和燃气压力传递给曲轴，由曲轴转换成旋转运动对外输出。

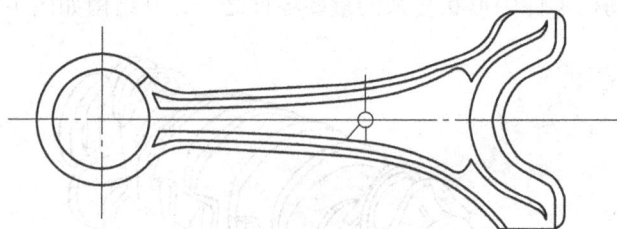

图4-4　汽车发动机连杆

2. 性能要求

连杆工作时受到复杂的拉、压应力的作用，还要承受气体做功时的冲击载荷，工作温度高。因此，要求连杆材料必须具有良好的综合力学性能和及高的抗疲劳强度。

3. 连杆材料的选择及热处理

（1）选材及热处理　通常连杆材料选用综合性能好的中碳钢或中碳合金钢，需调质处理。例如：EQ6100汽油机连杆采用40Mn、35MnV钢制造，利用锻造后的余热进行淬火、回火。

（2）加工路线　下料→锻造→调质→喷丸→检验→矫正→探伤→机械切削加工。

四、箱体类零件

一般箱体类零件结构复杂，具有不规则的外形和内腔，且壁厚不均。此外，工作条件相差也很大，其中有的基础件以承压为主，并要求有较好的刚度和减摩性，如内燃机气缸体（如图4-5所示）、气缸盖；有的要承受弯曲、扭转、拉压和冲击载荷，如汽车的驱动桥。总的来说，箱体类零件受力不大，但要求有良好的刚度和密封性。在汽车上主要有气缸体、气缸盖、变速器壳体、驱动桥壳等。

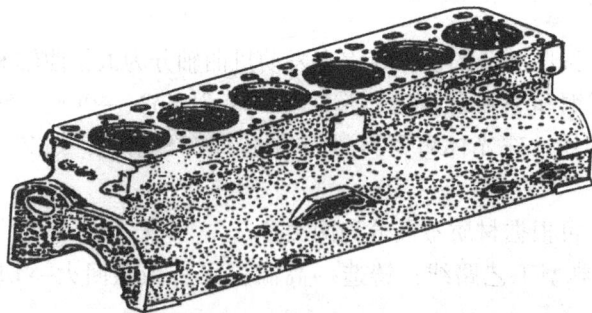

图4-5　汽车发动机气缸体

鉴于箱体类零件的结构特点和使用要求，通常以铸造件作为毛坯，且以铸造性能良好、价格低廉，并有良好的耐压、耐磨、减摩性的灰铸铁为主，如质量要求不严的一般内燃机的气缸盖、气缸体。受力复杂或受冲击载荷的零件采用铸钢、可锻铸铁、球墨铸铁制造，如汽车的驱动桥壳。受力不大、要求质量轻、导热良好的零件，则采用铝合金铸造，如风冷发动机、小轿车发动机的气缸体、气缸盖。

对铸铁件应进行去应力退火或时效处理；对铝合金铸件应根据成分不同，进行退火或淬火时效处理；对铸钢件常采用完全退火处理或正火；焊接件必须采用去应力退火处理。

五、汽车板簧类零件

汽车板簧的结构如图 4-6 所示。

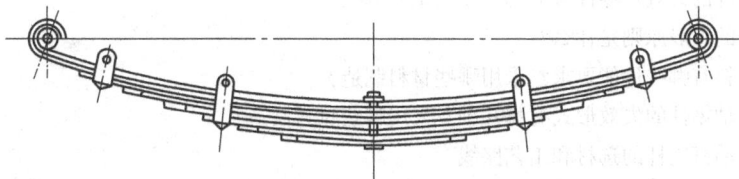

图 4-6　汽车板簧的结构

1. 工作条件及失效形式

汽车板簧用于缓冲和吸振，承受很大的交变应力和冲击载荷。其主要失效形式为刚度不足引起的过度变形或疲劳断裂。因此，对汽车板簧材料的要求是要有较高的屈服强度和疲劳强度。

2. 汽车板簧选材

（1）适用材料　汽车板簧一般选用弹性高的合金弹簧钢来制造，如 65Mn、60Si2Mn 钢等。对于中型或重型汽车，板簧采用 55CrMnA、55SiMnVB 钢等。

（2）加工路线　热轧钢板冲裁下料→压力成形→淬火→中温回火→喷丸强化。

喷丸强化也是表面强化的手段，目的是为了提高零件的疲劳强度。

【单元小结】

合理选择零件的材料、正确安排零件的热处理工序对提高产品质量和生产效率、降低成本有着重要的意义。零件在工作过程中最终都要发生失效，对于特定的汽车零件，应依据不同的失效形式，在进行比较深入的分析以后，选用材料并确定加工工艺。

1. 零件失效的原因主要有过量变形失效，包括弹性变形失效、塑性变形失效、蠕变变形失效；断裂失效，包括韧性断裂失效、低应力脆性断裂失效、疲劳断裂失效、介质加速断裂失效、蠕变断裂失效；表面损伤失效，包括磨损失效、表面疲劳失效、腐蚀失效。

2. 选择汽车零件材料应遵循的原则是：使用性能原则、工艺性能原则和经济性原则。

3. 汽车齿轮一般选用合金渗碳钢 20Cr 或 20CrMnTi，并经渗碳、淬火和低温回火。

4. 锻钢曲轴一般采用优质中碳钢和中碳合金钢制造，如 45、35Mn2、40Cr、35CrMo 等。铸造曲轴主要由铸钢、球墨铸铁，珠光体可锻铸铁及合金铸铁等制造，如 ZG230-450、QT600-3、KTZ500-4 等。

5. 连杆材料选用综合性能好的中碳钢或中碳合金钢，如 40Mn、35MnV，需调质处理。

6. 箱体类零件通常以铸造件作为毛坯；受力复杂或受冲击载荷的驱动桥壳，采用铸钢、可锻铸铁、球墨铸铁制造。

7. 汽车板簧一般选用弹性高的合金弹簧钢来制造，如 65Mn、60Si2Mn 钢等。对于中型或重型汽车，板簧采用 55CrMnA、55SiMnVB 钢等。

【思考与练习】

1. 什么叫零件的失效？零件常见的失效类型有哪些？

2. 合理选材的一般原则是什么？

3. 对齿轮材料有哪些性能要求？采用哪些材料制造？

4. 发动机曲轴零件的失效形式有哪几种？采用哪些材料制造？

5. 试分析发动机连杆的选材和工艺路线。

6. 简述箱体类零件的工作条件及热处理特点。

第二模块
非金属材料

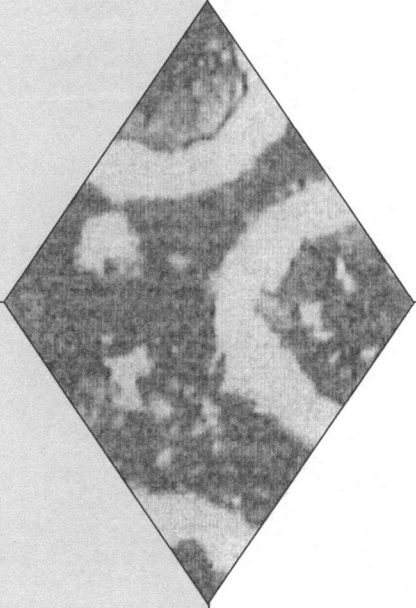

金属材料具有良好的力学性能、热稳定性以及导电、导热性能等优点；但同时也存在着密度大、耐腐蚀性差、电绝缘性差等缺点，因而无法完全满足实际生产的需要。而非金属材料却有着许多金属材料所不具备的优点，再加上这些材料的原料来源广泛，成型工艺简单，因此，已成为目前许多工程材料的重要组成部分。

非金属材料包括除金属材料以外的其他材料，主要有各类高分子材料(塑料、橡胶、合成纤维、部分胶粘剂等)、陶瓷材料(各种陶瓷、玻璃等)和各种复合材料等。本模块主要介绍汽车上常用的非金属材料。

第五单元 高分子材料

【任务描述】

　　高分子材料是由相对分子质量 10^4 以上的化合物构成的材料。高分子材料的种类很多，工程上通常按其力学性能和使用情况分为塑料、橡胶、胶粘剂和涂料等。

　　本单元主要介绍在汽车上常用的几种高分子材料的性能特点及其使用情况。

【学习目标】

1. 理解高分子材料的概念及类型。
2. 掌握汽车常用的高分子材料的性能、特点及应用。

课题一　塑料

　　塑料作为现代生活的必需品，在汽车上的应用十分广泛。塑料主要用于汽车内的内饰件上，如仪表板、反光镜座等。

　　塑料除了给人良好的手感外，还有可塑性强等优点。为了满足汽车的使用要求，不同部位的塑料件的性能特点也各不相同。在选配汽车塑料时，要根据具体的使用要求和塑料材料的性能，合理选择。

一、塑料的组成

　　塑料是以有机合成树脂为主要成分，加入多种起不同作用的添加剂，经过加热、加压而制成的产品。

1. 合成树脂

合成树脂是由低分子化合物经聚合反应而获得的高分子化合物。树脂受热时可软化，在塑料中起着粘结作用。树脂的种类、性能及加入量对塑料的性能起着决定性作用，因此大多数塑料就是以所用树脂来命名的。如聚氯乙烯塑料就是以聚氯乙烯树脂为主要成分的塑料。有些合成树脂可以直接用作塑料，如聚乙烯、聚苯乙烯等。在工程塑料中，合成树脂约占 40% ~100%。

2. 添加剂

添加剂是指为了改善或弥补塑料的某些物理、化学、力学或工艺性能而特别加入的助剂。常用的添加剂有填充剂、增塑剂、稳定剂、固化剂、润滑剂、着色剂、阻燃剂等。

（1）填充剂　主要功用是调整塑料的性能、提高机械强度、节约树脂用量、降低塑料制品的成本。例如，加入铝粉可提高塑料对光反射能力及防止老化；加入二氧化硫可提高塑料的自润滑性；加入石墨可以改善塑料的力学性能等。通常填充剂的用量可达 20% ~50%。

（2）增塑剂　是用以提高树脂的可塑性和柔韧性，并使热变形降低。例如，聚氯乙烯塑料中加入邻苯二甲酸二丁酯，可使塑料变得柔软而有弹性。

（3）稳定剂　主要功用是提高树脂在受热或光作用时的稳定性，减慢老化速度，延长塑料使用期。

（4）固化剂　功用是在塑料加工过程中可使树脂硬化，从而达到使用要求。

（5）润滑剂　功用是防止塑料对设备或模具的粘附。

（6）阻燃剂　功用是使塑料难以燃烧或不燃烧。

此外，为了使塑料有鲜艳的色彩，常加入着色剂。

二、塑料的特点

塑料与其他工程材料相比，其主要优点是质量轻、成型好、可制造复杂形状，加工成本低、耐蚀性好、绝缘性好、热膨胀系数大、吸振性能高、着色自由，并可进行二次加工（如着色、光亮处理、涂装、浮雕）等。塑料的缺点是强度低、耐热性能差、易老化、耐疲劳性差、尺寸不稳定、废弃处理困难等。

三、工程塑料的分类

塑料品种很多，分类方法也不相同，常见有以下两种分类方法。

1. 按合成树脂性能分

按合成树脂性能分为热塑性塑料和热固性塑料。

（1）热塑性塑料　热塑性塑料受热后软化，可塑造成型，冷却后变硬；当再次受热时又可软化，冷却可再变硬，多次重复。这类塑料的优点是加工成型方便，生产周期短，并可回收再利用，但耐热性和刚度较差。

常用热塑性塑料有聚乙烯、聚氯乙烯、尼龙、ABS、聚砜、聚苯乙烯等。

（2）**热固性塑料** 热固性塑料在一定条件下（加热、加压）会发生化学反应，经过一段时间固化为坚硬制品，固化后不能再通过加热使其软化、溶解。这类塑料的优点是刚度和耐热性较高，受热不变形；但生产周期长，力学性能不高，且废旧塑料不能回收利用。

常用热固性塑料有酚醛塑料、氨基塑料、环氧树脂和有机硅树脂等。

2. 按使用范围分

按使用范围可分为通用塑料和工程塑料两大类。

（1）**通用塑料** 通用塑料又称常用塑料，是指应用范围广、产量大、生产成本低的日用和农用塑料。主要有聚乙烯、聚苯乙烯、聚丙烯、氨基塑料、酚醛塑料等。

（2）**工程塑料** 工程塑料是工程结构或设备中使用的塑料。一般力学性能较好，且耐高温、耐辐射、耐腐蚀，电绝缘性能好，因而可代替金属制作某些结构件。这类塑料主要有聚酰胺（尼龙）、聚碳酸酯、ABS、聚甲醇等。

常用的工程塑料种类很多，表 5-1 列出了部分工程塑料的类别、名称、性能及用途示例。

表 5-1 部分工程塑料的类别、名称、性能及用途

类别	塑料名称	符号	主要性能	用途举例
热塑性塑料	聚乙烯	PE	耐腐蚀和电绝缘性能极好，高压聚乙烯质地柔软、透明，低压聚乙烯质地坚硬、耐磨	高压聚乙烯：软管、薄膜和塑料瓶；低压聚乙烯：塑料管、板、绳及受力不大的零件，也可以作为耐磨减摩及防腐涂层
	聚氯乙烯	PVC	硬质 PVC 具有较高的强度和硬度，良好的耐热性、阻燃性好；软质 PVC 具有低的强度和硬度，耐腐蚀性差，易老化，但气密性好	硬质 PVC 用于制造塑料管、塑料板；软质 PVC 多用于制造薄膜、软管等
	聚苯乙烯	PS	密度小，常温下透明性好，着色性好，具有良好的耐腐蚀性，电绝缘性。但耐热性差，易燃、易脆裂	制作眼镜等光学元件、车辆灯罩、仪表外壳、化工中的贮槽、管道、弯头、日用装饰品等
	聚酰胺（尼龙 1010）	PA	具有较高的强度和韧度，很好的耐磨性和自润滑性，良好的成型工艺，耐腐蚀性较好，抗霉、无毒，但吸水性大，耐热性不高，尺寸稳定性差	各种轴承、齿轮、凸轮、轴套、泵叶轮、风扇叶片、贮油容器、传动带、密封圈、涡轮、铰链、电缆绝缘层、电器线圈及绝缘材料
	聚甲醛	POM	具有优良的综合力学性能，尺寸稳定性高，良好的耐磨性和自润性，耐老化性也较好，吸水性较小，使用温度为 −50 ～ 110℃。但密度大，耐酸性和阻燃性不太好，遇火易燃	制造减摩、耐磨及传动件，如齿轮、轴承、凸轮轴、制动轴瓦、阀门、仪表、外壳、运输带、线圈骨架等
	ABS 塑料（苯乙烯—丁二烯—丙烯腈）	ABS	兼有三组元的共同特点，坚韧、质硬、刚性好。同时具有良好的耐磨性、耐热性、耐腐蚀性、耐油性，尺寸稳定，可在 −40 ～ −100℃下长期工作，成型性好	应用广泛，如制造齿轮、轴承、叶轮、管道、容器、设备外壳、把手、仪器和仪表零件及外壳、文体用品、家具，小轿车外壳等

（续）

类别	塑料名称	符号	主 要 性 能	用 途 举 例
热塑性塑料	聚甲基丙烯酸甲酯（有机玻璃）	PMMA	具有良好的透光性、耐候性、耐电弧性、强度高，可耐稀酸、碱，不易老化，易于成型，但表面硬度低，易擦伤，较脆	用于制造飞机、汽车、仪表和无线电工业中的透明件，如风窗玻璃、光学镜片、电视机屏幕、透明模型、广告牌、装饰品
	聚砜	PSF	具有良好的抗蠕变能力及尺寸稳定性，强度高，弹性模量大；具有良好的耐热性，最高使用温度达 150～165℃；还有良好的电绝缘性、耐磨性、耐腐蚀性和可电镀性。缺点是加工成型不太好	可用于制造高强度、耐热、抗蠕变的结构件、耐腐蚀件和电器绝缘件等，如精密齿轮、凸轮，真空泵叶轮、叶片、仪器仪表零件、电器线路板、线圈骨架
热固性塑料	酚醛塑料	PF	采用木屑作填充剂的酚醛塑料俗称"电木"，有优良的耐热性、绝缘性，化学性能稳定，抗蠕变性好。这类材料随填充剂性能的不同而差异很大	用于制作各种电讯器材和电木制品，如电器绝缘板、电器插头、开关、灯口等，还可用于制造受力较大的制动摩擦片、曲轴带轮，仪表中的无声齿轮、轴承等
	环氧塑料	EP	强度高、韧性好、良好的化学稳定性、耐热性、耐寒性，长期使用温度为 -80～150℃，电绝缘性优良，易成型。缺点是有毒	用于制造塑料模具、精密量具、电器绝缘板、灌缝与固定电器和电子仪表装置，油漆以及作粘结剂等
	氨基塑料	UF	优良的耐电弧性和电绝缘性，硬度高、耐磨、耐油脂及溶剂，难于自燃，着色性好。其中，脲醛塑料颜色鲜艳、电绝缘性好	主要为塑料粉，用于制造机器零件、绝缘件和装饰件，如仪表外壳、电话机外壳、开关、插座、玩具、餐具、纽扣、门把手等

四、汽车上常用的工程塑料

随着汽车向家庭化、舒适化的方向发展，汽车用塑料也从最初单纯用于制造电器绝缘件和转向盘等零件的热固型树脂等少数几个品种迅速增加到内饰件用 PVC（聚氯乙烯）、车顶棚用 PUR（聚氨酯填充树脂）、车身覆盖件用 PC（聚碳酸酯）、燃油箱用 PP（聚丙烯）等几十种。其中，热塑性塑料占有很高的比例。1994 年西欧轿车用热塑性塑料用量为 1200kt，2000 年这一用量已突破 1700kt。而这其中，PP（聚丙烯）用量占热塑性塑料的 42%，它被广泛用于保险杠、油箱等车体内外部件；PVC（聚氯乙烯）需求量次之，占18.6%；PE（聚乙烯）已呈现出强劲增长势头，主要是 HDPE（低压聚乙烯）在燃油箱和LLDPE（线型低密度聚乙烯）在电线电缆方面用量的增加，而 ABS 则因其他材料的替代呈下降趋势。不同类型塑料在汽车上的应用情况见表 5-2。

表 5-2　不同类型塑料在汽车上的应用情况

塑料名称	用途举例
聚乙烯（PE）	燃油箱、转向盘等
聚酰胺（尼龙 1010）（PA）	发动机上盖、进气管、过滤器、车轮罩、插头
聚甲醛（POM）	各种阀门、各种叶轮、支承元件
ABS 塑料（苯乙烯—丁二烯—丙烯腈）（ABS）	散热器格栅、灯壳
聚碳酸酯（PC）	前大灯散光玻璃、保险杠外包皮、车身覆盖件
聚丙烯（PP）	保险杠、空气滤清器、导管、容器、侧遮光板
聚氨酯填充树脂（PUR）	坐垫、仪表板垫和罩盖、车顶棚
聚氯乙烯（PVC）	地板护板、防撞系统、电缆线、绝缘介质、驾驶室内饰
聚甲基丙烯酸甲酯（PMMA）	尾灯散光玻璃
聚酯（PET）	纺织物、盖、传动带、气囊壳体
聚对苯二甲酸丁二醇酯（PBT）	电子器件外壳、保险杠外包皮，车身覆盖件、杆头、把手

五、废旧塑料回收与利用

废旧塑料通常以填埋或焚烧的方式处理。焚烧会产生大量的有毒气体而造成二次污染。填埋会占用较大空间，塑料自然降解需要百年以上，且析出的添加剂会污染土壤和地下水等。因此，废塑料处理技术的发展趋势是回收利用，但目前废塑料的回收和再生利用率低，技术手段还不够完善。

废旧塑料的回收方法有两类。一类是直接燃烧并回收能量，包括垃圾发电、用于高炉炼铁取代焦炭作还原剂、用做水泥窑的燃料、用于各种发电锅炉的燃料，一部分油化燃料可用于汽车。另一类方法是将废旧塑料熔融再生，将废旧塑料加热熔融后重新塑化。根据原料性质，可分为简单再生和复合再生两种。简单再生主要回收树脂厂和塑料制品厂的边角废料以及易于挑选清洗的一次性消费品，如聚酯饮料瓶、食品包装袋等，回收后其性能与新料差不多。复合再生将废旧塑料热裂解或催化裂解，裂解后最终产品分为回收化工原料（如乙烯、丙烯、苯乙烯等）以及燃料（汽油、柴油、焦油等）。废旧塑料在其他方面的用途也非常广泛，如可以用来制造混凝土、水泥、人造沙、填料等。

课题二　橡胶

橡胶是一种具有高弹性的高分子材料。由于它具有高弹性、优良的伸缩性、减振性、绝缘性、耐磨性、隔音性，因此，广泛应用于制造密封件、减振件、传动件、绝缘件及轮胎等。橡胶在工业生产中有着重要的地位，是一项重要的工业材料。橡胶的主要缺点是易老化，耐油能力差。

一、橡胶的组成

橡胶是以生胶为原料，加入适量的配合剂，经硫化以后得到的一种高分子材料。

1. 生胶

生胶按其来源分为天然橡胶与合成橡胶。

（1）天然橡胶　天然橡胶是将橡胶树流出的胶乳，经过凝固、干燥，加压等工序制成的片状固体物，主要成分为异戊二烯。

（2）合成橡胶　合成橡胶是以石油、天然气、煤等为原料，通过化学合成的方法制成的与天然橡胶性能相似的高分子材料。

2. 配合剂

配合剂是为了提高和改善橡胶的性能而加入的物质。常用的配合剂及主要作用如下：

（1）硫化剂　是为了改善橡胶分子结构，提高橡胶的力学性能，克服因温度升高而变软、发粘的缺点。因此，橡胶制品只有硫化后才可使用。常用的硫化剂有硫磺、氧化硫等。

（2）促进剂　促进剂起加速硫化过程、缩短硫化时间的作用。常用的促进剂有氧化锌、氧化铝、氧化镁以及醛胺类有机化合物等。

（3）填充剂　填充剂的作用是为了增加橡胶的强度并降低生产成本。常用的填充剂有石墨、氧化镁、滑石粉等。

（4）补强剂　补强剂用于提高橡胶的力学性能和耐磨、耐撕裂性能，常用的补强剂有炭黑、氧化硅、滑石粉等。

（5）软化剂　软化剂能提高橡胶的柔软性和可塑性。

（6）防老剂　防老剂的作用是防止橡胶老化。

除此之外，还有发泡剂和着色剂等。

二、常用橡胶

生产中常用的橡胶材料有天然橡胶、合成橡胶和再生胶。

1. 天然橡胶

天然橡胶材料是指以天然橡胶为生胶制成的橡胶材料，代号为 NR。天然橡胶属于通用橡胶，它具有优良的弹性，弹性温度范围为 70 ~ 130℃；具有较高的强度和优异的抗疲劳性、耐磨性、耐寒性、防水性、减振性、绝热性和电绝缘性，具有良好的加工性能。其缺点是耐老化性和耐候性差，耐油性和耐溶剂性较差，易溶于汽油和苯类等溶剂，易受强酸侵蚀，且易自燃。

2. 合成橡胶

由于资源数量的限制，天然橡胶的产量远远不能满足工业生产的需要，因而合成橡胶得到了发展。早在 1914 年就制造出了合成橡胶。随着石油工业的迅速发展，合成橡胶原料来源丰富、成本低廉，产量也已超出天然橡胶。合成橡胶在各行各业得到了广泛的应用，也是汽车工业的一种重要的材料。合成橡胶的种类繁多，主要分为通用合成橡胶和特种合成橡胶。通用合成橡胶的主要品种有丁苯橡胶、顺丁橡胶、氯丁橡胶、异戊橡胶、丁基橡胶、丁腈橡胶、乙丙橡胶、丙烯酸酯橡胶、氯醇橡胶、聚氨酯橡胶、硅橡胶、氟橡胶等。常见车用合成橡胶的名称、代号、主要原料和特性见表 5-3。

表5-3 常见车用合成橡胶的名称、代号、主要原料和特性

名　　称	代号	主要原料	性 能 特 点
丁苯橡胶	SBR	丁二烯 苯乙烯	较高的耐磨、耐候、耐热、耐老化、耐油性、弹性、耐寒性，加工性能差
顺丁橡胶	BR	丁二烯	很高的弹性，良好的耐低温性，优异的耐磨耗、耐热、耐老化性，生产成本低，但抗拉强度、抗撕裂性差，加工性能差
氯丁橡胶	CR	2—氯—1, 3—丁二烯	抗拉强度较高，耐老化性、耐候性、耐热性、耐油性良好，不易燃烧，气密性好；储存稳定、电绝缘性、耐寒性较差，加工时对温度敏感
异戊橡胶	ⅠR	异戊二烯	综合性能最好，各种物理性能、力学性能、电绝缘性、耐水性、耐老化性均优于天然橡胶；强度、硬度略差，成本较高
丁基橡胶	ⅡR	异丁烯 异戊二烯	气密性非常好，化学稳定性很高，极好的耐热性、耐老化性、耐候性、绝缘性、减振性、耐化学药品；加工性能不好，耐油、耐溶剂性差
丁腈橡胶	NBR	丁二烯 丙烯烃	优异的耐油性，良好的耐磨性、耐老化、气密性、耐热性等，耐寒性、电绝缘性较差
乙丙橡胶	ERM EPDM	乙烯 丙烯	耐老化性能、耐热性、耐蚀性优异；很好的弹性；加工性能差
丙烯酸酯橡胶	ACM ANM	丙烯酸酯	很高的稳定性，优异的耐热性、耐寒性、耐油性、耐老化性；耐水性差，弹性和耐磨性不够好
氯醇橡胶		环氧氯丙烷	具有优良的耐臭氧性，耐热、耐老化、耐油，密度较大
聚氨酯橡胶	AUEU	聚酯、聚醚 二异氰酸酯	强度高，耐磨性好，弹性大，气密性好，耐老化性、耐油性、耐溶剂性好，耐水性差
硅橡胶		硅氧烷	优越的耐高低温性，能在100~300℃保持弹性，以及耐臭氧老化、耐热氧化、耐气候老化、绝缘、稳定性好；强度、耐磨性较低，价格昂贵
氟橡胶		含氟单体	耐热氧化性能极好，耐高温、耐化学腐蚀、耐油性能优异；耐寒性、加工性能差，价格昂贵

3. 再生胶

再生胶是将硫化胶的边角废料和废旧橡胶制品经过粉碎、化学物理方法加工后，去掉硫化胶的弹性，恢复塑性和粘性，可以重新再硫化的橡胶。再生胶对于环保和生产资料的再利用有着重要的意义。再生胶的强度低，硫化速度快，操作比较安全，并有良好的耐老化性，加工容易，成本低廉。

三、橡胶制品在汽车上的应用

橡胶是汽车上使用的一种重要材料。橡胶材料在汽车用非金属材料中占有重要地位，是其他材料难以替代的。每辆汽车有数百个橡胶件，总重达几十千克，约占整车自重的3%~6%。汽车橡胶制品主要分布在汽车车身、传动系统、转向系统、悬架系统、制动系统和电器仪表等系统内。车用橡胶品种有天然橡胶、丁苯橡胶、氯丁橡胶、丁酯橡胶、三

元乙丙橡胶、丙烯酸酯橡胶、氟橡胶、硅橡胶、聚氨酯橡胶和丁基橡胶等。

1. 轮胎

汽车轮胎是汽车上橡胶用量最大的橡胶零件，轮胎约占汽车橡胶件总重的70%。轮胎是装在汽车车轮辋上与地面相接触的环状弹性体。制造轮胎的主要材料有生胶（包括天然橡胶、合成橡胶、再生胶）、骨架材料（即纤维材料、人造丝、尼龙、聚酯、玻璃纤维、钢丝等）以及炭黑等。轮胎的外胎普遍使用天然橡胶、丁苯橡胶、顺丁橡胶等。内胎一般用气密性好的材料来制造，如丁基橡胶。

2. 密封制品

汽车上使用的橡胶密封制品主要包括油封件、密封条、密封圈、皮碗、防尘罩、衬垫等。根据使用环境的不同，要求这类橡胶制品应有良好的密封性能，耐油及各种化学试剂、耐老化、耐热、耐寒、耐臭氧、耐磨及高强度和永久压缩变形小等特性。

（1）密封条　密封条在汽车上的用量很大，每辆汽车用十几种密封条，其数量达二十多件，质量达10kg以上。例如，车门缓冲密封条，车顶密封条，行李箱密封条，前、后风窗密封条，门玻璃密封条，门框密封条，发动机盖密封条等。此外，汽车上还使用许多密封垫片，如各种车灯密封垫片、扬声器密封垫片、管接头密封垫片等。密封条采用的橡胶有CR、CFDM和NR等，我国目前普遍使用的以三元乙丙橡胶密封条为主。

（2）油封　油封和O形圈是汽车上用的品种和数量最多的密封件，是汽车上最重要的密封件。丁腈橡胶、硅橡胶、聚丙烯酸酯橡胶、聚氨酯橡胶、氟橡胶及聚四氟乙烯树脂是制造油封所普遍使用的材料。

丁腈橡胶是制造油封用量最大的胶种，目前国内丁腈橡胶有丁腈40、丁腈26及丁腈18三个牌号；氟橡胶油封主要用于高速旋转轴密封；硅橡胶油封用于制造高温高速油封；聚丙烯酸酯橡胶油封可比丁腈橡胶油封的工作温度提高20℃，目前在国内已广泛采用。

（3）皮碗　皮碗也是一种密封元件，常用在往复轴和缸的密封中。皮碗的形状有V形、U形和Y形，近年来普遍采用Y形。例如，制动皮碗采用丁腈、丁苯、天然、乙丙橡胶等材料制作，对蓖麻油和合成酯类制动液都适用，尤以二元乙丙橡胶为最好。

（4）防尘套　防尘套有直筒形和变截面波纹形等几种。虽然防尘套使用条件较温和，但橡胶材料要兼备耐热、耐寒、耐油、耐介质、耐老化等性能，单纯采用天然橡胶和丁腈橡胶只能满足一般要求，而采用氯丁、丁腈、三元乙丙橡胶复合并用，可以达到较高的使用寿命。

3. 胶管

每辆汽车中所用的胶管有几十种，总长约30m，用胶量达到20kg以上。汽车中所用的橡胶材料有天然橡胶、丁腈橡胶、三元乙丙橡胶、氯丁橡胶、丙烯酸酯橡胶等。胶管按结构可分为纯胶管、夹布胶管和编织胶管；按其耐压性能分为低压管、高压管和真空管。胶管一般用在汽车上的燃油、制动、冷却、空调等系统中。

耐油软管主要有汽油软管、柴油软管、机油软管等。

散热器连接软管是连接汽车散热器的进出水口的胶管，以前大量用天然橡胶配合填充料、软化剂、炭黑等制造，现在已被耐液性、耐候性、耐老化性、耐寒性好的三元乙丙橡胶所代替。

制动橡胶软管属于耐高压胶管，胶管所承受的压力最高可达10MPa。胶管内层胶为丁腈橡胶，外层胶是氯丁橡胶或三元乙丙橡胶，增强层采用氯磺化聚乙烯橡胶。还有一种是内层胶为氢化丁腈橡胶，外层是氯磺化乙烯橡胶的结构。

空调管分为低压管和高压管。空调管的主要特点是能有效地防止制冷剂氟利昂的渗透，一般内胶层采用PA，外胶层采用ⅡR。为了克服PA的缺点，现已开发出了PA为隔离层、NBR/CR为内外胶层的新型胶管。

4. 胶带

车用胶带主要是V带。通常V带有三种，即包括V带、切割V带和多楔V带，以切割V带为多。切割V带两侧没有包布，屈挠性好，摩擦因数大，具有受力大、线速高、散热性及耐疲劳性良好和节能等特点。常用的胶种有NBR和CR等。

5. 减振块

减振块主要用在汽车发动机、底盘等部件上，用来防止和降低汽车行驶中的振动和噪声。每辆车上使用的减振块有几十种，按其材料的组合形式可分为纯橡胶制品、塑料橡胶复合制品及金属橡胶复合制品。一辆车上减振块的用量最多可达15kg左右，使用的材料有天然橡胶、氯丁橡胶、聚氨酯橡胶、丁腈橡胶等。

随着汽车技术水平的不断提高，对橡胶材料性能的要求更加严格，品种日益增多。例如，汽车的工作温度提高，排放污染物减少、噪声降低、功率提高都使发动机罩内温度升高，使用的橡胶材料正由天然橡胶向乙丙橡胶方向转变，由丁腈橡胶向饱和丁腈橡胶、丙烯酸酯橡胶、氟橡胶方向转变，由硫化橡胶向热塑弹性体橡胶方向转变，且逐步将橡胶与塑料复合并用，以使各种车用橡胶制品的性能得到不断改善。

常用车用橡胶制品的性能特点及用途见表5-4。

表5-4 常用车用橡胶制品的性能特点及用途

名称	代号	拉伸强度 /Pa	伸长率 （%）	使用温度 /℃	回弹性	耐磨性	耐浓碱	耐油性	耐老化	用 途
天然	NR	25～30	650～900	－50～120	好	中	中	差		轮胎、密封条，通用制品
丁苯	SBR	25～20	500～600	－50～140	中	好	中	差	好	轮胎、胶板、密封条，通用制品
顺丁	BR	18～25	450～800	－50～120	好	好	好	差		轮胎、耐寒运输带
丁腈	NBR	15～30	300～800	－35～175	中	中	中	好	中	输油管、耐油密封圈
氯丁	CR	25～27	800～1000	－30～130	中	中	好	好	好	胶管、胶带、电线包皮
丁基	ⅡR	15～20	650～800	－30～150	差		好	差	好	内胎、胶带、绝缘体、耐热布
聚氨酯	UR	20～35	300～800	80	中	好	差	好		胶管、密封条耐磨制品
三元乙丙	EPDM	10～15	400～800	150	中	中	好	差	好	密封条、散热管、绝缘体

（续）

名称	代号	拉伸强度/Pa	伸长率（%）	使用温度/℃	回弹性	耐磨性	耐浓碱	耐油性	耐老化	用　　途
氟	FKM	20～22	100～500	-50～300	中	中	中	好	好	高级密封件、高级真空耐蚀件
硅	MVQ	4～10	50～500	-70～275	差	差	好	差		耐高、低温零件，绝缘体
聚硫	T	9～15	100～700	80～135	差	差	好	好	好	密封腻子，密封衬垫

课题三　胶粘剂

工程上借助一种材料在固体表面上产生粘合力将材料牢固地连接在一起的方法叫胶结。所用的材料称为胶粘剂（又称粘合剂或粘结剂）。胶结的特点是：接头处应力分布均匀，接头的密封性、绝缘性及耐蚀性好，适用性强，而且操作简单，成本低。它是与焊接、铆接、螺栓联接等传统的连接形式并驾齐驱的一种连接方式。它具有快速、牢固、密封、经济、节能等优点，在某种场合下所发挥的作用是传统的连接方式所无法取代的，因而在工业中得到广泛应用。

一、胶粘剂的组成

胶粘剂也是一种高分子材料。胶粘剂分为天然胶粘剂、合成胶粘剂和无机胶粘剂三大类。天然胶粘剂是用动、植物胶液制成，粘合能力、耐水性差。目前工业上使用的胶粘剂多是合成胶粘剂。

合成胶粘剂是由基料（环氧树脂、酚醛树脂、聚氨酯树脂、氯丁树脂和丁腈橡胶等）、固化剂、增塑剂、增韧剂、填料、稀释剂、稳定剂等及其他敷料配制而成。

合成胶粘剂按照基料的组成不同分为树脂型胶粘剂、橡胶型胶粘剂和混合型胶粘剂。

二、胶粘剂的选用

胶粘剂的种类繁多，组成各异，常按基料的化学成分来区分。在实际工作中经常会遇到各种各样的被胶接材料，如各种金属、陶瓷、玻璃、塑料、橡胶、皮革、木材及纺织材料等。由于同一种胶粘剂对不同材料的粘接力各不相同，因此，对不同的胶接对象，所选用的胶粘剂也就不可能完全一样。选择胶粘剂时，应根据被粘结材料、受力条件及工作环境等具体情况来合理地选用。

被胶接件的使用环境和用途要求是选用胶粘剂的重要依据。如果用于受力结构件的胶接，则需选用强度高、韧性好、抗蠕变性优良的胶粘剂；如果用于在特定条件下使用（如耐高温、耐低温、导热、导磁等）的被胶接件的胶接，则应选用特种胶粘剂。

因此，要做到正确选用胶粘剂、保证胶接件的质量及使用要求，首先必须充分把握和了解胶粘剂的品种、组成，特别是性能参数。表5-5列出了部分常用胶粘剂的种类、牌号、性能和用途。

表5-5　常用胶粘剂的种类、牌号、性能和用途

类别	名称	牌号	主要性能	用途举例
树脂型胶粘剂	环氧胶粘剂	E-7	耐热性好，密封性好，使用温度150℃。固化条件：100℃，3h	可胶结金属、玻璃等多种材料
		J-19A	胶结强度和韧性很高，但耐水性差。使用温度-60~120℃。固化条件：180℃，3h	可胶结金属、玻璃、木材、陶瓷等材料
		914	固化迅速，使用方便，耐油、耐水，胶接力强；耐热性和韧性差。固化条件：室温，3h	适用于各种材料的快速粘接、固定和修补
	酚醛胶粘剂	J-03	胶结强度高，弹性、韧性好，耐疲劳，使用温度：-60~150℃。固化条件：165℃，3h	可胶结金属、玻璃钢、陶瓷等，特别适用于金属蜂窝状夹层结构的胶结
		JSF2	粘接强度高、韧性好、耐疲劳，良好的抗老化性，使用温度：-60~60℃。固化条件：150℃，1h	可胶结金属、夹层塑料、玻璃、木材、皮革等
橡胶型胶粘剂	聚氨酯胶粘剂	JQ-1	胶膜柔软，耐油，但对水分特别敏感，使用温度低。固化条件：140℃，1h	适用于未硫化的天然橡胶、丁腈橡胶等与金属的胶结
		101	胶膜柔软，绝缘性好，耐磨、耐油性好，耐热性差，使用温度低	可胶结金属、塑料、橡胶、皮革、木材等多种材料
	氯丁橡胶胶粘剂		较好的内聚强度和良好的粘附性，耐燃性、耐油性、耐候性较好；但稳定性和耐低温性较差	适用于金属、非金属的胶结
	丁腈橡胶胶粘剂		良好的耐油性、耐热性和耐化学介质性	可胶结金属、塑料、木材、织物以及皮革等多种材料
混合型胶粘剂	酚醛—聚乙烯醇缩醛胶粘剂		胶结强度高，良好的抗冲击和耐疲劳性，良好的耐大气老化和耐水性	适用于金属、玻璃、陶瓷、塑料及木材等多种材料的胶结
	酚醛—丁腈胶粘剂		胶结强度高，耐振动，冲击韧度大，其抗剪切强度随温度变化不大，较好的耐水性、耐化学介质及耐大气老化性能	适用于金属和大部分非金属的胶结，如汽车制动摩擦片的粘合等

三、胶粘剂在汽车上的应用

胶粘剂和密封胶在汽车工业中是粘接各种零件和防漏的重要材料。它在汽车的防振、隔热、防漏、防松和降噪等方面起着重要的作用。每辆汽车上胶粘剂和密封胶的用量可达几十千克。胶粘剂在汽车上的应用范围十分广泛，其典型胶结部位如图5-1所示。图中各胶结部位与胶粘剂及密封胶的种类见表5-6、表5-7。

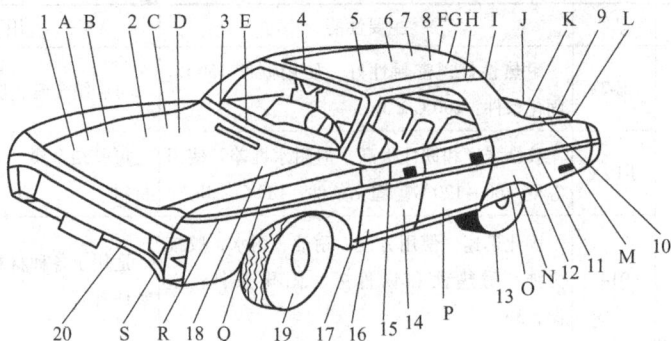

图 5-1　胶粘剂在汽车上的应用

表 5-6　胶结部位与胶粘剂的种类

部位	胶 结 部 位	胶粘剂种类
1	发动机罩内外挡板胶结	热固化乙烯基塑料溶胶
2	车身外的贴花加工	丙烯酸酯压敏胶
3	风窗玻璃胶结	聚硫多组分反映性高含固量胶粘剂
4	聚氯乙烯顶篷接缝胶结	聚酯、聚酰胺热熔胶
5	顶篷隔声衬垫胶结	丁苯橡胶为基料的溶剂型胶粘剂
6	聚氯乙烯顶篷胶结	氯丁橡胶为基料的溶剂型胶粘剂
7	顶篷拱型加固梁胶结	热固化高含固量的聚氯乙烯塑料溶胶
8	顶篷衬里胶结	丁苯橡胶为基料的溶剂型胶粘剂
9	压盖板防雨条胶结	氯丁橡胶为基料的溶剂型胶粘剂
10	后盖隔声材料胶结	高含固量的再生胶
11	聚氯乙烯成型防护侧条胶结	丙烯酸酯压敏胶
12	接缝装饰条胶结	丙烯酸酯或橡胶型压敏胶
13	制动摩擦片衬里与闸瓦胶结	酚醛—缩醛、酚醛—丁腈或酚醛—缩醛—有机硅等热固性胶粘剂
14	木纹聚氯乙烯侧面装饰板胶结	丙烯酸酯压敏胶
15	座椅衬垫与聚氯乙烯塑料片胶结	丁苯胶或乙酸—醋酸乙烯共聚体热熔胶
16	车门内装饰板胶结	氯丁橡胶溶剂型胶粘剂
17	车门防风防雨条胶结	氯丁橡胶溶剂型胶粘剂
18	电动机带与离合器结构的胶结	酚醛—丁腈胶等热固型胶粘剂
19	闸瓦底座与圆盘衬垫的胶结组装	酚醛树脂胶
20	装饰标、商标等胶结	高含固量、热固化型聚氯乙烯塑料溶胶

表5-7　密封部位与胶粘剂密封胶的种类

部位	密封零部件	密封剂种类
A	气缸盖垫片密封	半干性粘弹型密封胶
B	螺栓密封	氯丁橡胶乳液或厌氧胶
C	绝热隔板接缝密封	再生胶
D	绝热隔板密封	环氧树脂胶或聚氨酯胶
E	外层窗玻璃密封	丁基橡胶—聚异丁烯胶
F	后窗玻璃密封	丁基胶
G	后窗外层辅助密封	软性丁基橡胶—聚异丁烯胶
H	顶篷排水槽外密封	聚氯乙烯塑料溶胶
I	顶篷至车体后部位塑料挡板胶接密封	高含量聚乙烯塑料溶胶
J	油箱输油管密封	高含固量、可膨胀、热固化氯丁胶
K	行李箱接缝密封	高含固量聚氯乙烯塑料溶胶
L	后排水槽外缝密封	高含固量热固化聚氯乙烯塑料溶胶
M	非膨胀性焊接内缝密封	高含固量热固化聚氯乙烯塑料溶胶
N	可膨胀性焊接内缝（后盖挡板及挡泥板）密封	可膨胀、热固化丁苯胶
O	挡泥板、高低板填充密封	高含固量聚氯乙烯塑料溶胶
P	底板内缝密封	以沥青为基料的高含固量胶粘剂
Q	罩板总装的膨胀性焊接缝密封	丁苯胶
R	减振器垫片密封	热固化氯丁胶
S	油漆层下的外缝密封	高含固量、热固化型聚氯乙烯塑料溶胶

　　另外，汽车修理中常用的合成胶粘剂有环氧树脂和酚醛树脂胶粘剂，用来粘结离合器摩擦片、修补缸体、蓄电池等。

【单元小结】

　　本单元按照高分子材料在汽车上的实际应用的分类，分别介绍了橡胶、塑料和胶粘剂的主要品种的物理、化学特性，力学性能和实际应用。

　　高分子材料是以聚合物为基本组分的材料，工程上应用的高分子化合物主要是人工合成的各种有机物。

　　1. 随着汽车向家庭化、舒适化方向发展，汽车用塑料也从最初单纯用于制造电器绝缘件和转向盘等零件的热固型树脂等少数几个品种，迅速增加到内饰件用 PVC（聚氯乙烯）、车顶棚用 PUR（聚氨酯填充树脂）、车身覆盖件用 PC（聚碳酸酯）、燃油箱用 PP（聚丙烯）等几十种。

　　2. 橡胶是汽车上常用的一种重要材料，一辆轿车上的橡胶件质量占车质量的4% ~ 5%。主要用于轮胎和汽车上的橡胶配件以及各种胶管、传动带、密封件、缓冲垫、车窗玻璃密封条等。

3. 胶粘剂在汽车工业中是粘结各种零件和防漏的重要材料之一。它在汽车的防振、隔热、防漏、防松和降噪等方面起着重要的作用。每辆汽车上胶粘剂的用量可达数十千克。

【思考与练习】

1. 什么叫高分子材料？工程上常用的高分子材料有哪些？
2. 什么叫塑料？按合成树脂的性能，塑料分为哪两类？各有什么特点？
3. 简述橡胶的性能特点。
4. 简述橡胶的主要组成。橡胶制品为什么要硫化？
5. 填充剂的作用有哪些？常用的填充剂有哪些类型？
6. 举例说明橡胶制品在汽车上的应用情况。
7. 胶粘剂是由哪些部分组成的？
8. 胶结有哪些特点？
9. 胶粘剂在汽车上具有哪些作用？

第六单元

陶瓷材料

【任务描述】

陶瓷是人类最早使用的材料之一。传统意义上的陶瓷是指陶器和瓷器，现代陶瓷的概念是指各种无机非金属材料的总称，通常分为陶瓷和玻璃两大类。本单元主要介绍陶瓷和玻璃的类型、性能及其在汽车上的应用等知识。

【学习目标】

1. 明确陶瓷材料的概念及其类型。
2. 掌握常用陶瓷材料的性能。
3. 掌握汽车上常用陶瓷材料。

课题一　陶瓷

陶瓷是由成型矿物质高温烧制而成的。陶瓷所使用的原料主要是粘土等天然硅酸盐类矿物，所以又称为硅酸盐材料。

一、陶瓷的分类

1. 按化学成分分类

按化学成分可分为以下四类：氧化物陶瓷、碳化物陶瓷、氮化物陶瓷及其他化合物陶瓷。

（1）氧化物陶瓷　氧化物陶瓷是最早被使用的陶瓷材料，其种类也最多，应用最广泛。最常用的是 Al_2O_3、SiO_2、MgO、ZrO_2、CaO 及莫来石和尖晶石等，其中 Al_2O_3 和 SiO_2 就像金属材料中钢铁和铝一样应用广泛。除了上述单一氧化物外，还有大量氧化物的复合氧化物陶瓷，常用的玻璃和日用陶瓷均属于这一类。

（2）碳化物陶瓷　碳化物陶瓷具有比氧化物陶瓷更高的熔点，但碳化物易氧化，因此在制造和使用时必须防止其氧化，最常用的有 SiC、WC、B_4C、TiC 等。

（3）氮化物陶瓷　包括 Si_3N_4、TiN、BN、AlN 等。其中 Si_3N_4 具有优良的综合力学性能和耐高温性能；TiN 有高硬度；BN 具有耐磨、减摩性能；AlN 具有热电性能，其应用日趋广泛。

（4）其他化合物陶瓷　指除上述几类陶瓷和金属及高分子材料以外的无机化合物，包括常作为陶瓷添加剂的硼化物陶瓷以及具有光学、电学等特性的硫族化合物陶瓷等，其研究和应用也日益增多。

2. 按性能特点或用途分类

陶瓷按性能特点或用途分为传统陶瓷和特种陶瓷两大类。

（1）传统陶瓷　传统陶瓷又称普通陶瓷，主要以天然硅酸盐矿物质（粘土、长石、石英等）为原料，经配料粉碎、成形、烧制后而成。传统陶瓷按用途可将陶瓷分为日用陶瓷、建筑陶瓷、绝缘陶瓷、卫生陶瓷、电器陶瓷、化工陶瓷和多孔陶瓷。传统陶瓷广泛用于人们的日常生活、建筑、卫生、电力、化工领域，如餐具、卫生洁具、电绝缘器材料、装饰材料等。

（2）特种陶瓷　特种陶瓷又称新型陶瓷，以化工原料（氧化物、氮化物、碳化物等）为原料，经配料、成形、烧结而成。特种陶瓷按用途可分为结构陶瓷和功能陶瓷。

结构陶瓷主要用于制造结构零部件，要求有更好的力学性能，如强度、韧性、硬度等；还具有高的耐磨性及高温性能。

功能陶瓷是指那些利用电、磁、声、光、热等直接效应所提供的一种或多种性质来实现某种使用功能的先进陶瓷，包括电容陶瓷、压电陶瓷、磁性陶瓷、耐磨陶瓷、耐酸陶瓷、光学陶瓷、高温陶瓷等。

二、陶瓷材料的性能

陶瓷材料种类繁多，其性能差异很大。特种陶瓷除了具有普通陶瓷的共性以外，还具有特殊的物理、化学性能。

1. 力学性能

与金属材料相比，陶瓷材料具有很高的弹性模量和硬度（大于 1500HV），极高的红硬性（可达 1000℃ 以上），抗压强度高，但抗拉强度和韧性都很低，脆性大。

2. 物理性能

陶瓷的熔点很高，一般在 2000℃ 左右，并且具有优良的稳定性，已经被广泛用作耐高温材料，如耐火泥、耐火砖、耐热涂层等。

陶瓷的导热系数和膨胀系数都小于金属材料，因此常作为常温绝热材料。

多孔和泡沫陶瓷可用作 $-240 \sim -120$℃ 的低温隔热材料。

3. 电性能

大多数陶瓷都是很好的电绝缘材料，在低温下具有很高的电阻率，因而大量用来制造隔电的瓷质绝缘器件。尤其是在高温、高电压工作条件下，陶瓷是唯一的绝缘材料，如汽油机的火花塞绝缘体。

4. 化学性能

陶瓷的组织结构非常稳定，具有极好的抗氧化性（在1000℃也不会被氧化）和耐腐蚀性（耐酸、碱和盐），无老化现象。

三、陶瓷材料在汽车上的应用

从理论上分析，汽车上能用特种陶瓷材料制造的零件很多，但由于受到生产价格、制造工艺、可靠性等条件的限制，实际应用到汽车上的零部件并不多，大部分仍处于研究开发阶段。现将国内、外汽车上已经应用或正在开发的陶瓷零部件作简单介绍。

1. 结构陶瓷材料在汽车上的应用

结构陶瓷具有高温工况下强度高、耐磨性好、隔热性好、低密度和低膨胀系数等性能，广泛用于发动机和热交换零件的制造。陶瓷耐腐蚀性强，在高温下有良好的热稳定性，被广泛地用作汽油机点火系统的火花塞的基体。

（1）陶瓷绝热发动机 在传统柴油机或燃气轮机用的金属零件中，铝合金的耐温极限为350℃，钢和铸铁的耐温极限为450℃，最好的超级耐热合金的耐温极限约为1093℃。金属材料的上述耐温极限大大限制了发动机的工作温度（热效率），而使用各种冷却装置又使发动机设计复杂，增加重量和耗费许多功率。气缸工作温度低不仅会导致由于燃料不能充分燃烧而造成资源浪费，而且使汽车的速度提高受到了很大的限制。

为了提高发动机热效率、节约能源，可利用陶瓷材料的耐热、耐磨、耐腐蚀、低膨胀系数、低密度、隔热性好等特点制作陶瓷绝热发动机机芯，其工作温度可达1300~1500℃。陶瓷气缸体的热效率高，可节省30%的热能，而且功率相对于钢质机芯发动机提高45%以上。另外，陶瓷机芯发动机无需水冷系统，其密度也只有钢的一半左右，这样既可防止气缸内热能损失，又简化了发动机的总体构造，对减小发动机自身重量也有重要意义。

近年来的研究表明，由于部分稳定氧化锆具有低热导率、高强度、高韧性、高抗热冲击性、高工作温度（1100℃）等特点，在绝热发动机中，韧性氧化锆还可用做气缸内衬、活塞顶、气门导管、进气和排气阀座、轴承、挺杆、凸轮、凸轮随动件和活塞环等零件。

（2）陶瓷活塞 陶瓷活塞一般用于柴油机。在涡流室柴油机中用陶瓷材料代替贵重金属，可进一步减少冷却装置，因此整体成本有望降低。直喷式柴油机中利用陶瓷材料的耐高温性能在活塞顶部镶入陶瓷块，热效率、噪声与排放情况均有所改善。陶瓷活塞中镶块的尺寸和形状应选择适当，否则由于材料热膨胀系数的差异，会在陶瓷镶块上产生应力，影响活塞的使用寿命；另外，用氮化硅陶瓷材料制成的陶瓷纤维活塞，因其良好的耐磨性，可防止铝合金活塞由于热膨胀系数大而产生的"冷敲热拉"现象。⊖

⊖ 所谓"冷敲"，即冷车时，活塞与气缸壁配合间隙过大，活塞换向时引起敲击；"热拉"即热车时，因二者配合间隙过小，拉伤气缸的现象。

（3）陶瓷气缸套　根据不同的需要，陶瓷气缸套可有以下三种形式：一是缸套内表面全部喷涂陶瓷材料，日本小松发动机即采用此结构；二是仅用陶瓷材料做成缸套上圈；三是用金属和陶瓷材料复合制成全陶瓷缸套。采用全陶瓷缸套代替传统的气缸套，可防止气缸内热能损失，简化发动机结构，进而提高热效率和减少发动机质量。

（4）陶瓷配气机构　利用陶瓷材料低密度、耐热和耐磨的特点，用陶瓷材料制造气门、气门座、挺柱、气门弹簧和摇臂，可以减少气门座的变形和落座时的弹跳，降低噪声与振动，延长使用寿命。我国 492QA 型发动机在采用陶瓷配气机构后，各种工况下可节油 2% ~ 8%。采用陶瓷制成的发动机摇臂，用氮化硅制成的陶瓷气门，在使用中也取得了较好的效果。

（5）陶瓷-铝复合排气管　陶瓷-铝复合排气管，是用铝-硅合金短纤维和陶瓷复合材料制成气管骨架，再浇注熔化的铝液制成。对于 800 ~ 900℃ 的排气来说，陶瓷绝热排气管可取消绝热板，增加了发动机室的容积。采用该排气管可使排气净化效果提高 2 倍，大大降低了排气污染。

此外，汽车上应用特种陶瓷材料制成的元件还有利用陶瓷绝缘性制成的陶瓷加热器、利用陶瓷高温高强度制成的转子、转化器、热交换器、发热元件接头和涡轮充电机以及燃气涡轮机上的涡轮叶轮等。

2. 功能陶瓷材料在汽车上的应用

功能陶瓷利用其绝缘性、介电性、半导体性和磁性等功能来制造各种传感器，以满足汽车电子化的迅猛发展。

随着人们对汽车的安全性、舒适性、智能化、节能及对噪声、排放污染的限值等都有了更高的要求，使具有绝缘性、介电性、压电性、半导体性、导磁性等特异功能的陶瓷在汽车上作为诸多敏感元件的应用范围越来越广，品种和规格日趋繁多，如温度传感器（热敏电阻和感温铁氧体）、废气传感器（包括浓差电池式氧化锆传感器、临界电流式氧化锆传感器、半导体型氧化锆传感器、NO_x、CO 传感器）、空燃比传感器（氧化铝氧传感器、氧化钛氧传感器）、稀空燃比燃烧传感器、湿度传感器、压电性传感器（爆燃性传感器、超声波传感器）、硅压力传感器等。

汽车中常用的陶瓷材料见表 6-1。

表 6-1　汽车中常用的陶瓷材料

	材　料	特　性	制　品
氧化物	Al_2O_3	绝缘性	基板、封装
	硅酸盐	透光性	车窗挡风调光
	Fe_3O_4	磁性	电动机
	$BaTiO_3$	导电性	回路电动机
	过渡金属氧化物	半导体	热敏、湿敏元件
非氧化物	ZnS	发光性	液晶计时器、光电开关
	SiC	导电性	气体点火器

四、陶瓷材料存在的问题和发展前景

目前，阻碍特种陶瓷在汽车上应用的原因有以下几个方面：

1）成本长期居高不下，远远高于金属零件的价格。

2）可加工性差、脆性大、使用可靠性差。

3）再现性困难。由于特种陶瓷对其原料要求比较严格，工艺难以掌握，使得每批制品的性能难以同前一批一致。

4）制造工艺复杂，要求高。陶瓷的制造工艺（原料粉末的制取、成形、烧结、加工、接合、涂覆等）对成品的可靠性影响很大，因此对制造工艺要求很高。

要解决以上问题，考虑陶瓷为脆性材料这一特点，设计陶瓷材料时应使零件承受的载荷尽可能设计成受压不受拉，应尽量减少应力集中，避免受机械冲撞，零件体积要小且形状简单，避免与热膨胀系数相差明显的金属配合，加工和装配精度要高。此外还应不断改进和完善生产工艺过程，防止构成断裂源的空洞、切口等缺陷的出现，确保烧结后的尺寸精度和表面粗糙度，尽量减少工序和缩短加工时间等。

特种陶瓷具有各种优异的特性，应用于汽车上可以有效降低车辆的质量，提高发动机的热效率，降低油耗，减少排气污染，提高易损件寿命，完善汽车智能性功能等。因此，汽车上陶瓷零部件的开发及应用具有非常广阔的前景。

课题二　玻璃

玻璃是一种非晶态固体，具有透明、硬而脆、隔音的特性，有艺术装饰的作用和较好的化学稳定性，经过特殊处理后的玻璃还具有绝热、导电、防爆和防辐射等许多的特殊性能，因此，玻璃是现代工业不可缺少的材料。

一、车用玻璃的性能、种类及主要用途

1. 车用玻璃的性能特点及要求

汽车上的车窗和灯具使用的材料都是玻璃。玻璃具有抗拉强度低、抗压强度高、硬度较高、韧性很差、耐热性较差（经过热处理后，可提高其耐热性）的特点；但玻璃有良好的化学稳定性，对酸、碱的腐蚀具有较强的抵抗能力；具有良好的绝缘性能，可用于制造各种绝缘器材和电学仪器。玻璃最突出的特点是具有良好的光学性质，即具有透明性和折光性。

玻璃是汽车上具有重要功能的外装件。汽车上使用的玻璃主要是窗玻璃，对玻璃的透明性、耐候性、强度及安全性有很高的要求。在现代汽车中，玻璃不仅仅是一种功能性外装件，而且还兼顾了保证开阔视野、良好的乘坐环境、降低空气阻力和美观等多种功能。玻璃优良的造型设计，可以有利于降低汽车的空气阻力，减少燃料的消耗。现代汽车流行的曲面风窗玻璃使汽车的造型更加美观实用。

2. 常用汽车玻璃的种类、特点及主要用途

根据玻璃在汽车上的安装位置不同，分为风窗玻璃、后窗玻璃、前角窗玻璃、前门窗

玻璃、后门窗玻璃、后角窗玻璃和后侧窗玻璃等。汽车玻璃在汽车上所处的位置见图6-1。

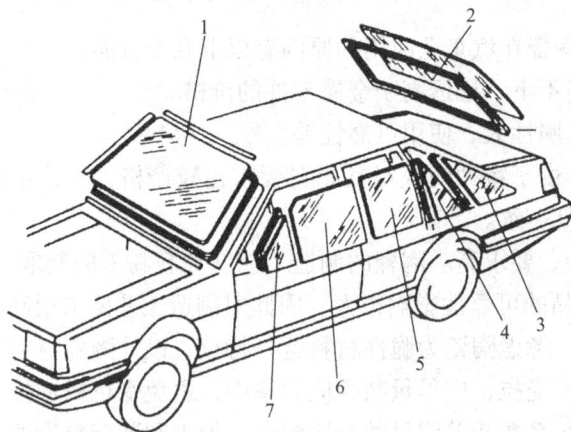

图6-1　轿车的玻璃

1—风窗玻璃　2—后窗玻璃　3—后角窗玻璃
4—后侧窗玻璃　5—后门窗玻璃　6—前门窗玻璃　7—前角窗玻璃

　　根据玻璃的用途分为建筑玻璃、工业玻璃、光学玻璃等。其中工业玻璃又分为钢化玻璃、夹层玻璃、防爆玻璃、中空玻璃、防水玻璃和特种风窗玻璃。

　　（1）钢化玻璃　钢化玻璃是普通玻璃经过高温淬火处理的特种玻璃，即将普通玻璃加热到一定温度后，迅速冷却进行特殊钢化处理。其性能特点是具有很高的温度急变抵抗能力，强度也较高。

　　钢化玻璃在受到冲击破碎后，碎片小而无棱角，如图6-2a所示，不会造成人体伤害。但这种玻璃在破碎前会产生很多裂纹，由于光线的漫射作用，玻璃会变得模糊不清，如果是用于汽车玻璃，此时会造成驾驶员不能继续驾驶，易造成事故。所以，钢化玻璃仅作为汽车后窗玻璃和侧窗玻璃。

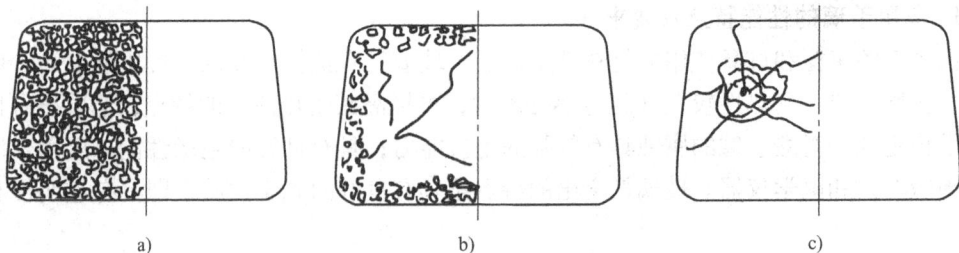

图6-2　性能不同的汽车车窗玻璃

a）钢化玻璃　b）局部钢化玻璃　c）夹层玻璃

　　钢化玻璃主要用于汽车、火车、船舶的门窗和汽车风窗玻璃等。

　　另外，还有局部钢化玻璃，即只对玻璃局部进行淬火，而在玻璃的中部不进行淬火。在玻璃受到冲击作用时，玻璃局部碎裂为细小的碎块，中部则破碎成大块，如图6-2b所示。局部钢化玻璃的这种特性，在临破碎之前能保持玻璃有一定的透明度，可使驾驶员受到较小的伤害，并使其有短暂的时间来进行应急处理。同样，局部钢化玻璃也可作为汽车后窗玻璃和侧窗玻璃。

（2）夹层玻璃　夹层玻璃又称安全玻璃。它是将两片以上的平板类玻璃用聚乙烯醇缩丁醛塑料衬片粘合而成，具有较高的强度。在受到破坏时，会产生辐射状或同心圆形裂纹，碎片不易脱落，且不影响透明度，不产生折光现象，如图6-2c所示。夹层玻璃常用于汽车的前窗玻璃。各国已制定有关法规，规定轿车的前窗必须安装夹层玻璃。

（3）防爆玻璃　这是一种特制玻璃，具有较大的抗冲击强度及透光性好、耐寒、耐热等特点。当遇到爆炸或弹击时，轻者玻璃可以完好无损，重者即使玻璃破裂，子弹亦不易穿透玻璃，玻璃碎片不会脱落伤人。主要用于各国首脑及其他重要人物所乘用防弹车的玻璃。

（4）中空玻璃　中空玻璃是用胶粘法将双层或多层平板玻璃粘接在一起，使玻璃之间形成中空的一种特殊玻璃。由于中间充以干燥的空气，因而具有隔音、隔热、保温、不结霜，不产生凝结水以及吸收紫外线的作用，在高档客车的侧窗上有着十分广泛的应用。

（5）防水玻璃　近年来开发的一种防水汽车玻璃，其表面上涂覆了一层化学耐久性优异的含氟薄膜。这种薄膜不会影响原来的颜色与光泽，有效使用寿命可达3～5年。在汽车行驶时，涂有这种薄膜的玻璃上落的水滴会在风压的作用下迅速滚落，车内的人像和物像不会映到风窗玻璃上而影响驾驶员的视线。

在夹层玻璃和钢化玻璃表面涂敷一层碱性的有机薄膜，可以制成防雾玻璃。因为，水在这种薄膜上可以均匀展开成膜，不会结露而成雾，寒冷地区的车辆使用这种玻璃十分必要。

（6）特种风窗玻璃　近年来，许多高档轿车采用热反射膜玻璃作为风窗玻璃，其表面涂有金属氧化物层，可以防止车内的热量向车外传递，以保持车内的温度。

此外，还有一些其他用途的玻璃。例如，天线玻璃是在玻璃夹层中装置导线，可以形成汽车内收音机、电视机、移动电话、卫星导航等需要的天线；除霜玻璃是在玻璃夹层中装置加热电阻丝，当玻璃表面结霜时，可以用电加热玻璃使霜融化，由于其操作方便，常被用作现代轿车的后窗玻璃；反光玻璃的表面涂有一层有反光特性的物质，用作汽车后窗玻璃时，当后面的车辆的车灯照在它上面时，即可反光，可以提高车辆的安全性。近年来，又开发应用一些新的车用玻璃品种，如在汽车上采用的新型电控液晶变色玻璃制成的"智能车窗"，能够自动调节光线的辐射和穿透强度，从而控制车内光线的柔和度。

汽车玻璃的颜色也在不断的改进之中。早期的汽车玻璃是无色透明的，具有良好的透光性，但直射入车内的阳光会使车内燥热，并加速车内饰件的老化。因此，在制造汽车玻璃时，加入微量元素，制成有颜色的玻璃。汽车玻璃常用茶色、褐色等可降低玻璃的透明度，吸收部分紫外线和红外线，并使车内具有一定的秘密性。当然，在玻璃上贴膜或镀膜也可以达到同样的效果。

二、玻璃产品的鉴别

车用玻璃上一般都有一些标志，有的只一个，有的则有好几个。不同的标志代表不同的含义，看懂这些标志便能鉴别玻璃的质量。一般来讲，国产车用玻璃上的标志可分为四大类：国家安全认证标志、国外认证标志、汽车生产厂标志、玻璃生产企业标志。

1. 国家安全认证标志

汽车用安全玻璃属国家强制认证产品，所以汽车上的每块玻璃都应有国家安全认证标志，也就是俗称的"方圆标志"，这是汽车玻璃上最常见也是最重要的标志。

2. 国外认证标志

如美国的"DOT"标志、欧洲 ECE 的"E"标志等，表示该产品也经过了这些国外认证机构的认证许可，并可以向国外出口。当然，有的企业获得国外认证仅仅是为说明其产品的质量具有"国标水准"。

3. 汽车生产厂标志

玻璃生产厂会应汽车生产厂的要求在玻璃上印制该汽车生产厂家的标志，如商标、公司名称等。

4. 玻璃生产企业标志

玻璃生产企业一般会在自己生产的玻璃上印制商标或公司简称，但也有例外情况，如一些无名小厂会放弃这样品牌宣传机会。

一般来说，只要有国家安全认证标志应该是可以使用的，但也要防范一些不法生产企业盗用国家安全认证标志，消费者最好在选购或使用中多加留心，选择那些标志齐全的玻璃为好。

三、车用玻璃新技术

近年来，车用玻璃技术已作为评价现代汽车技术的一个重要标志，20 世纪 90 年代开始，国外的汽车玻璃已向轻量化、绝热化、安全性和多功能方向发展。

1. 轻量化

日本自 1988 年开始已将汽车的前风窗玻璃全部实行夹层玻璃化。近年来，由于原材料玻璃的薄化和加工技术的进步，夹层玻璃已由两块 3mm 厚改为两块 2mm 厚的玻璃制成。

随着钢化玻璃技术的进步，汽车的侧面和后窗玻璃也由原来 4mm 厚减薄到 3.1mm。按排气量 1.8L 的标准轿车测算，玻璃轻量化后，每辆车的质量可减轻 11kg 左右。

2. 绝热化

现代汽车使用的玻璃面积已从原来的 5% 增加到 30%，并有逐渐增大的趋势，因而对玻璃的绝热性能提出更严格的要求。据测定，流入汽车玻璃的阳光热量一般要占阳光总热量的 55%。为了防止阳光热量流入，降低玻璃的透光率、提高反射率是十分必要的。但玻璃反射率过大又会造成过强的闪光感，会使驾驶员和乘客产生视觉疲劳。据实验测知，可见光区域的光线热量是难以隔绝的，而红外线区域的热反射较易隔绝，因此汽车上的所有玻璃如果都安装成隔绝红外线区域的热反射玻璃，那么轿车上的空调设备的负荷可减轻20% ~ 25%。

3. 提高安全性

国外已在有些高级轿车上使用不碎玻璃，这种玻璃十分坚固，经得起强力冲击，由于其内层还沾有一层聚乙烯醇缩丁醛塑料，即使玻璃打碎，碎片也不会落进轿车内，而且该玻璃还具有恢复原状的功能，大大提高了安全性。

4. 具有憎水性

通过涂膜制成憎水性玻璃，使汽车在行驶过程中，利用风压，将水珠从玻璃上吹掉，并且玻璃上的雾和沾污物也很容易擦洗掉。

5. 多功能化

近年来在英国的夹层安全玻璃公司研究室已成功开发出光电遮阳顶篷玻璃。这种玻璃的夹层中嵌有太阳能电池板，用它作顶篷后，当停车时能采集太阳能，为车内空气压缩机提供动力，以保持车内空气流动，同时还可以对轿车蓄电池进行充电。

台湾省中华汽车公司已研制成可调节车窗透明度的玻璃。主要就是在两层玻璃内涂饰一层液晶，如要改变车窗的透明度，只要按一个电钮，就可变成不同透明度的玻璃，犹如电脑荧屏上的亮度调节。

现在一些轿车外面设有拉杆天线供车载电话、电视或收音机使用，若在夹层玻璃中嵌入无线电电路或在玻璃表面镀一层透明导电膜，就能起到天线的作用，又可以去掉车外容易摆动的拉杆天线，消除因风吹天线而导致的风噪，车辆外形也变得美观流畅，清洗车身也更加方便。

总之，未来轿车的玻璃，不仅能对轿车起美化作用，而且是构成现代汽车性能所必备的部分。因此，车用玻璃向智能方向发展的步伐必将加快，前景更加美好。

四、玻璃的回收

我国的废玻璃回收率只有13%，大量的废玻璃还没有得到有效回收利用。欧洲发达国家实施的玻璃回收计划则显得卓有成效，其瓶罐玻璃回收量已超过900万 t/年。

回收玻璃的转型利用是指将回收的玻璃直接加工，将其转为其他有用材料的利用方法。这种利用方法分为两类，一种是非加热型，另一种是加热型。非加热型利用也称机械型利用，具体方法是根据使用情况直接粉碎，或先将回收的破旧玻璃经过清洗、分类、干燥等预先处理，再采用机械的方法将它们粉碎成小颗粒，或研磨加工成小玻璃球待用。加热型利用是将废玻璃捣碎后，用高温熔化炉将其熔化后，再用快速拉丝的方法制成玻璃纤维。这种玻璃纤维可广泛用于制取石棉瓦、玻璃缸及各种建材与日常用品。

国内外的各种研究机构和企业已经对废玻璃的回收利用做了大量的研究。其中废玻璃经粉碎、预成形、加热焙烧后，可做成各种建筑材料，如玻璃马赛克、玻璃饰面砖、玻璃质人造石材、泡沫玻璃、微晶玻璃、玻璃器皿、人造彩砂、玻璃微珠、彩色玻璃球、玻璃陶瓷制品、高温粘合剂等。

【单元小结】

陶瓷材料是指除金属材料和有机材料以外的所有固体材料，又称为无机非金属材料，是三大类固体材料之一。主要是因为它具有耐高温、耐磨损、耐腐蚀以及在电导等方面的特殊性能，可以改善汽车部件的运行特性。

1. 陶瓷材料种类繁多。按化学成分可分为氧化物陶瓷、碳化物陶瓷、氮化物陶瓷及其他化合物陶瓷；按性能特点或用途可分为传统陶瓷和特种陶瓷两大类。

2. 结构陶瓷广泛用于发动机、热交换器、汽油机点火系统的火花塞等零件的制造；功能陶瓷主要用于汽车电子系统零件的制造。

3. 玻璃是汽车上具有重要功能的外装件。汽车上使用的玻璃主要是车窗玻璃，对玻璃的透明性、耐候性、强度及安全性有很高的要求。

4. 根据玻璃在汽车上的安装位置不同，分为风窗玻璃、后窗玻璃、前角窗玻璃、前门窗玻璃、后门窗玻璃、后角窗玻璃和后侧窗玻璃等；根据玻璃的用途分为钢化玻璃、夹层玻璃、防爆玻璃、中空玻璃、防水玻璃和特种风窗玻璃。

【思考与练习】

1. 简述陶瓷材料的分类情况。
2. 举例说明几种常用结构陶瓷的性能特点及其应用。
3. 简述陶瓷材料存在的问题。
4. 根据用途不同，玻璃分为哪几类？
5. 简述汽车各部位常用玻璃的种类。
6. 国产车用玻璃上的标志分为哪几类？

第七单元 复合材料

【任务描述】

复合材料是指由两种或两种以上物理和化学性质不同的材料，经人工组合而成的多相固体材料。复合材料不仅综合了各组成材料的优点，而且获得了单一材料无法达到的优良综合力学性能，甚至某些性能超过了各组成材料性能的总和。本单元主要介绍复合材料的类型、性能特点及其在汽车上的应用等知识。

【学习目标】

1. 明确复合材料的概念及其类型。
2. 掌握常用复合材料的性能特点及用途。
3. 掌握汽车上常用复合材料。

课题一　复合材料的基础知识

金属、陶瓷、塑料、橡胶等单一材料各有其优点和不足，性能相对确定，并有比较合适的应用场合，而不能针对不同的应用要求，进行灵活的材料设计。而复合材料是由两种或两种以上物理、化学性质不同的物质经人工合成的材料，它不仅具有各组成材料的优点，还具有优越的综合性能。因此，可根据用户的不同需求进行灵活的材料性能设计。

一、复合材料的组成和性能特点

1. 复合材料的组成

复合材料一般由基体相和增强相组成。基体相是复合材料的主体，起形成几何形状和粘结作用；增强相分散分布在基体相中，起提高强度和韧性作用。

2. 复合材料的性能特点

与其他材料相比，复合材料具有很高的比强度和比模量，抗疲劳性能、破损安全性、减振性能、耐高温性能好，且具有独特的成型工艺。

（1）很高的比强度和比模量　复合材料的比强度（强度/密度）和比模量（弹性模量/密度）都比较大，例如碳纤维和环氧树脂组成的复合材料，其比强度是钢的七倍，比模量是钢的三倍。这个特点对实现汽车轻量化的目的尤为重要。

（2）良好的抗疲劳性能　复合材料的疲劳极限比较高。例如碳纤维-聚酯树脂复合材料的疲劳极限是拉伸强度值的 70% ~ 80%，而金属材料的疲劳极限只有强度值的 40% ~ 50%。图 7-1 所示为三种材料的疲劳性能的比较。

（3）破损安全性好　纤维增强复合材料在每平方厘米截面上有几千至几万根增强纤维（直径一般为 10 ~ 100μm），当其中一部分受载荷作用断裂后，应力迅速重新分布，载荷由未断裂的纤维承担起来，所以断裂安全性好。

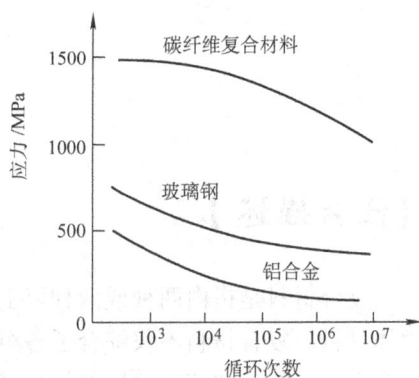

图 7-1　三种材料的疲劳性能的比较

（4）良好的减振性能　复合材料结构的自振频率除与结构本身的质量、形状有关外，还与材料的比模量的平方根成正比。材料的比模量越大，则其自振频率越高，可避免在工作状态下产生共振及由此引起的早期破坏。此外，即使结构已产生振动，由于复合材料的阻尼特性好（纤维与基体的界面吸振能力强），振动也会很快衰减。

（5）良好的耐高温性能　由于各种增强纤维一般在高温下仍可保持高的强度，所以用它们增强的复合材料的高温强度和弹性模量均较高，特别是金属基复合材料。例如 7075—76 铝合金，在 400℃ 时，弹性模量接近于零，强度值也从室温时的 500MPa 降至 30 ~ 50MPa。而碳纤维或硼纤维增强组成的复合材料，在 400℃ 时，强度和弹性模量可保持接近室温下的水平。碳纤维增强的镍基合金也有类似的情况。

（6）材料性能具有可设计性　复合材料的物理性能、化学性能、力学性能都可以通过合理选择原材料的种类、配比、加工方法和纤维含量等进行设计，由于基体、增强体材料种类很多，故其选材设计的自由度很大。

（7）独特的成型工艺　复合材料可整体成型，可以减少零部件紧固和接头数目，简化结构设计，减轻结构质量。在中等批量生产的车型中，用树脂基复合材料取代铝材可降低成本 40% 左右。

（8）其他性能特点　许多复合材料都有良好的化学稳定性、隔热性、烧蚀性以及特殊的电、光、磁等性能。

二、复合材料的分类

1. 按基体相类型分类

按基体材料的相类型可分为金属基复合材料、高分子基复合材料和陶瓷基复合材料。目前大量使用的是以高聚物材料为基体的复合材料。

2. 按增强相的物理形态分类

按增强相的物理形态可分为层叠复合材料、纤维增强复合材料、颗粒复合材料和短切纤维复合材料，如图7-2所示。

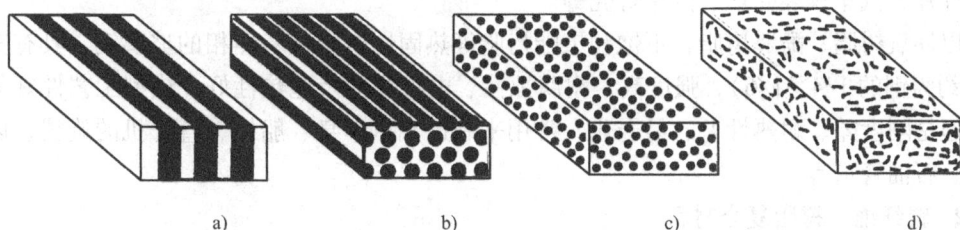

图7-2　不同增强相特征的复合材料

a) 层叠复合材料　b) 纤维增强材料　c) 颗粒复合材料　d) 短切纤维复合材料

（1）层叠复合材料　这类复合材料是由两层或两层以上不同材料复合而成的。如五合板、双金属滑动轴承等。

（2）纤维增强复合材料　纤维增强复合材料是以有机纤维、无机纤维等做增强相，复合于塑料、树脂、橡胶或金属等为基体相的材料中制成的。常用的有机纤维有尼龙纤维、芳伦纤维等；无机纤维有玻璃纤维、碳纤维、碳化硅纤维、硼纤维、金属纤维等。如轮胎、玻璃钢等就是纤维增强复合材料。

（3）颗粒复合材料　这类材料由一种或多种颗粒均匀分布在基体相内而制成。按其颗粒的化学性质不同分为金属颗粒和陶瓷颗粒。不同金属颗粒起着不同作用，如加入银粉、铜粉可使复合材料具有导电、导热性；加入 Fe_2O_3、磁粉后复合材料具有导磁性等。陶瓷颗粒金属基体复合材料具有强度高、硬度高，耐热性、耐磨性、耐腐蚀性好等特点。颗粒复合材料用来制造高速切削刀具、重载轴承、高温工作零件等，如硬质合金就是颗粒复合材料。

（4）短切纤维复合材料　由一种或多种不均匀的弥散状的颗粒分布在基体相内而制成。

课题二　复合材料在汽车上的应用

目前，汽车上常用的复合材料主要有以下几种类型：高分子基复合材料、金属基复合材料、陶瓷基复合材料等。

一、高分子基复合材料

高分子基复合材料常称为玻璃纤维增强复合材料。纤维增强复合材料是复合材料中发展最快、应用最广的一种材料。汽车上常用的高分子基复合材料主要有以下几种:

1. 玻璃纤维—树脂复合材料

这种复合材料是以玻璃纤维作为增强相,树脂作为基体相,俗称玻璃钢。

以尼龙、聚烯烃类、聚苯乙烯类等热塑性树脂为基体相制成的玻璃钢,同普通塑料相比,其抗拉强度、抗弯强度和疲劳强度均提高 2~3 倍以上,冲击韧度可提高 1~4 倍,蠕变抗力可提高 2~5 倍,达到或超过了某些金属性能。此复合材料可用来制造轴承、齿轮、空调叶片、汽车仪表壳罩、汽车灯壳等。

以环氧树脂、酚醛树脂、不饱和聚酯树脂等热固性树脂为基体相的玻璃钢,具有密度小(约为钢的 1/4~1/6),强度高,耐腐蚀性、电绝缘性及绝热性好,成型工艺性好等优点;但是刚度差、耐热性差、易老化。常用来制造汽车车身、船体、直升机的旋翼、风扇叶片、石油管道等。

2. 碳纤维—树脂复合材料

这种材料是以碳纤维及其制品为增强相,以环氧树脂、酚醛树脂、聚四氟乙烯树脂等为基体相结合而成的。它不仅保持了玻璃钢的众多优点,而且许多性能高于玻璃钢。其密度小于玻璃钢,强度和弹性模量超过铝合金,而接近于钢。此外,它具有优良的耐磨性、减摩性及自润性、耐蚀性、耐热性等。因此,常用来制造承载件和耐磨件,如连杆、齿轮、轴承、机架、人造卫星天线构架等。

碳纤维增强材料将是汽车工业大量使用的增强材料。目前发展趋势要求汽车耗油量逐年减少、汽车轻量化、发动机高效化、车型阻力小等方面,都要求有质轻和一材多用的轻型结构材料,碳纤维增强材料是最理想的选择。它的主要应用有:发动机系统中的推杆、连杆、摇杆、水泵叶轮,传动系统中的传动轴、离合器片、加速装置及其罩等,底盘系统中的悬置件、弹簧片、框架、散热器等,车体上的车顶内外衬、地板、侧门等。常用纤维增强复合材料种类、特性和应用见表 7-1。

表 7-1　常用纤维增强复合材料种类、特性和应用

纤维种类	基体	特　性	用　途
聚芳酰胺纤维(芳纶纤维)	合成树脂	韧性好,弹性模量高,密度低;但耐压强度及弯曲疲劳强度较差	可制造雷达天线罩、高强度绳索(如降落伞)、高压防腐蚀容器、游艇的船体等
玻璃纤维	合成树脂	有优良的抗拉、抗弯、抗压及蠕变性能,耐冲击性、电绝缘性好	可制作耐磨的机械零件、密封件、仪器仪表零件、管道、泵阀、汽车船舶壳体以及建筑结构、飞机制造等
碳纤维	合成树脂陶瓷金属	密度小,强度和弹性模量高,耐磨,自润滑性好,热膨胀系数小,可经受剧烈的加热或冷却,且可耐 2000℃ 以上的高温	在航天、航空、原子能工业中用作燃气轮叶片、发动机体叶片、发动机体、轴瓦、齿轮、卫星结构,还可作人工关节
硼纤维	合成树脂	有极高的强度和高温稳定性	可制作涡轮叶片
石棉纤维	合成树脂	耐热、耐酸、耐磨、吸湿性小、绝缘性好	可制作密封件、制动件及作为绝热材料

目前，汽车上应用的玻璃纤维增强复合材料包括玻璃纤维增强热塑性材料、玻璃纤维毡增强热塑性材料（GMT）、片状模塑材料（SMC）、树脂传递模塑材料（RTM）等。

为了改善塑性材料的性能，高分子树脂的填料研究工作进展十分迅速。由于增强材料和填充材料品种繁多，因此，将使用玻纤当作增强材料的材料称为玻璃纤维增强塑料。由于玻纤的加入，大大地改善了塑料的物理力学性能，通用塑料经过增强后，也能作为工程材料来应用。对于某些工程塑料，通过增强，扩展了作为结构材料应用领域的深度和广度。目前，汽车上使用的玻纤增强塑料主要有玻纤增强 PP、玻纤增强 PA66 或 PA6 以及少量 PBT、PPO 材料。

增强 PP 主要用于制作发动机冷却风扇叶片和正时齿带上下罩盖等制品，但有些制品存在外观质量不好、翘曲等缺欠，所以，非功能件逐渐被滑石粉填充 PP 所替代。增强 PA 材料在轿车、厢式车及载货车上都已采用，一般都是用于制作一些小的功能件。例如，锁体防护罩、保险楔块、嵌装螺母、节气门踏板、换挡上下护架的防护罩和开启手柄等。

玻璃纤维毡增强热塑性复合材料（GMT），是目前国际上极为活跃的复合材料开发品种。这是一种以热塑性树脂为基体，以玻璃纤维毡为增强骨架的新颖、节能、轻质的复合材料。一般可以生产出片材半成品，然后直接加工成所需形状的产品。纤维可以是短切玻璃纤维或连续的玻璃纤维毡，热塑性树脂可以是通用塑料、工程塑料或高性能塑料。该种材料主要用于生产多功能支架、仪表板托架、座椅骨架、发动机护板、蓄电池托架等。

片状模塑料（SMC，用空心玻璃微珠做填料）是一种较重要、用途广的模压复合材料制品的半成品。与钢制汽车零件相比，SMC 生产周期短，便于汽车改型，投资效益好；质量较轻，节约燃油；设计自由；制件的整体性好，零件的数量很少；耐用性和隔热性好。但是 SMC 不可回收，污染环境；虽然性能价格比较好，但一次性投资往往高于对应的钢制件。如福特金牛座和水星黑貂轿车的前围里的下散热器托架，原钢制的有 22 个零件，而 SMC 的才 2 件，质量大减，成本降低 14%。

尽管许多汽车厂，在生产汽车车身时都已改用由玻璃纤维为增强材料来替代相对笨重的金属，但是玻璃纤维是由熔融玻璃制成的纤维，它在高温融化后非常容易重新凝固，这给废旧汽车回收处理带来了很大困难。

二、金属基复合材料

金属基复合材料的基体大多采用铝、铜、铝合金、铜合金、镁合金和镍合金。增强材料一般为纤维状、颗粒状和晶须状的碳化硅、硼、氧化铝和碳纤维。该种材料要求具有高的强度和弹性模量（抵抗变形及断裂），高耐磨性（防止表面损伤）与化学稳定性（防止与空气和基体发生化学反应）。

汽车工业上，应用碳化硅颗粒铝合金基复合材料发展最快。它的强度比中碳钢好，比铝合金略高，与钛合金相近，其耐磨性也比钛合金、铝合金好，密度只有钢的 1/3，与铝相近。汽车上用来制作汽车活塞、制动部件等。

另外，纤维增强金属基复合材料（FRM），是利用纤维的特性制造轻质结构材料的成功例子。常用的纤维（或晶须）有 SiC、B、Al_2O_3 和 C 等。与 FRP 相比，FRM 在耐高温和力学性能等方面有一定的优势，用这种材料制造的活塞环可使质量减轻。

三、陶瓷基复合材料

陶瓷具有耐高温、抗氧化、高弹性模量和高抗压强度等优点。但由于脆性大经不起冲击，因而限制了陶瓷的使用。20 世纪 80 年代以来，通过在陶瓷材料中加入颗粒、晶须及纤维等得到的陶瓷基复合材料，使陶瓷的韧性大大提高。

陶瓷基复合材料具有高强度、高模量、低密度、耐高温、高耐磨性和良好的韧性等特点，目前已用在高速切削工具和内燃机部件上。若汽车发动机部件乃至整机，用陶瓷材料可以提高热效率、无需水冷，而且比硬质合金的质量轻得多，是目前汽车工业研究的重点。

【单元小结】

复合材料是由两种或两种以上不同物质以不同方式组合而成的材料，它可以发挥各种材料的优点，克服单一材料的缺陷，扩大材料的应用范围。由于复合材料具有质量轻、强度高、加工成型方便、弹性优良、耐化学腐蚀和耐候性好等特点，已被广泛应用于航空航天、汽车、电子电气、建筑、机械等领域。

1. 复合材料一般由基体相和增强相组成。

2. 复合材料的主要性能特点是具有很高的比强度和比模量，抗疲劳性能、破损安全性、减振性能、耐高温性能好，且具有独特的成型工艺。

3. 按基体材料的类型可分为金属基复合材料、高分子基复合材料和陶瓷基复合材料。按增强相的物理形态可分为层叠复合材料、纤维增强复合材料、颗粒复合材料和短切纤维复合材料。

【思考与练习】

1. 什么叫复合材料？复合材料一般由哪几部分组成？
2. 与其他材料相比，复合材料具有哪些性能特点？
3. 简述复合材料的分类方法。
4. 汽车上常用的复合材料主要有哪几种类型？

第八单元 摩擦材料

【任务描述】

在制动装置中，利用摩擦材料的摩擦性能，将传动的动能转化为热能及其他形式的能量，从而使传动装置制动。本单元主要介绍摩擦材料的类型、性能及其在汽车上的应用等知识。

【学习目标】

1. 明确摩擦材料的概念及其类型。
2. 掌握常用摩擦材料的性能。
3. 掌握汽车上常用的摩擦材料。

课题一　摩擦材料的基础知识

摩擦材料是广泛用于各种交通运输工具（如汽车、火车、飞机、舰船等）和各种机器设备的制动器、离合器及摩擦传动装置中的制动材料。

一、摩擦材料的分类

1. 按摩擦特性分

按摩擦特性分为低摩擦因数材料及高摩擦因数材料。低摩擦因数材料，又称减摩材料或润滑材料，其作用是减少机械运动中的动力消耗，降低机械部件磨损，延长使用寿命。

本课题所述对象是高摩擦因数材料，简称摩擦材料，又称摩阻材料。

2. 按工作功能分

按工作功能分为传动摩擦材料和制动摩擦材料。传动摩擦材料是通过离合器总成中离合器摩擦面片的贴合与分离将发动机产生的动力传递到驱动轮上，使车辆开始行走，如传动作用的离合器片。制动摩擦材料是通过车辆制动机构，将摩擦片紧贴在制动盘上，使行驶中的车辆减速或停下来，如制动作用的摩擦片。

3. 按产品材质分

按材质的不同，摩擦材料又可分为石棉摩擦材料和无石棉摩擦材料两大类。

石棉摩擦材料主要有石棉纤维摩擦材料、石棉线质摩擦材料、石棉布质摩擦材料、石棉编织摩擦材料。

无石棉摩擦材料又可分为金属基摩擦材料、半金属摩擦材料、粉末冶金摩擦材料、碳纤维摩擦材料、陶瓷纤维摩擦材料等。

二、摩擦材料的组成和性能要求

1. 车用摩擦材料的组成

汽车用摩擦材料，主要由增强材料、粘结材料及填充材料等组成。

（1）增强材料　增强材料是摩擦材料的一个重要组成部分，纤维的选用对摩擦材料的摩擦、磨损性能有着重要的影响，增强材料主要有石棉、钢纤维、玻璃纤维、碳纤维、有机纤维和混杂纤维等。

（2）粘结剂　选择粘结剂首先要考虑热性能，此外还要求其结构强度高、模量低、贴合性好、分解温度高、分解物少、分解速度慢及分解残留物有一定的摩擦性能等。早期使用的主要是橡胶型粘结剂。橡胶因耐热性差且磨损大，已逐渐被酚醛树脂取代或与树脂混合。目前，国外大都采用改性树脂。

（3）填充材料　填补材料是摩擦材料中不可缺少的组分，其在摩擦材料中主要起改善材料的物理与力学性能，调节摩擦性能及降低成本的作用，可分为有机、无机和金属三种材料。

目前，填料常用重晶石、硅灰石、氧化铝、铬铁矿粉、氧化铁、铜、铅等粉末。

2. 车用摩擦材料的性能要求

用于制动摩擦片和离合器片的摩擦材料有着严格的性能要求。这类摩擦元件的主要功能是将动能转变成热量，然后热量被吸收或散发掉，同时通过摩擦降低摩擦材料和被它贴合的部件之间的相对运动。为了达到这些目的，对汽车用摩擦材料提出以下要求。

（1）有足够高而稳定的摩擦因数　摩擦因数是摩擦材料最重要的技术指标之一，通常它不是一个常数，而是受温度、压力、速度或者表面状态、摩擦环境等影响而变化。理想情况下，摩擦因数应该是受这些因素的影响变化较小的材料。

（2）有良好的耐磨性　这是衡量摩擦材料使用寿命的重要指标，而且对相应耦合件的磨损也较小。

（3）具有良好的导热性　要有较大的热容量和一定的高温力学强度。

（4）有较好的物理和力学性能　除满足摩擦材料在加工过程中的要求之外，还要满足在使用中的强度要求，以保持良好的使用性能，对汽车离合器摩擦片还要有较好的抗回转破坏强度，同时随温度变化要小。通常包含的指标是冲击韧度、抗压强度、抗剪强度、导热系数、耐热性等。

（5）不产生过大的噪声　汽车制动噪声的产生因素很复杂，一般就摩擦材料而言，低模量、低摩擦因数，则不易产生过重的噪声。

（6）资源丰富　原材料来源应充足，制造工艺比较简单、造价较低。

课题二　摩擦材料在汽车上的应用

在汽车上，摩擦材料主要用于制动摩擦片、离合器摩擦片、驻车制动摩擦片等。这些产品在汽车中用量不是很大，但在汽车用材中占有特殊重要的地位。在 20 世纪 70 年代中期以前，汽车制动系统多为四轮毂式，制动摩擦片几乎都用石棉基摩擦材料，只有那些超重型车辆采用金属基摩擦材料。由于石棉基摩擦材料的热衰退性大且又是强致癌物质，自 20 世纪 80 年代中期以后，随着现代社会对环保与安全的要求越来越高，世界汽车工业发达国家迅速开展了非石棉基摩擦材料的研究与开发。目前汽车上应用的摩擦材料主要有以下几种：

一、金属基摩擦材料

金属基摩擦材料可分为熔铸金属和传统粉末冶金摩擦材料。

熔铸金属使用金属偶件，诸如钢-钢，铸铁-钢，青铜-铜等。因其摩擦因数随着温度及滑动速度的升高而明显下降，在高温时又易出现粘结，在湿式工况下摩擦因数过低，故逐渐已被其他摩擦材料所代替。

传统粉末冶金摩擦材料主要有铜基和铁基两类。它以金属粉末（铜粉、铁粉）为基体，添加减摩剂及增摩剂，经均匀混合、压制成形及烧结而成。由于它的使用寿命长和工作可靠性高，多在一些重型货车和坡多路陡的山区行驶车辆上使用。

二、非金属基非石棉摩擦材料

非金属基非石棉摩擦材料是采用改性的高温树脂及橡胶作粘结剂，将纤维质增强材料与增摩剂（如金属氧化物、石英粉、橡胶粉等）和减摩剂（如 Pb、Sn、Cu、MoS_2、$BaSO_4$ 等），经配料混合后，通过压制成型或热压及固化而成。采用其他纤维代替石棉，其增强纤维有天然的、合成的（现应用较多的是玻璃纤维）和经表面处理的有机纤维等。粘结剂的质量对其性能影响很大。现已从过去的天然橡胶、合成橡胶、亚麻油及改性酚醛树脂发展到三聚氯胺、腰果壳油、丁苯改性酚醛树脂等。

三、半金属基摩擦材料

半金属基摩擦材料是在有机摩擦材料与常规粉末冶金摩擦材料的基础上发展起来的一

种新型的非石棉摩擦材料。其主要优点是耐磨性和耐热衰退性良好，在400℃以下时摩擦因数非常稳定，且制动噪声低；但其生产成本稍高，材料密度稍大。半金属基摩擦材料的主要组分的质量分数为：铁、铜及其合金的纤维和粉末占40% ~70%，粘结剂（酚醛系列树脂）占5% ~15%，石墨粉等减摩剂占10% ~20%，其余为橡胶粉、腰果壳油等增摩剂。目前采用的复合纤维有钢纤维与铜纤维、钢纤维与碳纤维、钢纤维与玻璃纤维、铜纤维与碳纤维等。适当提高铁粉的碳的质量分数为0.5% ~10%，可克服石墨含量过高所造成的低温摩擦因数下降和高温摩擦加剧的缺点。

四、汽车摩擦材料的发展趋势

现在全球高度重视安全与环境保护。众所周知，石棉可能导致肺癌，早在1986年，摩擦材料中的石棉已经开始被其他材料所替代。最近的环境研究表明，重金属对环境构成极大的危害。欧盟为此已采取措施禁止或严格限制汽车中使用重金属。前不久瑞典的一项研究指出，摩擦材料是环境铜污染最大的祸首之一，尽管与汽车的其他铜部件相比所含的铜质量较低，但制动片却产生了环境中30%的铜污染。现在各大汽车以及摩擦材料厂商正在开发新型不使用铜、铅以及锑等环保材料的汽车摩擦材料。

【单元小结】

摩擦材料是广泛用于各种交通运输工具和机器设备的制动器、离合器及摩擦传动装置中的制动材料。

1. 摩擦材料按摩擦特性分为低摩擦因数材料及高摩擦因数材料；按工作功能分为传动摩擦材料和制动摩擦材料；按材质的不同分为石棉摩擦材料和无石棉摩擦材料。

2. 汽车上的摩擦材料主要用于制动摩擦片、离合器摩擦片、驻车制动摩擦片等。

【思考与练习】

1. 按产品材质分，摩擦材料可分为几大类？其中无石棉摩擦材料的分类情况如何？
2. 摩擦材料是由哪些部分组成的？
3. 车用摩擦材料有哪些性能要求？
4. 汽车上应用的摩擦材料有哪几种？

第三模块
汽车运行材料

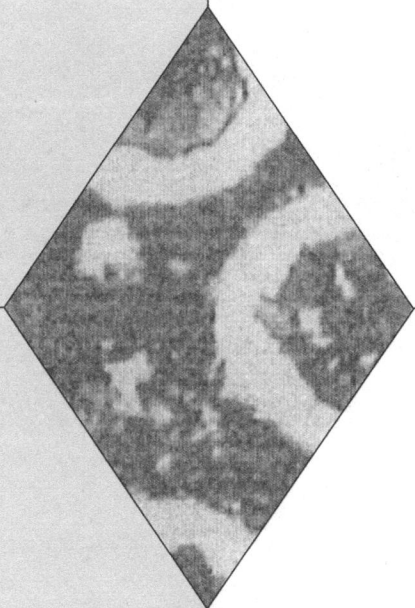

汽车运行材料是指汽车运行过程中，使用周期较短，需要不断补充、更新的消耗性材料。它是汽车运行的重要组成部分，对汽车的使用性能具有较大的影响。它直接关系到汽车动力性能的可靠性、安全性、舒适性、耐久性，汽车运行的经济性及能源与环保性能。汽车运行材料主要包括汽车使用的燃料、润滑油料、车用工作液、轮胎等。

第九单元

汽车用燃料

【任务描述】

燃料是指能够将自身储存的化学能通过化学反应（燃烧）转变为热能的物质。燃料的种类繁多，车用燃料主要包括车用汽油、车用柴油、车用环保燃料（如甲醇、乙醇、天然气、氢气、石油气等）。它直接影响汽车的动力性、排放性能和经济性能。本单元主要学习车用燃料的类型、使用性能及评价指标。

【学习目标】

1. 掌握汽油、柴油的使用性能、牌号及其选用，使用时应注意的事项。
2. 熟悉各种汽车环保燃料的类型及性能特点。
3. 了解未来汽车燃料的发展方向。

课题一　汽油机燃料

汽油机的主要燃料是汽油，汽油是从石油提炼而得到的密度小、易于挥发的液体燃料、自燃点为 415～530℃。

目前汽油机常用的燃料有车用无铅汽油、车用乙醇汽油、车用压缩天然气和车用液化石油气等。

一、汽油的使用性能及评价指标

汽油机在工作时，汽油应能在很短的时间内形成良好的可燃混合气，保证汽油机能在各种条件下可靠起动、平稳运转、正常燃烧。所以，汽油性能的好坏对内燃机的动力性、经济性、可靠性和使用寿命有很大的影响。

评价车用汽油的主要性能指标有蒸发性、抗爆性、氧化安定性、腐蚀性和清洁性等。

1. 蒸发性及其评价指标

（1）蒸发性　汽油的蒸发性是指汽油从液态转化为气态的能力。

在汽油机的工作过程中，汽油不能直接燃烧，需要与一定比例的空气混合雾化后进入气缸燃烧，使汽油机产生动力，连续完成进气、压缩、做功和排气的工作循环，这就要求燃料供给系统必须在一个工作循环（约 $0.02 \sim 0.04\text{s}$）内形成均匀的可燃混合气。因此，汽油的蒸发性影响着燃料的雾化质量。

（2）蒸发性对发动机工作的影响　蒸发性好，发动机在低温、冷车情况下起动性能好，燃烧迅速、加速能力强、功率大；蒸发性差，雾化不良，将有部分汽油以液态进入气缸，使可燃混合气品质变坏，不易着火，发动机起动困难、功率下降、油耗增加，有害气体排放增大，气缸磨损加剧。蒸发性过强，会使燃油系统产生"气阻"，即在油管中形成气泡，使供油中断，并且造成汽油在保管和使用中的蒸发损失增大。

（3）汽油蒸发性的评价指标　通常用馏程和饱和蒸气压来衡量汽油的蒸发性。

1）馏程　馏程是指定量油品在规定条件下蒸馏时，从初馏点到终馏点的温度范围。汽油馏程以初馏点、10% 馏出温度、50% 馏出温度、90% 馏出温度、终馏点和残留量来表示。

初馏点是指对 100mL 汽油在规定条件下蒸馏时，从冷凝管流出第一滴油时的温度。

10% 馏出温度指对 100mL 汽油在规定条件下蒸馏时，得到 10mL 汽油馏分时的温度。它表示汽油中含轻质馏分的多少。10% 馏出温度越低，说明汽油中轻质馏分越多，挥发性越好，发动机易在低温下起动，起动时间短、耗油少。国家有关标准规定各牌号汽油的 10% 馏出温度不高于 70℃。但 10% 馏出温度过低，在夏季易产生"气阻"，使汽油机功率下降，甚至供油中断。一般认为 10% 馏出温度为 $60 \sim 65\text{℃}$。

50% 馏出温度指对 100mL 汽油在规定条件下蒸馏时，得到 50mL 汽油馏分时的温度。它表示了汽油的平均蒸发性。该温度低，汽油容易蒸发成气体，发动机冷起动性、加速性和运行稳定性好；反之，发动机冷起动性、加速性会变差，加速时，供油量突然剧增，使汽油来不及蒸发，燃烧不完全。所以，国家标准规定 50% 馏出温度不高于 120℃。

90% 馏出温度指对 100mL 汽油在规定条件下蒸馏时，得到 90mL 汽油馏分时的温度。它表示汽油中含重质成分的多少。该温度越高，汽油的挥发性就越差，在燃烧过程中易产生燃烧不完全、冒黑烟的现象，耗油量多，对气缸的磨损加剧。因此，国家标准规定各牌号汽油的 90% 馏出温度不能高于 190℃。

终馏点指对 100mL 汽油在规定条件下蒸馏时，蒸馏结束时的温度，也叫干点。它的影响与 90% 馏出温度一样，国家标准规定各牌号汽油的终馏点不能高于 205℃。

残留量指对 100mL 汽油在规定条件下蒸馏结束后，残留物质的体积分数，即汽油中最不易蒸发的重质成分和储存过程中生成的氧化胶状物的含量。残留量过多，会影响汽油机的正常工作。因此，对残留量要严格限制。国家标准规定，车用汽油的残留量应不大于 1.5% ~ 2%。

2）饱和蒸气压　饱和蒸气压是指汽油在标准状态下的液、气两相达到平衡时的汽油蒸气压强。汽油饱和蒸气压高，说明含轻质成分多，挥发性、起动性好，但产生"气阻"的倾向大，在储存中的蒸发损耗大。所以，国家汽油质量指标规定，饱和蒸气压不大于 67kPa。

2. 抗爆性及其评价指标

（1）抗爆性　汽油在发动机气缸内燃烧时，抵抗爆燃燃烧的能力称为抗爆性。

汽油发动机工作时，可燃混合气在发动机气缸内被电火花点燃后，火焰中心从火花塞附近形成焰峰以 20 ~ 50 m/s 速度传播，逐渐向火焰前方的未燃混合气平稳推进，压力、温度上升都很均匀。这样的燃烧过程称为正常燃烧。正常燃烧不仅使发动机的动力性得到充分发挥，而且运转平稳柔和。

但汽油发动机在某些因素的影响下，会产生不正常的燃烧，即当可燃混合气在缸内被点燃后，一部分未燃混合气因受到正常火焰焰面的压缩和热辐射作用，温度、压力急剧升高，化学反应加剧，在正常火焰焰面尚未到达之前，这部分未燃混合气就已自行燃烧，形成多个新的火焰中心，火焰传播速度剧增至 1500 ~ 2500m/s，从而使缸内压力骤然上升，产生强烈的冲击波，撞击气缸壁和活塞，同时发出清脆的金属敲击声，引起发动机振动，这种现象称为爆燃燃烧。

产生爆燃燃烧的因素很多，主要有燃料的质量、发动机的压缩比以及燃烧室的结构形式等。抗爆性好的汽油不易产生爆燃燃烧，可用于压缩比较高的发动机，以提高其动力性和经济性。

（2）抗爆性的评价指标　评价汽油抗爆性的指标用"辛烷值"和"抗爆指数"表示。

1）辛烷值　汽油辛烷值是指在规定对比测试条件下，采用和被测汽油具有相同抗爆性能的异辛烷与正庚烷所组成的标准燃料中，异辛烷所占的体积百分数表示。

具体测试方法如下：取异辛烷和正庚烷作标准液，异辛烷抗爆性好，定其辛烷值为 100 单位，而正庚烷抗爆性很差，定其辛烷值为 0 单位。把这两种标准液按不同体积比混合，可得到各种不同抗爆性的标准混合液（标准燃料）。在一定的测试条件下，用这些不同比例的标准混合液与被测汽油作对比试验，当其中某一比例标准混合液的抗爆强度正好与被测汽油的抗爆强度相同时，这一标准混合液中异辛烷所占的体积百分数即为被测汽油的辛烷值。如 90 号汽油的辛烷值为 90 单位，它的抗爆性与含 90% 异辛烷的标准混合液相同。辛烷值越高，汽油的抗爆性越好。

汽油辛烷值的测定方法有马达法（MON）和研究法（RON），分别得到马达法辛烷值和研究法辛烷值。由于两者测试条件不同，研究法比马达法测定的辛烷值高 6 ~ 10 个单位。这一差值称为汽油的灵敏度，可用来反映汽油抗爆性随运转工况激烈程度的增加而降低的情况，汽油的灵敏度越小越好。

2）抗爆指数　为反映汽油的灵敏度，有些汽油规格标准采用了抗爆指数这一指标，它可以较为真实地反映汽油在汽车实际使用中的抗爆性，因此又称为实际辛烷值。它是同种汽油研究法辛烷值与马达法辛烷值的平均数。即

$$抗爆指数 = \frac{MON + RON}{2}$$

抗爆指数表示了在一般条件下汽油的平均抗爆性能。我国过去一直用马达法辛烷值划分汽油的牌号，目前车用汽油的规格均采用研究法辛烷值来划分牌号。

（3）汽油的牌号　目前，我国车用汽油均采用无铅汽油，车用无铅汽油不添加着色燃料。汽油标准执行的是 GB 17930—2006《车用汽油》，我国生产的无铅汽油有 90 号、93 号、97 号三个牌号。牌号越高，其抗爆性越好，适用于高压缩比的发动机使用。90 号、93 号、97 号车用汽油的质量标准及试验方法见表 9-1。

表 9-1　车用汽油质量标准及试验方法（GB 17930—2006）

项　　目		质量指标			试验方法
		90 号	93 号	97 号	
抗爆性：					
研究法辛烷值（RON）	不小于	90	93	97	GB/T 5487—1995
抗爆指数（RON + MON）/2	不小于	85	88	报告	GB/T 503—1995、GB/T 5487—1995
铅含量/（g/L）	不大于	0.005			GB/T 8020—1987
馏程：					GB/T 6536
10% 蒸发温度/℃	不高于	70			
50% 蒸发温度/℃	不高于	120			
90% 蒸发温度/℃	不高于	190			
终馏点/℃	不高于	205			
残留量（%）（体积分数）	不大于	2			
蒸汽压/kPa					GB/T 8017—1987
11 月 1 日至 4 月 30 日	不大于	88			
5 月 1 日至 10 月 31 日	不大于	74			
实际胶质/（mg/100mL）	不大于	5			GB/T 8019—2008
诱导期/min	不小于	480			GB/T 8018—1987
硫含量（%）（质量分数）	不大于	0.05			GB/T 380—1977
硫醇（需满足下列要求之一）					
博士试验		通过			SH/T 0174—1992（2000）
硫醇硫含量（%）（质量分数）	不大于	0.001			GB/T 1792—1988
铜片腐蚀（50℃，3h）/级	不大于	1			GB/T 5096—1985
水溶性酸或碱		无			GB/T 259—1988
机械杂质及水分		无			目测
苯含量（%）（体积分数）	不大于	2.5			SH/T 0713—2002、SH/T 0693—2000
芳烃含量（%）（体积分数）	不大于	40			GB/T 11132—2008
烯烃含量（%）（体积分数）	不大于	35			GB/T 11132—2008

（4）提高辛烷值的途径　由于汽油的抗爆性对发动机工作影响很大，所以如何提高汽油辛烷值一直是人们研究的课题，目前主要有以下三种：

1）采用先进的汽油炼制工艺，如催化裂化、加氢裂化和催化重整等工艺，生产高辛烷值的汽油。

2）在汽油中加入抗爆添加剂。

3）在汽油中调入高辛烷值改善组分，常用的有甲基叔丁醚（MTBE）等含氧化合物，把它调入汽油中，不仅提高了汽油的辛烷值，而且提高了汽油的抗爆性，可改善发动机的低温起动性和加速性，降低有害物质排放等优点。

3. 氧化安定性及其评价指标

（1）氧化安定性　汽油的氧化安定性指汽油在贮存使用过程中抵抗氧化生胶的能力。

由于受到空气中的氧气，以及光线、温度的影响，安定性差的汽油容易发生氧化反应，生成酸性物质和胶状物质，使颜色变深、酸值增加、辛烷值降低。使用这种汽油，易造成燃油供给系阻塞，气阀关闭不严，积炭增加，气缸散热不良和引起爆燃燃烧等。因此汽油必须具有良好的氧化安定性。

（2）氧化安定性的评价指标　评价汽油氧化安定性的指标有：实际胶质和诱导期。

1）实际胶质。指在规定条件下测得的发动机燃料蒸发后的残留物，用100mL试样中所含残留物质量（单位：mg）表示。它主要用于判断汽油生成胶质的倾向。国标规定车用汽油的实际胶质不大于5mg/100mL。

2）诱导期。指在规定的加速氧化条件下，油品处于稳定状态所经历的时间周期，其单位为min。它用于判断汽油氧化变质的倾向，诱导期越长，汽油越不易被氧化。国标要求车用汽油的诱导期不小于480min。

为了提高汽油的氧化安定性，除在石油炼制时采用催化重整和加氢精制等精炼工艺外，通常在汽油中加入抗氧防胶剂和金属钝化剂。

4. 腐蚀性及其评价指标

（1）腐蚀性　汽油的腐蚀性是指汽油阻止其接触的金属被腐蚀的能力。

汽油在贮存、使用过程中，不可避免地要与各种金属接触，这就要求汽油对机件不应有腐蚀性。汽油中的各种烃类物质本身不腐蚀金属，引起金属腐蚀的物质是汽油中的硫及硫化物、有机酸和水溶性酸或碱等物质。

（2）腐蚀性的评价指标　评价汽油腐蚀性的指标有以下几个方面：

1）含硫量。表示油品中硫及其衍生物的含量，用质量分数表示。汽油中的硫经燃烧后可生成硫的氧化物，遇水即形成亚硫酸和硫酸，对金属有强烈的腐蚀作用，而且一旦流入曲轴箱还会使润滑油过早老化变质。为此，国标规定车用汽油的硫含量不大于0.05%（质量分数），并可用铜片腐蚀试验来测定。

2）硫醇硫含量。汽油中的硫醇和硫化氢属活性硫化物，它与元素硫一样对金属有强烈的腐蚀作用，其中硫醇还会促进胶质生成，影响汽油的氧化安定性，因此应严格控制。国标规定车用汽油的硫醇硫含量不大于0.001%（质量分数）。燃料中的硫醇硫含量通常采用博士试验法测定。

3）酸度。酸度是指中和100mL油品中的酸性物质所需要的氢氧化钾的质量（单位：mg），以 mgKOH/100mL 表示。它用于确定油品中有机酸的总含量，国标规定车用汽油的酸度不大于3mgKOH/100mL。

4）水溶性酸或碱。用于判断油品中有无存在无机酸、低分子有机酸或水溶性氢氧化物，这些物质是石油冶炼过程残留下来的，有很强的腐蚀性，因此国标规定车用汽油中不允许这些物质存在。通常采用酸碱指示剂或用酸度剂测定。

5. 汽油的清洁性及其评价指标

（1）清洁性　汽油的清洁性是指汽油是否含有机械杂质或水分。

炼油厂炼制的成品汽油是不含有机械杂质和水分的，但在运输、灌注、贮存和使用过程中，机械杂质（锈、灰尘、各种氧化物等）和水分会混入汽油中。机械杂质会加速化油器量孔和喷油嘴的磨损，或堵塞量孔、喷油嘴和汽油滤清器。机械杂质进入燃烧室，又会使燃烧室积炭增多，引起气缸、活塞和活塞环的加速磨损。水分在低温下易结冰，会堵塞油路，同时还能促进汽油的氧化，加速腐蚀作用。所以车用汽油中应严格控制机械杂质和水分的混入。

（2）清洁性的评价指标　评价汽油清洁性的指标是机械杂质和水分，按 GB/T 511—2010《石油和石油产品及添加剂机械杂质测定法》和 GB/T 260—1977《石油产品水分测定法》进行。简易的判断方法是将汽油注入清洁干燥的100mL量筒中沉淀 12～18h。若油色透明并且没有悬浮物和沉淀物以及水分，则认为合格。

二、车用汽油的正确选用

选择汽油的牌号就是选汽油的辛烷值，选择过高牌号的汽油，会增加费用；选择过低的牌号，则会使汽车发动机产生爆燃，影响动力性和经济性，严重时还会使汽油机损坏。因此，选择汽油牌号时应注意以下几点：

1. 根据汽车使用说明书的要求选择

选择时应注意说明书上要求的辛烷值是研究法辛烷值还是马达法辛烷值。

2. 根据汽车发动机压缩比选择

压缩比高的发动机应选用牌号高的汽油；压缩比低的发动机应选用牌号低的汽油。如果选用不当，压缩比高的发动机使用低辛烷值的汽油，则易引起爆燃，使功率下降、耗油量增加；反之，压缩比低的发动机如使用辛烷值高的汽油，则会造成不必要的浪费。

车用汽油的基本选用原则是：压缩比在 8.0 以下的发动机，应选用 90 号车用汽油；压缩比在 8.0～8.5 之间的发动机，应选用 93 号车用汽油；压缩比在 8.5～9.5 之间的发动机，应选用 93 号、95 号车用汽油；压缩比在 9.5～10.5 之间的发动机，应选用 97 号、98 号车用汽油。

3. 根据使用条件选择

高原地区大气压力小，空气稀薄，汽油机工作时爆燃倾向减小，可以适当降低汽油的辛烷值。一般海拔每上升100m，汽油辛烷值可降低约 0.1 个单位。经常在大负荷、低转速下工作的汽油机，应选择辛烷值较高的汽油。

4. 根据使用时间调整汽油牌号

发动机使用时间较长后，由于燃烧室积炭、钢套积垢等会使发动机压力增加，此时，再使用原牌号汽油时发动机会有爆燃。因此，这类汽车在维护后应该使用高一级的汽油。

5. 使用加入汽油清洁剂的清洁汽油

使用无汽油清洁剂的车用汽油，汽车发动机在运行一段时间后，发动机燃油供给系统会有不同程度的油垢、胶状物和积炭生成，从而使发动机油道不畅、供油不均、功率下降、油耗增加。同时，尾气中的碳氢化合物、一氧化碳、氧氮化合物的含量会增加而污染环境。而使用清洁汽油则可以使这一问题得到根本的解决。

汽油清洁剂是一种具有清净、分散、抗氧和防锈性能的复合汽油添加剂，加入车用汽油中，既能有效地抑制发动机燃料供给系统和燃烧系统，特别是化油器、喷嘴、进气阀、燃烧室的沉积物生成，又能将已生成的沉积物迅速分散、清除，从而使油路顺畅，喷嘴汽油雾化优良，燃烧充分，提高汽车的动力性和经济性，并使汽车尾气中的 CO、HC 含量大大降低，起到净化空气、减少汽车维修费用和节油的作用。同时，汽油清洁剂本身是一种多功能复合燃料添加剂，燃烧不会产生任何灰分，对汽车零部件无任何腐蚀、溶胀等不良影响。

加入汽油清洁剂的清洁汽油适用于各种汽油发动机的车辆，尤其适用于电控燃油喷射发动机车辆。电控直喷式汽油发动机采用了微型数字化电子控制技术，对燃油供给和点火进行精确控制，实现全工况下由电脑按最优化状态运行。电控直喷式汽油发动机的喷嘴孔径非常细小，要求喷嘴十分清洁，一旦喷嘴发生堵塞，就会影响发动机的正常工作。清洁汽油能够保持发动机燃油系统清洁，因此，非常适合于电喷车使用。

6. 工业汽油、溶剂汽油和航空汽油不能作为车用汽油使用

汽油根据其用途、品质的不同，分为车用汽油、航空汽油、工业汽油和溶剂汽油等。后面三类汽油的性能与车用汽油是完全不同的，故不能作为汽车发动机燃油使用。车用汽油是按照辛烷值来标号的，而工业汽油、溶剂汽油是按98%馏出温度或终馏点的温度来标号的，其辛烷值只有40~50，只能起溶解、稀释、洗涤和萃取某些物质的作用，所以溶剂汽油掺入车用汽油不可能得到更高标号的车用汽油。高牌号的航空汽油95号、100号中均加有四乙基铅且含量高，如作为车用汽油使用会在气缸内产生铅沉积，不但污染环境，还会使车辆中的传感器失灵、三元催化剂中毒等一系列不利影响。因此，高辛烷值的航空汽油也是不宜在汽车上使用的。

课题二 柴 油

柴油是柴油机的燃料。柴油发动机是柴油与被压缩的高温空气相遇后自行着火燃烧的，故又称为压燃式发动机。由于柴油发动机具有热效率高、耗油率低、燃料资源较汽油丰富、使用耐久可靠、燃料火灾危险性小等特点，因此广泛用于汽车、舰艇、坦克和工程机械，特别是一些大型载重汽车，大都使用柴油机作为动力。

根据柴油机燃料系统的构造和柴油机的工作条件及特点，为保证柴油机的正常工作，

柴油应满足以下性能要求：良好的燃烧性、蒸发性、低温流动性、适宜的粘度、无腐蚀性、不含机械杂质和水分等。

一、柴油的主要使用性能及评价指标

1. 燃烧性及其评价指标

（1）燃烧性　柴油的燃烧性是指其自燃能力，也称抗工作粗暴性。

高速柴油机在压缩行程终了时，气缸内温度达 $500 \sim 700℃$，压力达 $3 \times 10^5 \sim 5 \times 10^5 Pa$。这时，柴油被高压喷成细雾状进入燃烧室内，由于燃烧室的温度已超过柴油的自燃点，故柴油喷入即可自行着火燃烧。从柴油喷入燃烧室到柴油自行着火燃烧的这段时间，称为"着火延迟期"。若柴油的着火延迟期短，先期喷入气缸的柴油能迅速完成燃烧前的准备，着火燃烧，并逐步引燃随后进入气缸的燃料，气缸压力上升平稳，柴油机工作柔和，则为正常燃烧。若柴油着火延迟期过长，则在此期间内会使喷入气缸的柴油积存量过多，以致燃烧开始后有过量的柴油一起参加燃烧，使得柴油机的温度和压力急剧增加，气缸头和活塞发生振动和过热，造成柴油机运转不平稳，并产生强烈的振动，这种现象即为不正常燃烧，又称柴油机工作粗暴。柴油机工作粗暴与汽油机工作暴燃燃烧的后果一样，会使功率下降，油耗增大，严重时会使机件损坏。

汽车车用柴油主要是轻柴油（简称柴油），与汽油相比，轻柴油的粘度大，自燃点低（$240 \sim 400℃$），蒸发性不如车用汽油好。

（2）评价指标　柴油燃烧性的评价指标是十六烷值。

十六烷值是代表柴油在发动机中燃烧性的一个约定数值，在规定条件下的标准发动机试验中，通过与标准燃料进行比较来测定，采用和被测定燃料具有相同着火延迟期的标准燃料中正十六烷的体积百分数表示。标准燃料由两种碳氢化合物组成：一种是自燃点低、发火性能好的正十六烷，将其十六烷值定为100；另一种是自燃点高，发火性能差的 α—甲基萘，将它的十六烷值规定为0。两种化合物按不同的体积混合，就可得到需要的标准燃料十六烷值。

十六烷值高的柴油的燃烧性能好，着火延迟期短，速燃期内压力升高率不致过大，柴油机不易产生工作粗暴；反之，十六烷值低的柴油的燃烧性能差，着火延迟期长，易产生工作粗暴。

十六烷值除了影响柴油机工作粗暴程度以外，对柴油机的起动性能也有一定的影响。十六烷值高的柴油，即使在较低的气温下也易起动。但十六烷值不宜过高，因为柴油十六烷值过高、其分子量过大，会使柴油的低温流动性、喷雾和蒸发性均受到影响，致使燃烧不完全，降低发动机功率，增加油耗。一般选用十六烷值为 $40 \sim 50$ 的柴油基本可满足工作要求，《城市车用柴油技术要求》（Q/SHR 006—2000）规定轻柴油十六烷值不小于48。

2. 雾化和蒸发性及评价指标

（1）雾化和蒸发性　为了保证柴油机的动力性和经济性，可燃混合气燃烧过程必须在活塞位于压缩行程上止点附近迅速完成。要求喷油持续时间极为短促，只有 $15° \sim 30°$ 的曲轴转角，可燃混合气形成时间只有汽油机的 $1/20 \sim 1/30$。在已确定的燃烧室喷油设备条件下，柴油的雾化和蒸发性决定了柴油在燃烧室内形成混合气的质量和速度。因此，要求柴油有良好的雾化和蒸发性能。

（2）雾化和蒸发性的主要指标　评价柴油的雾化和蒸发性的主要指标是运动粘度、馏程、闪点和密度。

1）运动粘度。液体受外力作用时，液体分子间所呈现的内部摩擦力叫做粘度。运动粘度表示液体在重力作用下流动时内摩擦力的量度。运动粘度不仅影响柴油的流动性，更主要的是影响柴油的雾化质量。现代高速发动机内，柴油通过喷油器的高压喷射，使喷入燃烧室的柴油被分散成细小的油滴并在气缸内散布开来，形成一团由无数细粒组成、外形与火炬相似的油雾。油雾雾粒的平均直径小，说明柴油雾化得好。

实践证明，柴油粘度不可太大，也不可太小。柴油的粘度过大，混合气形成不良，燃烧不完全，油耗增加；柴油粘度过小，使燃烧不完全，柴油机功率下降，同时粘度过小又会影响耦合件的可靠润滑，引起磨损加剧。所以在柴油的规格中，对每一种牌号的柴油，其运动粘度都规定了一个范围值。

2）馏程。测定柴油的馏程和测定汽油的馏程的方法大致相同，所不同的只是柴油馏程的测定项目有50%、90%和95%馏出温度。

50%馏出温度越低，柴油中轻质馏分含量过多，会使喷入气缸的柴油蒸发太快，易引起全部柴油迅速燃烧，造成压力剧增，使柴油机工作粗暴。

90%和95%馏出温度越低，说明柴油中重质馏分含量越少，使混合气燃烧完全，不仅可以提高柴油机的动力性，减少机械磨损，避免发动机过热现象，而且还可以降低油耗。

3）闪点。在规定条件下，加热油品所逸出的蒸气和空气组成的混合物与火接触发生瞬间闪火的最低温度，叫闪点，单位是℃。闪点根据测定方法和仪器不同，可分为开口闪点和闭口闪点两种。闭口闪点用于测定低闪点的油品，如柴油；开口闪点用于测定高闪点的油品，如内燃机油、车辆齿轮油。

柴油的闪点既是控制柴油蒸发性的指标，也是保证柴油安全性的指标。闪点低，说明柴油中轻质馏分多，蒸发性能好，但不能过低，以防轻质馏分过多，蒸发过快，造成气缸内压力突然上升，引起柴油机工作粗暴，而且在使用中不安全。

在柴油的馏程指标中，只规定了50%馏出温度不高于300℃，以保证柴油有较强的蒸发性，但没有规定不低于多少度。为了控制柴油的蒸发性不至于过强，《城市车用柴油技术要求》（Q/SHR 006—2000）规定了各牌号柴油的闪点应不低于某一数值。这样用闭口闪点和馏程两个指标互相配合，就可控制柴油的馏分不至过重或过轻。

4）密度。柴油的密度增大，其粘度也将增大，使雾化质量变差，不能形成质量良好的混合气，使燃烧条件变坏，排气冒黑烟。

3. 低温流动性及评价指标

（1）低温流动性　柴油的低温流动性是柴油在低温条件下具有一定的流动状态的性能。柴油的低温流动性能直接影响到柴油能否可靠地供给气缸，发动机能否正常工作。

（2）低温流动性的评价指标　评价柴油低温流动性能的指标有凝点、浊点、冷滤点。

1）凝点。凝点是将柴油装在规定的试管内，冷却到预期的温度，将试管倾斜45°，经过 1min 液面不移动，此时的温度便是柴油的凝点。我国的轻柴油按凝点划分柴油牌号。

2）浊点。浊点是柴油中开始析出石蜡晶体、柴油失去透明时的最高温度。柴油达到浊点后虽然未失去流动性，但在燃料供给系统中易造成油路堵塞，使供油减少以致逐步中断供油。

3）冷滤点。冷滤点是指在规定的冷却条件下，柴油在 1.96kPa 压力下进行抽吸试油，1min 通过缝隙宽度 45μm 金属滤网的柴油体积少于 20mL 的最高温度。由于冷滤点测定的条件近似于使用条件，所以冷滤点与柴油的实际使用最低温度有良好的对应关系，可作为根据气温选择柴油牌号的依据。

对于低温流动性的评价，各国所用的指标不同，我国用冷滤点和凝点，而美国、欧洲使用冷滤点。

4. 柴油的安定性及其评价指标

（1）柴油的安定性　安定性是指柴油的储存安定性和热安定性。

1）储存安定性。柴油的储存安定性是指柴油在储存、运输过程中保持其外观颜色、组成和性能不变的能力。安定性差的柴油最明显的表现是颜色变深和生成胶质。使用颜色变深的柴油，易导致滤清器堵塞，喷油器喷孔被粘结堵死，活塞组零件表面上形成积炭和漆状沉积物，影响柴油机的正常工作。

2）热安定性。柴油的热安定性是指在高温及溶解氧的作用下，柴油发生变质的倾向。在汽车行驶时，油箱中的柴油不断地振荡，加剧了柴油与空气的混合，使柴油溶解的氧气达饱和程度。夏季油箱中的温度很高，柴油进入供油系统，温度会进一步升高。在这种条件下，柴油中的不安定组分就会在金属的催化作用下，急剧地氧化而生成氧化缩合物；在喷油器的针阀上生成漆状沉积物，将会造成针阀粘滞，或形成积炭，使喷雾恶化，甚至中断供油。这些生成物在喷油嘴上、燃烧室壁、气门和活塞环处生成积炭，将使柴油机磨损加剧。

影响柴油安定性的主要因素是柴油中所含的不安定组分，主要是二烯烃、烯烃等不饱和烃。柴油的馏分过重，环烷芳烃和胶质含量增加，安定性也差。

（2）安定性的评价指标　评价柴油安定性的指标是碘值、色度、氧化安定性、实际胶质和 10% 蒸余物残炭。

1）碘值。为了增加柴油的产量，商品柴油多是直馏柴油与裂化柴油组成的调和柴油，因而必须控制不饱和烃的含量，其控制指标为碘值。以碘的乙醇溶液与试样产生作用后，用硫代硫酸钠溶液滴定剩余的碘，以 100g 试样所能吸收碘的克数表示碘值。再根据碘值的平均分子量计算出试样中不饱和烃的含量。测定时，按 SH/T 0234—2004《轻质石油产品碘值和不饱和烃含量测定法（碘-乙醇法）》的规定进行。

2）色度。柴油颜色的深浅（用色号表示）可直观反映其馏分的轻重和安定性的好坏。测定方法按 GB/T 6540—1986《石油产品颜色测定法》的规定进行，将试样注入试样容器内，用一个标准光源照射，将试样的颜色与标准的比色板进行比较，相等的色号即为试样的色号。标准色板从 0.5 ~ 8.0 共 16 个色号（每 0.5 为一级），颜色从浅到深，柴油要求色号不深于 3.5 号。

3）氧化安定性。氧化安定性是指 100mL 柴油在规定条件下所形成总不溶物的质量数（单位：mg），以 mg/100mL 表示。测定时按 SH/T 0175—2004《馏分燃料油氧化安定性测定法（加速法）》的规定进行。

4）实际胶质。实际胶质的概念和测定标准与汽油相同。

5）10% 蒸余物残炭。柴油在馏程试验中馏出 90% 以后的蒸余物作为试样，所测得的油品在裂解中所形成的残余物，用质量百分数表示，叫做 10% 蒸余物残炭。测定时按 GB/T 268—1987《石油产品残炭测定法（康氏法）》的规定进行，把称重的试样置于残炭测定仪的坩埚内，进行加热分解蒸馏。在规定的加热时间结束后，将盛有炭质残余物的坩埚置于干燥器内冷却并称重，计算其质量百分数，即为 10% 蒸余物残炭。

10% 蒸余物残炭与柴油的馏分和精制程度有关。馏分轻，精制程度深，则残炭值越小，在柴油机燃烧室中生成积炭的倾向越小。国家有关标准中规定 10% 蒸余物残炭一般不大于 0.3%。

5. 柴油的腐蚀性及其评价指标

（1）腐蚀性　柴油中含有硫及硫化物、水分及酸性物质，对零件产生腐蚀作用，燃烧后排放污染严重，而且促进柴油机沉积物的生成。所以要求柴油具有无腐蚀性。

元素硫和硫醇硫在燃烧后都生成 SO_2 和 SO_3，不仅直接腐蚀气缸中高温区的零件，而且会对气缸壁上的润滑油和尚未燃烧的柴油起催化作用，加速烃类的聚合反应，使燃烧室、活塞顶和排气门等部位的漆状物和积炭增加。积炭层中有硫存在会使其变得更加坚固，而且很难清除，加剧零件的磨损。当气态氧化硫从气缸窜入曲轴箱低温区时，遇冷凝水生成亚硫酸和硫酸，会强烈地腐蚀零件，特别是柴油机的铜轴承。同时使润滑油的某些成分变成磺酸、酸性硫醇脂和胶质，会加速润滑油老化变质。

（2）腐蚀性的评价指标　腐蚀性可用硫含量、硫醇硫含量、酸度、铜片腐蚀试验、水溶性酸或碱等指标评价。

测定标准与汽油相同，但柴油中的硫和硫醇硫含量高，对柴油机使用影响更大，在此只强调硫和硫醇硫含量。

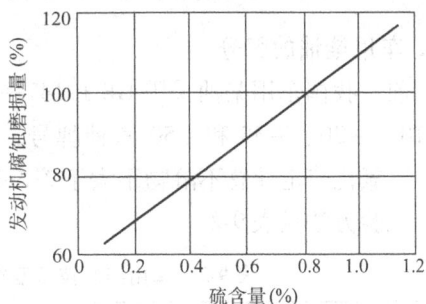

图 9-1　柴油的硫含量对柴油机的影响

1）硫含量。柴油中硫含量高，不仅会增加柴油机机件的磨损（见图 9-1），还使柴油机内沉积物增加，排放污染严重。国家标准规定各号轻柴油的优级品、一级品和合格品中硫的含量分别不大于 0.02%、0.05% 和 0.10%（质量分数）。

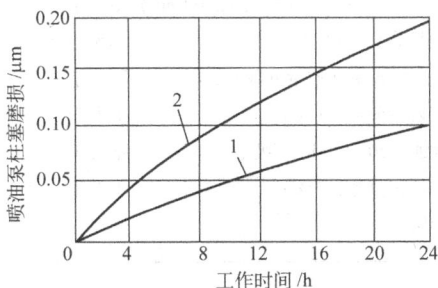

图 9-2　柴油的硫醇硫含量对喷油泵柱塞的影响
1—硫醇硫含量低的柴油　2—硫醇硫含量高的柴油

2）硫醇硫含量。硫醇硫含量用硫醇硫在柴油中所占的质量分数表示。硫醇硫含量高会增加柴油机机件的磨损，特别是供油系统零件的磨损（见图 9-2）；并对人造橡胶件有不良影响。国家标准规定各号轻柴油的优级品、一级品和合格品中硫醇硫的含量不大于0.01%（质量分数）。

6. 柴油的清洁性及评价指标

（1）柴油的清洁性　柴油的清洁性是指柴油中是否含有灰分、水分和机械杂质。

柴油机燃料供给系统中的精密偶件需要柴油润滑，若柴油机中混入坚硬的机械杂质，就会堵塞油路，并使柴油机机件产生磨料磨损。同样，水分和灰分的存在，能增加硫化物对金属零件的腐蚀作用。因此，对柴油的清洁性有一定的要求。

（2）柴油清洁性的评价指标有灰分、水分和机械杂质。

1）灰分。不能燃烧的机械杂质和溶于燃料中的有机酸、无机酸和盐类经过煅烧后所剩余的物质，叫做灰分。这些物质沉积在燃烧室中能起磨料作用，会加快气缸壁与活塞环的磨损。所以国家有关标准对商品柴油规定灰分不大于0.01%~0.02%（质量分数）。

2）水分。柴油中含有水分过多时，不仅在冬季会冻冰引起供油系统堵塞，还会加强有机酸对金属的腐蚀，所以应当严格控制。

3）机械杂质。柴油中含有机械杂质，除引起供油系统堵塞外，还将加剧喷油泵的柱塞和柱塞套、喷油器针阀与针阀座等精密偶件的磨损，甚至造成喷油泵柱塞和喷油器的针阀卡死。因此，柴油中绝不允许存在机械杂质。

水分和机械杂质的测定标准与汽油相同。

二、车用柴油的牌号及正确使用

1. 车用柴油的牌号

目前，我国车用柴油采用 GB 19147—2009《车用柴油》。该标准将柴油按凝点分为5、0、-10、-20、-35 和 -50 六种牌号，最新标准规定车用柴油中硫的质量分数不大于0.05%，氧化安定性总不溶物不大于2.5mg/100mL，十六烷值不小于48。车用柴油的技术要求和试验方法见表9-2。

表 9-2　车用柴油技术要求和试验方法（GB 19147—2009）

项　目		5 号	0 号	-10 号	-20 号	-35 号	-50 号	试验方法
氧化安定性/（总不溶物）（mg/100mL）	不大于			2.5				SH/T 0175
硫（质量分数）（%）	不大于			0.035				SH/T 0689
10% 蒸余物残炭（质量分数）（%）	不大于			0.3				GB/T 268
灰分（质量分数）（%）	不大于			0.01				GB/T 508
铜片腐蚀（50℃，3h）/级	不大于			1				GB/T 5096
水分（体积分数）（%）	不大于			痕迹				GB/T 260
机械杂质				无				GB/T 511
润滑性 　磨痕直径（60℃）/μm	不大于			460				SH/T 0765
运动粘度（20℃）/（mm²/s）		3.0~8.0		2.5~8.0		1.8~7.0		GB/T 265
凝点/℃	不高于	5	0	-10	-20	-35	-50	GB/T 510

（续）

项　目		5 号	0 号	–10 号	–20 号	–35 号	–50 号	试验方法
冷滤点/℃	不高于	8	4	–5	–14	–29	–44	SH/T 0248
闪点（闭口）/℃	不低于	55			50	45		GB/T 261
着火点（需满足下列要求之一）								
十六烷值	不小于	49			46	45		GB/T 386
十六烷指数	不小于	46			46	43		SH/T 0694
馏程：								GB/T 6536
50% 蒸发温度/℃	不高于	300						
90% 蒸发温度/℃	不高于	355						
95% 蒸发温度/℃	不高于	365						
密度（20℃）/（kg/m³）		810 ~ 850				790 ~ 840		GB/T 1884 GB/T 1885

2. 柴油牌号的正确选用

车用柴油用于柴油发动机汽车，特别是在城市行驶的柴油发动机汽车，其选用方法同样是根据使用地区气温，选用不同牌号的车用柴油。

（1）按所在地区季节气温来选择柴油牌号　所选柴油应保证最低气温时，不发生凝固失去流动性，造成油道堵塞。因此，所选柴油牌号（凝点）要比当地当月最低气温还低 3 ~ 5℃。气温高选用高牌号油，气温低选用低牌号油。高温地区若选低牌号柴油，会造成使用成本升高。为了充分利用资源与降低成本，不同牌号的柴油可以掺兑使用，例如，将 50% 的 0 号与 50% 的 –10 号柴油混合，其凝点为 –4 ~ –5℃，适合于冬天最低气温在 0℃ 以下，–3℃ 以上的地区使用。

（2）对照当地当月风险率为 10% 的最低气温⊖选择柴油牌号　为了安全起见，GB 252—2000 规定了部分地区风险率为 10% 的最低气温，见表 9-3。各地风险率是由全国 152 个气象台从 1961 ~ 1990 年共 30 年逐日最低气温记录整理出来的。风险率为 10% 最低气温，反映最低气温低于该值的概率为 10%。例如河北省：一月份风险率为 10% 的最低气温为 –14℃，指一个月按 30 天计算，可能有 3 ~ 4 天气温低于 –14℃。

各牌号柴油一般可按照下列情况选用：

5 号柴油：适用于风险率为 10% 的最低气温在 8℃ 以上的地区使用；

0 号柴油：适用于风险率为 10% 的最低气温在 4℃ 以上的地区使用；

–10 号柴油：适用于风险率为 10% 的最低气温在 –5℃ 以上的地区使用；

–20 号柴油：适用于风险率为 10% 的最低气温在 –14℃ 以上的地区使用；

–35 号柴油：适用于风险率为 10% 的最低气温在 –29℃ 以上的地区使用；

–50 号柴油：适用于风险率为 10% 的最低气温在 –44℃ 以上的地区使用。

⊖　当月风险率为 10% 的最低气温值，表示该月中最低气温低于该值的概率为 0.1，或者说该月中最低气温高于该值的概率为 0.9。

表 9-3　我国各地区风险率为 10%的最低气温表　　　　　（单位：℃）

省（区、市）	一月	二月	三月	四月	五月	六月	七月	八月	九月	十月	十一月	十二月
河北省	-14	-13	-5	1	8	14	19	17	9	1	-6	-12
山西省	-17	-16	-8	-1	5	11	15	13	5	-2	-9	-16
内蒙古自治区	-43	-42	-35	-21	-7	-1	1	1	-8	-19	-32	-41
黑龙江省	-44	-42	-35	-20	-6	1	7	4	-6	-20	-35	-43
吉林省	-29	-27	-17	-6	1	8	14	12	2	-6	-17	-26
辽宁省	-23	-21	-12	-1	6	12	18	15	6	-2	-12	-20
山东省	-12	-12	-5	2	8	14	19	18	11	4	-4	-10
江苏省	-10	-9	-3	3	11	15	20	20	12	5	-2	-8
安徽省	-7	-7	-1	5	12	18	20	20	14	7	0	-6
浙江省	-4	-3	1	6	13	17	22	21	15	8	2	-3
江西省	-2	-2	3	9	15	20	23	23	18	12	4	0
福建省	-4	-2	3	8	14	18	21	20	15	8	1	-3
台湾省	3	0	2	8	10	16	19	19	13	10	1	2
广东省	1	2	7	12	18	21	23	23	20	13	7	2
广西壮族自治区	3	3	8	12	18	21	23	23	19	15	9	4
湖南省	-2	-2	3	9	14	18	22	21	16	10	4	-1
湖北省	-6	-4	0	6	12	17	21	20	14	8	1	-4
河南省	-10	-9	-2	4	10	15	20	18	11	4	-3	-8
四川省	-21	-17	-11	-7	-2	1	2	1	0	-7	-14	-19
贵州省	-6	-6	-1	3	7	9	12	11	8	4	-1	-4
云南省	-9	-8	-6	-3	1	5	7	7	5	-1	-5	-8
西藏自治区	-29	-25	-21	-15	-9	-3	-1	0	-6	-14	-22	-29
新疆维吾尔自治区	-40	-38	-28	-12	-5	-2	0	-2	-6	-14	-25	-34
青海省	-33	-30	-25	-18	-10	-6	-3	-4	-6	-16	-28	-33
甘肃省	-23	-23	-16	-9	-1	3	5	5	0	-8	-16	-22
陕西省	-17	-15	-6	1	5	10	15	12	6	-1	-9	-15
宁夏回族自治区	-21	-20	-10	-4	2	6	9	8	3	-4	-12	-19

　　注：台湾省所列的温度是绝对最低温度，即风险率为 0%的最低温度。

3. 柴油使用中的注意事项

1）柴油加入油箱前，要充分沉淀（不少于 48h），然后用麂皮、绸布或细布仔细过滤，除去杂质。

2）不同牌号的柴油可以混合使用，可根据当地气温的高低调整。混合后的柴油凝点不是按比例计算的，一般比按比例计算高 2℃。例如，用 -10 号与 -20 号柴油各以 50% 混合其凝点约为 -13℃左右。

3）柴油不能与汽油混合，因为汽油的自燃点高，掺汽油会导致柴油机起动困难，甚至无法起动。

4）在低温起动困难时，可采用适当的预热措施，提高发动机温度；还可另用起动燃料帮助起动。例如用乙醚与航空煤油按体积比1∶1配成的燃料很容易自行着火。

5）在寒冷地区，缺乏低凝点柴油时，可向高凝点的轻柴油中掺入10%～40%裂化煤油以降低凝点，掺兑后应注意搅拌均匀。

6）冬季使用桶装高凝点柴油时，不得用明火加热，以免爆炸。

三、柴油机的特点及发展现状

与汽油机相比，柴油机的主要优点有：

1）具有较好的经济性。柴油机的压缩比可达14～22，热功率高，其单位功率燃料消耗量比汽油机低30%～40%，因此功率大，油耗少。

2）所用燃料的沸点高、馏程宽、来源多、成本低。

3）具有良好的加速性能，不需经过预热阶段即可转入全负荷运转。

4）柴油闪点比汽油高，使用管理中着火危险性极小，使用保管较为方便。

其不足之处是：柴油机的结构比汽油机复杂，转速较低，最高约为3000r/min，而汽油机可达4000r/min；柴油机较为笨重，单位功率所需金属比汽油机多。与上述的优点相比，这些缺点就显得微不足道。

随着能源短缺问题的日趋突出，国外的汽车发动机正向柴油机方向发展。欧洲和日本等石油产量较少的国家，在20世纪60年代末期就基本上做到载货汽车柴油化了。美国的载货汽车以前是以汽油机为主的，自1973年发生石油危机以来，也已迅速朝柴油化的方向发展。载货量在8t以上的汽车已全部使用柴油机，其他吨位的载货汽车采用柴油机的比重也愈来愈大。近年来，在国外已逐步掀起了小轿车柴油化的高潮，德国大众汽车公司、美国通用汽车公司、日本丰田汽车公司等大型汽车公司的小轿车也采用了柴油发动机。如今，经济环保的柴油轿车在欧洲轿车市场的市场份额已从1991年的16%快速增长到2003年的44%。

在我国同样也存在原油资源短缺的情况。因此，发展柴油车将是未来汽车工业的重点之一。根据国家汽车发展规划，"十五"期间，柴油车占汽车总产量的比重要从2000年的29.7%提高到35%左右，中型车要全部实现柴油化。如今，柴油轿车、柴油微型车的生产已开始起步，一汽大众2003年在国内率先推出第一款国产柴油轿车——"捷达SDI"，从而结束了我国无柴油轿车的历史。捷达SDI具有优异的环保性能，尾气排放达到欧洲Ⅲ号标准，燃油消耗比汽油车低40%，90km/h等速百公里油耗仅为4.6L，行驶成本大大降低。

继捷达SDI以后，一汽大众又推出了宝来TDI、奥迪A6的2.5升TDI柴油轿车，上海大众也将推出柴油款GOL，此外菲亚特、福特和标致雪铁龙生产的柴油款轿车也将投入市场。

课题三　汽车环保燃料

石油燃料是汽车的主要能源，据统计全世界的石油产品约46%为汽车所消耗。随着汽车用量的增加，汽车对环境污染也日趋严重。而石油储量逐渐减少，能源危机日益加剧。根据有关资料预测，石油资源只能供给全世界使用到 2040～2050 年。因此，如何降低油耗和开发新的能源已成为汽车技术发展的重要课题。为保护环境和节约能源，各国科学家们投入了大量的精力和时间来研究、开发各种汽车环保燃料。

汽车环保燃料（或称新型环保能源）的选择标准有：热值高、能量大，只需携带少量燃料就有足够的行驶里程，保证有足够的承载质量；安全、无毒，对空气的污染少；价格便宜，来源广，容易获得；携带、储存和使用方便。此外，最好能与现在汽车的供油系兼容，或只需进行简单的改装即可使用。

使用环保燃料是解决空气、水质、土壤污染以及石油供应中断和石油储藏最终枯竭的最有效的途径之一。现阶段常用的环保燃料主要有车用乙醇燃料、压缩天然气、液化石油气、电能、太阳能、氢气及合成燃料等。这些燃料中，有的可单独使用，有的则可与汽油、柴油等混合使用。

一、车用醇类燃料

1. 醇类燃料及其特点

（1）醇类燃料　醇类燃料主要是指甲醇（CH_3OH）和乙醇（C_2H_5OH）。

甲醇是一种无色易挥发的液体，有毒，饮后会导致失明。甲醇自燃点为 464℃，热值较汽油低，辛烷值较高。甲醇作为汽车燃料可单独使用，也可与汽油混合使用。如果单独使用，需要对发动机作某些改进，用提高压缩比的办法来提高发动机性能；混合使用时，甲醇可占 15%～20%，发动机无需做大的改动。

乙醇俗称酒精，常温下是液体，很容易挥发燃烧。乙醇密度为 $0.789 \times 10^3 kg/m^3$，自燃点为 423℃，热值较汽油低，辛烷值较高。乙醇的使用方法与甲醇类似。

醇类燃料曾在 20 世纪 40 年代就被用作内燃机的燃料。由于其原料大都可以再生，且燃烧产物中基本没有炭烟，NO_x 的排放浓度也很低。所以，从保证能源的稳定供给及改善环境质量的角度出发，自 20 世纪 70 年代起，作为新能源和低公害的醇类燃料，其开发和利用问题又重新引起了人们的关注。

醇类燃料的资源是非常丰富的，甲醇可从天然气、煤、液状石蜡、重质燃料、木材和垃圾等物质中提炼。乙醇可利用发酵的方法，从甘蔗、玉米、薯类等农作物及木质纤维素中提取，这些原料不仅贮量较大，而且大都可以再生。目前，作为汽车替代能源被使用，在技术和成本方面已达到应用阶段。

（2）醇类燃料的类型　汽油机中应用的醇类燃料主要有两种：纯醇燃料和掺醇燃料。

1）纯醇燃料。纯醇燃料是指单纯燃烧甲醇或乙醇燃料。从弥补石油资源短缺的角度来看，纯醇燃料用于发动机燃烧比掺醇燃料，尤其是低比例掺醇燃料更具有实际意义。但使用纯醇燃料需对发动机进行较大改动。如调整供油系统、加大油泵供油量、改善零部件的抗腐蚀性能等，如今对纯醇燃料的使用仍在进行着大量的研究。

2）掺醇燃料。掺醇燃料是指把甲醇或乙醇以不同比例掺入汽油中，当使用掺醇燃料时，发动机无需作大的改进，所以在实际应用中，大多使用掺醇燃料。甲醇和乙醇与汽油的混合燃料分别用 M（Methanol）和 E（Etha-nol）加一数字表示，其后的数字表示混合燃料中甲醇或乙醇的体积分数，如 M15 表示甲醇体积分数为 15% 的混合燃料，E10 表示乙醇体积分数为 10% 的混合燃料。

3）车用乙醇汽油。车用乙醇汽油是将一定量变性燃料乙醇（一般是 10%，称为 E10）加入不添加含氧化合物的汽油组分中，同时加入改善其使用性能的相应添加剂调合而成的一种新型的环保燃料。由于车用乙醇汽油是一种特殊产品，为保证汽车正常行驶，由国家标准化管理委员会负责组织制定的《车用乙醇汽油》（GB 18351—2004）强制性国家标准已于 2004 年 4 月 30 日起开始实施。该标准规定，变性燃料乙醇[○]在车用乙醇汽油中的加入量为 10.0%（体积分数）±2.0%（体积分数），水分小于 0.20%（体积分数），其他含氧化合物小于 0.1%（体积分数），不得人为加入甲醇，车用乙醇汽油的其他指标则要求与《车用汽油》（GB 17930—2006）一致。

（3）醇类燃料的特点　与车用无铅汽油相比，车用乙醇汽油有以下一些优缺点：

1）排放污染低。使用车用乙醇汽油，在不进行发动机改造的前提下，动力性能基本不变，尾气排放的 CO 和 HC 化合物平均减少 30% 以上；同时车用乙醇汽油的含氧量可达 35%，燃料燃烧时更加充分，故可有效地降低和减少有害尾气的排放。

2）动力性好。乙醇的研究法辛烷值为 121，可采用高压缩比提高发动机的热效率和动力性。加上其蒸发潜热大，可提高发动机的进气量，从而提高发动机的动力性。

3）积炭减少。根据车用乙醇汽油的燃烧特性，它能够有效地消除火花塞、燃烧室、气门、排气管消声器等部位积炭的形成，因而避免了因积炭形成而引起的故障，延长了部件的使用寿命。

4）使用方便。乙醇在常温下是液体，储运和使用都很方便，与传统的发动机技术有继承性，特别是使用乙醇汽油混合燃料时，发动机结构变化不大。

醇类燃料的不足之处主要是乙醇的蒸发潜热是汽油的 2 倍，这会使乙醇类燃料低温起动和低温运行性能恶化，故发动机必须加装进气预热系统，否则燃烧全醇燃料时汽车难以起动；另外乙醇易于吸水，车用乙醇汽油的含水量超过标准指标后，容易发生液相分离，影响使用，同时乙醇不仅会对金属有腐蚀性，还对汽车密封橡胶及其他合成非金属材料造成一定的腐蚀、溶胀、软化或龟裂。

与燃用汽油相比，在同等的热效率下，乙醇燃料还存在经济性低的问题，但醇类燃料的辛烷值比汽油高，有的可以达到优质汽油的水平。

总体而言，推广使用车用乙醇汽油，不仅可以缓解石油供求矛盾，而且还能够有效地降低汽车尾气中有害气体的排放，同时还可以刺激农业生产，解决粮食深加工的转化问题。因此，在我国煤矿丰富地区和南方产糖地区，发展醇类燃料有着广阔的前景。

2. 车用乙醇汽油的牌号

按 GB 18351—2004《车用乙醇汽油》规定，我国车用乙醇汽油目前有四个牌号，分别是 90 号、93 号、95 号和 97 号。与车用无铅汽油一样，其牌号是按研究法辛烷值大小

○　变性燃料乙醇是按国标 GB 18350—2001 质量标准，通过专用设备，特定脱水工艺，生产的含量在 99.2% 的无水乙醇。

来划分的，数值越大，表示车用乙醇汽油的抗爆性越好。车用乙醇汽油的技术要求见表9-4。

表 9-4　车用乙醇汽油技术要求（GB 18351—2004）

项　目		质量指标				试验方法
		90 号	93 号	95 号	97 号	
抗爆性：						
研究法辛烷值（RON）	不小于	90	93	95	97	GB/T 5487
抗爆指数（RON + MON）/2	不小于	85	88	90	报告	GB/T 503
铅含量/（g/L）	不大于	0.005				GB/T 8020
馏程：						GB/T 6536
10% 蒸发温度/℃	不高于	70				
50% 蒸发温度/℃	不高于	120				
90% 蒸发温度/℃	不高于	190				
终馏点/℃	不高于	205				
残留量（体积分数）（%）	不大于	2				
蒸汽压/kPa						GB/T 8017
从 9 月 16 日至 3 月 15 日	不大于	88				
从 3 月 16 日至 9 月 15 日	不大于	74				
实际胶质/（mg/100mL）	不大于	5				GB/T 8019
诱导期/min	不小于	480				GB/T 8018
硫含量（质量分数）（%）	不大于	0.08				GB/T 380
硫醇（需满足下列要求之一）						
博士试验		通过				SH/T 0174
硫醇硫含量（质量分数）（%）	不大于	0.001				GB/T 1792
铜片腐蚀（50℃，3h）/级	不大于	1 级				GB/T 5096
水溶性酸或碱		无				GB/T 259
机械杂质		无				目测
水分（质量分数）（%）	不大于	0.20				SH/T 0246
乙醇含量（体积分数）（%）		10.0 ± 2.0				SH/T 0663
其他含氧化合物（质量分数）（%）	不大于	0.1				SH/T 0663
苯含量（质量分数）（%）	不大于	2.5				SH/T 0713、SH/T 0693
芳烃含量（质量分数）（%）	不大于	40				GB/T 11132
烯烃含量（质量分数）（%）	不大于	35				GB/T 11132
锰含量/（g/L）	不大于	0.018				SH/T 0711
钛含量/（g/L）	不大于	0.010				SH/T 0712

3. 车用乙醇汽油的选用

车用乙醇汽油的选用与车用无铅汽油一样，主要是根据发动机的压缩比大小来确定。

压缩比高的发动机应选用牌号较高的乙醇汽油；压缩比低的发动机应选用牌号较低的乙醇汽油。选用时，可以根据汽车的使用说明书中查到的发动机压缩比和汽车生产厂家推荐的乙醇汽油牌号。其基本选用原则是：压缩比在 8.0 以下的发动机，应选用 90 号车用乙醇汽油；压缩比在 8.0 ~ 8.5 之间的发动机，应选用 93 号车用乙醇汽油；压缩比在 8.5 ~ 9.5 之间的发动机，应选用 93 号、95 号车用乙醇汽油；压缩比在 9.5 ~ 10.5 之间的发动机，应选用 97 号、98 号车用乙醇汽油。

二、车用压缩天然气

天然气主要来源于油田，是地表下岩石储集层中自然存在的，以轻质碳氢化合物为主体的可燃气体，它无色、无味、无毒、无腐蚀性，其主要成分是甲烷（CH_4）。天然气作为汽车代用燃料，具有辛烷值高，与空气混合均匀，气缸积炭少，排放污染小，不稀释润滑油等优点，而且供气简单，发动机无需作较大的改进，因而是较为理想的汽车燃料，也是世界公认的"环保燃料"，受到越来越多国家的重视。但天然气不易液化，通常是经压缩后使用，也称为压缩天然气（Compressed Natural Gas，简称 CNG），因携带量少，行驶里程短，需要建立许多充气站，只适用于短途运输。

1. 车用压缩天然气的特点

（1）抗爆性能好　天然气中甲烷的马达法辛烷值（MON）为 140，大多数天然气的 MON 值为 115 ~ 130，因此具有很强的抗爆性。研究表明，燃用天然气的发动机采用的合理压缩比为 12，允许的压缩比为 15。通过提高压缩比可大幅度提高发动机的热效率，弥补由于热值低带来的发动机功率下降，从而使天然气汽车获得更好的动力性和燃料的经济性。

（2）燃烧完全　天然气本身是气态，燃烧完全，不结炭，可提高热效率 10% 以上。

（3）对环境污染小　汽车中使用天然气作燃料与使用汽油作燃料相比，一氧化碳减少 97%，碳氢化合物减少 72%，氮氧化物减少 39%，二氧化碳减少 24%，二氧化硫减少 90%，苯、铅等粉尘减少 100%，噪声降低 40%。

（4）资源丰富　我国天然气地质资源量估计超过 55 万亿 m^3，预测天然气可采资源量为 12 万亿 m^3，储量非常丰富，可采 100 年以上，因此，应用前景十分广阔。

（5）经济性好　用天然气作发动机燃料，其燃料费用是汽油的 2/3，由于天然气的着火极限较汽油宽，有利于燃烧气混合，可提高使用天然气汽车的燃料经济性。加上燃料燃烧完全，无结炭、无爆燃，大大延长了汽车的使用寿命，其维修费用仅为汽油车的 70%。

其不足之处在于：天然气与空气的混合气热值较汽油低，且充气量系数小，使用天然气时，如不改变发动机的结构参数，发动机的功率要下降 10% ~18%。其次，由于天然气的能量密度低，压缩天然气汽车携带的燃料量较少，一般行驶距离较汽油车短。因而要保证相同的行驶里程，天然气汽车储气瓶的体积就要比汽车油箱大许多，这样就会增加汽车的布置难度。另外，由于汽油的着火温度在 400℃ 左右，而天然气的着火温度为 537℃，因此，天然气需要较高的着火能量。

2. 车用压缩天然气的技术要求及正确选用

我国车用压缩天然气目前执行的是强制性国家标准 GB 18047—2000《车用压缩天然

气》，该标准参考了 ISO/FDIS 15403：1998《天然气——作为车用压缩燃料的天然气的质量指标》，结合我国近年来压缩天然气加气站和压缩天然气汽车运行的经验，规定了车用压缩天然气的技术指标，见表9-5。此外，为确保车用压缩天然气的使用安全，该标准还规定车用压缩天然气应有可察觉的臭味，无臭味或臭味不足的车用压缩天然气应加加臭剂，加臭剂的最小用量应符合当车用压缩天然气泄漏到空气中，达到爆炸下限的20%时，应能察觉。

表 9-5 车用压缩天然气技术指标（GB 18047—2000）

项　　目	技　术　指　标
高位发热量/（MJ/m³）	>31.4
总硫（以硫计）/（mg/m³）	≤200
硫化氢（H_2S）/（mg/m³）	≤15
二氧化碳（体积分数）（%）	≤3.0
氧气（体积分数）（%）	≤0.5
水露点/℃	在汽车驾驶的特定地理区域内。在最高操作压力下，水露点不应高于 -13℃；当最低气温低于 -8℃，水露点应比最低气温低5℃

车用压缩天然气的正确选用主要是水露点应比使用地区最低气温低5℃。水露点是压缩天然气中的一个特殊指标，天然气中水的保持量随着压力的增加而下降，在20MPa压力下，天然气中水的保持量会下降60~90倍（随着环境温度的升高，其下降倍数增大），因而天然气被压缩时，水露点上升，除非气体是非常干燥的，否则水会在 CNG 气瓶中形成。

管道中液态水是形成天然气水合物的必要条件之一，天然气水合物是天然气与水在一定条件下形成的一种类似冰雪的白色结晶体，俗称"可燃冰"。天然气水合物一旦形成，会减少管道的流通面积，产生节流，加速水合物的进一步形成，进而造成管道、阀门和一些设备的堵塞，严重影响压缩天然气车辆的正常行驶，因此，车用压缩天然气对水露点有严格的要求。

3. 我国天然气汽车的发展现状

我国的天然气汽车起步于 20 世纪 50 年代，"气囊车"是那个时代的一大特征。1986年以后，由于能源紧张，我国再次出现发展天然气汽车的势头。1988 年，四川南充建成我国第一座充气站。之后，随着我国对环境保护的日益重视，天然气汽车发展迅速，1998年，我国由国家科技部牵头启动了"空气净化工程——清洁汽车行动"，北京、上海、重庆、西安等 12 个城市被国家科技部列为首批试点和示范城市，天然气汽车被列为首选。随后又将清洁汽车重点推广应用城市（地区）扩大到 16 个，目前我国的各大中城市已普遍建立了 CNG 加气站。

目前，我国已掌握了天然气汽车的整车开发、供气装置及控制系统、增压中冷技术、气瓶、天然气汽车试验技术以及试验设备和检测仪器等部分的关键技术，完成了重型、中型、轻型和微型等多种 CNG-汽油、CNG-柴油两用燃料汽车的大量试验研究和产品开发。如今，随着我国西气东输工程的完成，以 CNG 作为车用替代能源的天然气汽车产业将会得到进一步的推动和发展。

三、车用液化石油气

液化石油气（Liquefied Petroleum Gas，简称 LPG）是从石油的开采和加工中得到的可燃气体，主要由丙烷、丁烷以及其他气体混合而成。石油气通常经加压使其液化后贮存在高压容器中使用，以液化石油气为主要燃料的汽车称为液化石油气汽车。

1. 汽车使用液化石油气的特点

液化石油气作为车用燃料具有以下一些优点：

（1）抗爆性能好　液化石油气（LPG）的辛烷值在 110 左右，而汽油则在 90~98 之间，所以 LPG 具有较好的抗爆燃性能。燃用 LPG 的专用发动机合理的压缩比为 12，所以采用提高压缩比的方法，可大幅度提高发动机的热效率，从而使液化石油气汽车获得更好的动力性和燃料的经济性。

（2）对环境污染小　液化石油气中氢含量大，硫、氮等杂质少，不含芳香烃。在使用时为气相，与空气混合均匀，因而燃烧完全、热值高，CO、HC 和微粒的排放极低，CO_2 的排放因含碳少而大大降低，有助于减少温室效应。加上 LPG 燃烧温度低，NO_x 生成量少，大大减少了车辆尾气排放对环境的污染。

（3）延长发动机使用寿命　汽车使用汽油作为燃料时，因汽油不能完全汽化而形成液膜，液态汽油稀释并冲刷了运动部件的润滑油，使运动部件润滑情况变差，加快了零部件的磨损。同时，进入曲轴箱的汽油会稀释润滑油，导致润滑油粘度下降，润滑性能变差，加速了发动机摩擦部件的磨损。液化石油气主要成分是丙烷等低沸点化合物，与空气混合质量好，燃烧完全，无积炭，由于是气态，不出现使用汽油时因形成液膜而带来的一系列危害，从而延长了发动机的使用寿命及润滑油的使用寿命。同时，LPG 具有较高的抗爆性，可使汽车运转更加平稳，进一步延长了发动机的使用寿命。

（4）低温起动性好　液化石油气中主要成分丙烷的沸点为 -42℃，试验证明，在环境温度为 -30℃ 时，LPG 汽车无需采用特别措施仍可顺利起动。

（5）使用方便，经济性好　在常温条件下，液化石油气在 16 个大气压下就可由气体变成液体，储存在中压气罐中即可使用，携带也较为方便。同时 LPG 的热值较汽油高 4%~5%，加上 LPG 燃烧完全，具有较好的经济性。

其不足之处在于：液化石油气与空气的混合气热值较汽油低，且充气量系数小，使用 LPG 时，如不改变发动机的结构参数，发动机的功率则要下降 10% 左右。其次，由于丁烷在摄氏零度时就不能转变成气态，而 LPG 只能在气态下才能使用，所以 LPG 汽车在极度寒冷的天气下起动时会受到 LPG 中丁烷含量的限制。再者，由于汽油的着火温度在 400℃ 左右，而液化石油气中主要成分丙烷的着火温度为 432℃，因此，液化石油气需要较高的着火能量。另外，液化石油气的储气瓶也会占据一定的空间，自然也就会增加汽车的布置难度，使汽车的有效载重质量减少，这在轿车上会显得更为突出。

2. 车用液化石油气的牌号及正确选用

我国车用液化石油气目前执行的是强制性国家标准 GB 19159—2003《车用液化石油气》，该标准将车用液化石油气按丙烷、丁烷组分含量的不同分为 1 号、2 号、3 号三个牌号，其技术指标见表9-6。

表9-6　车用液化石油气（GB 19159—2003）

项　目		质量标准			试验方法
		1 号	2 号	3 号	
蒸汽压（37.8℃，表压）/kPa		≤1430	890～1430	660～1340	GB/T 6602
组分的质量分数（%）	丙烷	>85	>65～85	>40～65	SH/T 0614
	丁烷及以上组分	≤2.5	—	—	
	戊烷及以上组分	—	≤2.0	≤2.0	
	总烯烃	≤10	≤10	≤10	
	丁二烯（1,3-丁二烯）	≤0.5	≤0.5	≤0.5	
残留物	蒸发残留物/（mL/100mL）	≤0.5	≤0.5	≤0.5	SY/T 7509
	油渍观察	通过	通过	通过	
密度（20℃）/（kg/m³）		实测	实测	实测	SH/T 0221
铜片腐蚀/级		≤1	≤1	≤1	SH/T 0232
总硫含量/（mg/m³）		<270	<270	<270	SH/T 0222
硫化氢		无	无	无	SH/T 0125
游离水		无	无	无	目测

1 号车用液化石油气可在环境温度 -20℃以上地区使用；2 号车用液化石油气可在环境温度 -10℃以上地区使用；3 号车用液化石油气可在环境温度 0℃以上地区使用。

四、电能

以电能为动力的汽车称为电动汽车。

电能是二次能源，它可以来源于风能、水能、核能、热能、太阳能等多种方式。

1. 电动汽车的特点

电动汽车的电动机相当于原来的发动机，蓄电池相当于原来的油箱，因此，电动汽车无需再用内燃机，是非常有发展前景的替代能源汽车。电动汽车具有噪声低、无废气排放以及操作方便等优点。

2. 电动汽车蓄电池

电动汽车常用的蓄电池主要有铅酸电池、镉镍电池、氢镍电池、锂电池及燃料电池等。其中，由于铅酸电池技术比较成熟，比功率较大，寿命在 800～1000 次左右，成本也较低，因此是目前电动汽车使用最广泛的电池。大约有90%的电动汽车使用这种电池，在未来几年中铅酸电池仍然是电动汽车的主流电池。

3. 电动汽车电动机

汽车的电动机应该具有良好的调速性能，能实现直流电向交流电的转换以及电池与电机之间电压的变换等特性。根据其选择范围的不同，有直流电动机、交流感应电动机、永磁无刷电动机（交流同步电动机）以及开关磁组电动机等。

4. 电动汽车的现状

目前各发达国家都在投巨资致力于电动汽车的研制。英国是世界上电动汽车最普及的国家；法国城市环卫部门也很早就使用电动汽车来运送垃圾；瑞士在旅游城市禁止使用内燃机汽车，而将电动汽车和马车作为主要交通工具；美国和日本是世界上电动汽车技术较先进的国家。表9-7是国外先进电动汽车的主要技术性能指标。

表9-7　国外先进电动汽车的主要技术性能指标

性能指标 ＼ 车名	冲击	依查
外形尺寸（长/m×宽/m×高/m）	4.14×1.73×1.20	4.87×1.77×1.26
空车质量/kg	900	1573
定员/人	4	4
电动机种类	感应电动机	直流无刷电动机
电池种类	铅酸电池	镉镍电池
电池容量/（kW·h）	16.8	28.8
最高车速/（km/h）	128	176
一次充电行驶里程/km	112（市内），144（高速）	548（40km/h 等速）
比能/〔（W·h）/kg〕	35	54.2

注：以美国通用汽车公司研制的"冲击"和日本东京电力公司研制的"依查"为例。

5. 电动汽车在使用中存在的问题

（1）比能低　目前，电动汽车最经济实用的电池是铅酸电池，它的比能为 35～40W·h/kg，与汽油相比少得多（汽油的比能约为11000W·h/kg）。为了保证必要的行驶里程，就需要装备庞大、笨重的电池组，既占空间，又影响有效装载。若减少电池组，必然会使行驶里程缩短，同时还会影响动力性。

（2）成本高　世界各国研制的电动汽车成本都较高，如美国"冲击"牌电动轿车价格在50万美元左右，比内燃机汽车高几十倍甚至上百倍。

（3）充电时间长　内燃机汽车加油时间大约几分钟，电动汽车电池的充电时间却相对较长，一般铅酸电池常规充电大约需要6h。

综上所述，虽然电动汽车还面临着许多问题，但从能源和环保的角度考虑，发展电动汽车仍然是今后汽车工业发展的一个方向。

五、氢气

氢气汽车指用氢气作燃料的汽车。

1. 氢气的来源

氢气主要是水通过电解制取或者来源于各种副产品。虽然氢气本身的天然储量不大，但作为氢的来源，水资源却十分丰富，而且氢燃烧后生成的物质还是水，能形成资源的快速循环。

2. 氢气的特点

氢气的着火温度为 583℃，比甲烷低，比汽油高。它的火焰传播速度高达 291.2 ~ 310cm/s，是汽油的 7 倍。它在最大火焰速度下的最高火焰温度也比一般烃类的相应值高。它的最小点火能量极低，比一般烃类低一个数量级以上。其热值是一般烃的 3 倍左右。

在内燃机的燃烧中，氢的滞燃期短，点火提前角可以减小。如果浓度合适，可以达到在上止点点火。由于氢气的燃烧速度快，其放热速度、压力升高速度和压力升高加速度都很快，因此其燃烧等容性好，过燃烧量少，排气温度低，燃烧热效率高，燃烧经济性好。

3. 氢气在使用中存在的问题

1）氢气的密度低，在气缸中占据的容积相对较大，因此，它的标态体积热值低，影响了燃氢时的动力性。

2）氢气作为汽车燃料最大的问题是氢的制取和携带。氢气的制取方式很多，但成本都非常高，目前阶段还没有找到解决的办法。

因此，氢气汽车仍处于研究探索阶段，真正应用得很少。但随着石油资源的减少和人类科技的不断进步，各发达国家都在积极研究，以备未来起主导作用。

六、其他燃料

除上面介绍的几种环保燃料以外，还有用太阳能、沼气、乳化燃料等。

太阳能是取之不尽的能源，直接利用太阳能驱动汽车是最经济实用的方法。但目前开发的太阳能电池效率低、体积大、成本高，驱动的汽车容量小，短期内很难有实用价值。

沼气属于一种生物质能源，是再生能源，应大力发展。生产沼气的原料十分广泛，城市污水、垃圾等，乡村各种动物养殖场的粪料，植物的叶、杆等都可以产生沼气。据资料介绍，在城市居民生活污水的发酵处理中，一般每千人每天可产沼气 $15 \sim 22 m^3$。

乳化燃料是把燃料和水在乳化剂的作用下使其乳化。采用乳化燃料，不仅能减少排气中的氮氧化合物（NO_x）等有害成分，降低烟度，减少污染，而且还能有效地降低燃油消耗。使用乳化燃料是节能和降低污染的良好措施之一。

我国地域广阔，资源分布不均匀，应充分利用本地资源优势，注重多种替代能源汽车的均衡发展，让各种替代能源为我国节约石油资源和环境保护作出贡献。

【单元小结】

燃料是汽车发动机的动力源。汽车燃料基本上采用的是汽油和柴油。汽油是点燃式发动机（汽油机）的主要燃料；柴油是车用高速柴油机的燃料。

汽车及其他交通工具运行时，大量污染物使得环境和生态不断恶化，所以，寻找具有环保特征的交通新能源的任务显得日益紧迫。

1. 汽油的使用性能好坏直接影响到汽油发动机的工作，尤其是现代电喷发动机的工作，要求汽油具有良好的蒸发性、抗爆性、安定性、腐蚀性和清洁性。

2. 我国执行了新的汽车排放标准，实现了汽油无铅化。按照新的国家标准，无铅汽油按研究法辛烷值划分为 90 号、93 号和 97 号三个牌号。

3. 汽油选用的原则是以不发生爆燃为前提进行选择的。

4. 柴油的使用性能指标有燃烧性、雾化蒸发性、低温流动性、安定性和腐蚀性等。

5. 我国车用柴油采用 GB 19147—2009《车用柴油》。该标准将柴油按凝点分为 5、0、−10、−20、−35 和 −50 六种品种牌号，最新标准规定车用柴油中硫含量不大于 0.05%（质量分数），氧化安定性总不溶物不大于 2.5mg/100mL，十六烷值不小于 48。

6. 柴油牌号的选择主要是根据当地最低气温进行的。为保证在最低气温下柴油机能正常工作，凝点应比环境气温低 5℃ 以上。

7. 天然气、液化石油气、甲醇燃料、乙醇燃料、电能、氢能等能源将成为我国汽车的新能源。

【思考与练习】

1. 车用汽油的性能指标主要有哪些？

2. 什么叫蒸发性？评定汽油蒸发性的指标有哪些？

3. 什么叫爆燃燃烧？产生爆燃燃烧的主要原因有哪些？

4. 什么是辛烷值和抗爆指数？

5. 我国车用无铅汽油的牌号是如何划分的？现有哪几种牌号？

6. 什么叫汽油的氧化安定性？评定氧化安定性的指标有哪些？

7. 什么叫腐蚀性？评定腐蚀性的指标有哪些？

8. 如何选用车用汽油？使用时应注意哪些事项？

9. 试述柴油机的特点及应用。

10. 车用柴油应满足哪些性能要求？

11. 什么是柴油的十六烷值？十六烷值的范围一般为多少？

12. 什么是柴油的闪点、凝点、浊点、冷滤点？

13. 影响柴油安定性的主要因素有哪些？安定性的评价指标有哪些？

14. 什么叫柴油的清洁性？评定柴油清洁性的指标有哪些？

15. 我国现行的轻柴油规格是怎样划分的？如何正确选用？

16. 使用轻柴油时应该注意哪些事项？

17. 汽车环保燃料的选择标准是什么？

18. 简述汽车主要环保燃料的品种和主要性能特点。

第十单元

润滑油料

【任务描述】

汽车在正常行驶过程中，许多零部件之间会产生相对运动，加之受载荷和温度的作用，会引起零部件的磨损。磨损是车辆发生故障的主要原因，为减缓零部件的磨损、减少故障、延长车辆的使用寿命、最大限度地发挥车辆的应有功率，最主要的措施和有效途径就是润滑。汽车润滑油料根据其组成组分和润滑部位不同，可分为发动机润滑油、汽车齿轮油、液力传动油和润滑脂等。

【学习目标】

1. 了解常用汽车润滑油料的类型及性能特点。
2. 掌握各种润滑油料的使用性能、牌号及选用与使用时的注意事项。

课题一 发动机润滑油

发动机是汽车的动力装置。发动机润滑油又称内燃机润滑油，它是车用润滑油料中用量最大、性能要求最高、品种规格繁多、工作条件异常苛刻的一种油品，在汽车润滑油中处于很重要的地位。

一、发动机润滑油的作用

现代汽车发动机的热负荷与机械负荷很高，润滑油是发动机工作的重要介质。

发动机润滑油是由石油中的重油经精制加工并加入各种添加剂而制成的，它的主要作用是润滑曲轴、连杆、活塞、气缸壁、凸轮轴、气门等摩擦部位。除此之外，性能优良的发动机润滑油还应具有冷却、密封、清洗和防锈抗腐蚀等作用。

1. 润滑作用

润滑是润滑油的主要作用。发动机工作时许多部件处于高速运转中，诸如活塞、活塞环与气缸壁之间，连杆的大头与曲柄、连杆小头与活塞销之间承受着高速摩擦。如果这些摩擦副间得不到适当的润滑，就会使金属之间形成干摩擦。干摩擦不仅引起摩擦表面剧烈磨损，消耗动力，而且其产生的热量在很短的时间内便可使摩擦表面的金属熔化，造成机件损坏。润滑油通过自流、飞溅和压力循环等方式能够在摩擦表面形成牢固的油膜，使金属之间的干摩擦变成润滑油层间的液体摩擦，显著减少摩擦力，从而减少机件的磨损。这是润滑油的主要作用。

2. 冷却作用

燃料在发动机内燃烧产生的热量大约30%转化为机械功，其余的热量一部分消耗在配合副的摩擦上，使发动机发热，另一部分则随废气排出。发动机发热量的60%由发动机的冷却系统带走，剩余部分热量就要靠润滑油来传导。发动机工作时，润滑油不断地流动，从气缸、活塞、曲轴等摩擦表面上吸取热量并传递到温度较低的零件上，由冷却液带走，从而保护发动机不会因过热而烧坏。

3. 密封作用

发动机各机件之间都有一定的间隙，有些间隙对发动机正常工作影响很大，如气缸、活塞和活塞环之间的间隙；这些间隙的存在会造成漏气，降低发动机功率，并使废气和燃料下窜曲轴箱，污染润滑油。因此，润滑油必须在这些间隙中形成油膜，以阻止漏气，起密封作用。

4. 清洗作用

发动机工作时，燃料燃烧产生的积炭、润滑油高温氧化形成的胶质、相互配合的运动部件摩擦产生的金属屑、空气中的灰尘等将在发动机零部件上形成沉积物和漆膜，这些沉积物如不及时清除将加剧零部件的磨损，严重时会卡死活塞环，影响发动机正常运转。发动机润滑油不断地循环流动，及时将油泥和杂质运载走，经过机油滤清器过滤掉，使干净的润滑油不断洗涤摩擦表面，保证发动机正常工作。

5. 防锈作用

进入发动机内部的空气、水分及燃烧以后产生的腐蚀性气体，都会对机件产生腐蚀，使机件的表面产生腐蚀性磨损。而润滑油粘附在机件表面上，避免了腐蚀介质与机件的直接接触，从而起到防止和减少它们对机件的腐蚀作用。

此外，机件受到冲击载荷作用时，载荷需要通过机件间的润滑油传递出去，发动机润滑油起缓冲和消振作用。

二、发动机润滑油的工作环境

发动机润滑油在完成上述作用的过程中其所处的工作环境是十分恶劣的。

1. 金属的催化

发动机一般通过自流、飞溅、压力循环等润滑方式润滑，这些润滑方式要求润滑油不断地流动。发动机正常工作时，润滑油每小时循环次数达 100 次以上，频繁地与各种金属零件、空气等接触，在金属的催化作用下，油料逐渐老化变质。

2. 高温的影响

发动机工作时许多机件处于很高的工作温度，如活塞头部约 205～300℃、气缸的上部约 180～270℃、曲轴箱中的温度约 85～95℃、当润滑油经过这些部位时，其氧化变质会急剧增加。

3. 燃烧废气的浸蚀

发动机工作时，燃烧室中的废气及混合气在气缸密封不良时会窜入曲轴箱。这些气体冷凝后形成的酸性物质和水会腐蚀润滑油，导致润滑油严重变质。

4. 杂质的污染

发动机工作时，空气中的尘埃和机件磨损下来的金属磨屑以及燃料燃烧后产生的炭质都会严重污染润滑油。

此外，随着现代汽车的环保要求越来越高，发动机加装了一些废气净化装置或采用其他方式来降低排放，发动机润滑油的工作环境更为苛刻。这对发动机润滑油提出了更高的要求。

三、发动机润滑油的主要性能指标

因为发动机润滑油的工作条件十分恶劣，为了保证发动机在复杂的环境中正常工作，使各运动系统得到正常润滑，对发动机润滑油的使用性能提出了更高的要求。

1. 粘度

液体在外力作用下移动时，液体分子间产生的内摩擦力称为粘度。粘度是润滑油的主要性能指标，它是润滑油分类和使用的主要依据。对于发动机来说，润滑油的粘度直接关系到发动机的起动性能、机件的磨损、燃料和油料的消耗以及功率损失等。粘度过大或过小对发动机工作都会产生不利影响。

润滑油粘度过大，油的内摩擦力随之增大，在润滑油之间会消耗较多的摩擦功率，会造成发动机低温时起动困难以及发动机的有效功率降低、燃料消耗增加。此外，粘度过大，油的泵送性也将变差，润滑油循环速度减缓，单位时间内流过摩擦表面的油量减少，从而降低冷却和清洗的效果。反之，润滑油粘度过小，则不易在摩擦表面形成足够厚度的油膜，机件将得不到正常的润滑，以致增大机件的磨损；而粘度过小，密封性能也会变差，气缸容易漏气，降低发动机功率，还会稀释和污染润滑油。此外，若润滑油粘度过小，则高温时容易蒸发而进入燃烧室烧掉，加大润滑油的消耗。为保证发动机的正常工作，使用时，要求润滑油的粘度应适宜。

表示油料粘度的方法主要有动力粘度、运动粘度和条件粘度。我国润滑油规格中采用动力粘度和运动粘度。

动力粘度表示液体在一定的切应力下流动时内摩擦力的量度，其单位为帕斯卡·秒，用 Pa·s 表示。动力粘度在润滑油规格中主要用于评定油的低温粘度，常用千分之帕斯卡·秒（mPa·s）表示。

运动粘度表示液体在重力作用下流动时内摩擦力的量度，其值为相同温度下，液体动力粘度与其密度的比值，单位为二次方米每秒，用 m^2/s 表示。划分润滑油粘度等级通常是采用100℃时的运动粘度。

2. 粘温性

润滑油的粘温性是指润滑油随发动机温度变化而改变的特性。对发动机润滑油来说，它是一项重要的指标。润滑油的粘度是随温度变化而变化的，温度升高，粘度变小，粘度太小，润滑油膜容易破坏，密封作用不好，发动机润滑油消耗增加，同时还会导致发动机部件磨损；温度降低，粘度增大，流动性不好，使发动机发动以后不易形成油膜，摩擦金属表面长时间得不到充分润滑，使发动机零件磨损加剧。

润滑油在发动机润滑部位的工作温度差别相当大，比如，活塞环处温度约为205~300℃，活塞裙部温度大约在110~115℃，主轴承处温度为85~95℃。在寒冷的冬季，如果将车停在室外，曲轴箱里的机油温度会降至与大气温度一样低。由此可知，发动机要求润滑油在高温部件上工作时能保持一定的粘度，形成一定厚度的油膜，起到良好的润滑作用；在低温时，粘度不要变得太大，以免造成发动机冬季起动困难。为保正润滑油在高温和低温时都有适宜的粘度，要求润滑油必须具有良好的粘温性。

润滑油的粘温性用粘度指数（VI）表示，粘度指数越大，表明粘度受温度的影响越小，粘温性越好。

为提高润滑油的粘温性，通常是在低粘度的油中添加粘度指数改进剂（增稠剂），使之能适应在较宽温度范围的使用要求，这种油称为多级油。

3. 氧化安定性

润滑油在使用和储存过程中，一旦与空气接触，在适当条件下，便会发生化学反应，引起润滑油变质，尤其是在高温时，氧化速度明显加快。

氧化物集聚在润滑油中会使其颜色变暗、粘度增加、酸性增大，引起机件磨损，破坏发动机正常工作，还会加速润滑油老化变质。所以，要求润滑油具有良好的抗氧化能力，特别是在高温下的抗氧化能力，为减缓润滑油氧化变质，延长使用寿命，通常在润滑油中要加各种性能良好的抗氧添加剂。

4. 抗腐蚀性

发动机润滑油抵抗腐蚀性物质对金属腐蚀的能力，叫抗腐蚀性。发动机润滑油应具有良好的抗腐蚀性。

无论润滑油的品质多么高级，在发动机高温、高压和有水分的工作条件下，也会逐渐老化。润滑油中的抗氧化剂也只能起到抑制、延缓油料的氧化过程，减少氧化产物，但不能从根本上消除润滑油的老化。造成润滑油老化的原因主要是润滑油氧化后产生无机酸。无机酸尽管属弱酸，但在高温、高压和有水的环境下也同样会腐蚀金属。特别是高速柴油机使用的铜铅、镉银和镉镍轴承，抗腐蚀性差，润滑油中含有微量的酸性物质就会引起严重腐蚀，使其表面出现斑点、麻坑，甚至整块金属剥落。

提高润滑油抗腐蚀性的途径有：提高润滑油的精炼程度，以减小酸值；同时添加防腐剂。常用的防腐剂多为硫、磷有机盐，它能在轴承表面形成防腐保护膜，同时减少油中的氧化物，使轴承不受腐蚀。

5. 清净分散性

发动机润滑油抑制积炭、漆膜和油泥生成或将这些沉积物清除的能力，称为清净分散性。

润滑油在使用过程中，因受到废气、燃气、高温和金属催化作用，会生成各种氧化物，它们与金属磨屑等机械杂质混在一起，在油中形成胶状沉积物，这些沉积物粘附在活塞、活塞环槽上，形成积炭和漆膜或沉积下来形成油泥，堵塞油孔，从而使发动机散热不良、活塞环粘着、供油不畅、润滑不良、加剧机件磨损以及油耗增大、功率下降等。因此，润滑油应有良好的清净分散性。

清净分散性能良好的润滑油能使这些氧化物悬浮在油中，通过机油滤清器将其过滤掉，从而减少发动机气缸壁、活塞及活塞环等部件上的沉积物，防止由于机件过热烧坏活塞环而引起气缸密封不严、发动机功率下降、油耗增加的故障。

润滑油的清净分散性通常是通过在油中添加清净分散剂来提高的。目前常用的有金属型清净分散剂和无灰型清净分散剂，它们不仅具有良好的清净分散效果，同时还有良好的抗氧化性能。

除此之外，发动机润滑油还应具有良好的抗磨性、防锈性以及良好的抗泡性等。

四、发动机润滑油的分类

我国发动机润滑油按发动机的类型分为汽油机润滑油（简称汽油机油）和柴油机润滑油（简称柴油机油）两类，每一类润滑油又按其使用性能和粘度分成若干等级。

1. 按照质量等级分类

我国国家标准 GB/T 7631.3—1995《内燃机油分类》参照国际通用的 API（美国石油学会的缩写）使用分类法，将发动机润滑油分为汽油机油系列（S 系列）和柴油机油系列（C 系列）两类。每一系列按油品特性和使用场合的不同，又分为若干等级。汽油机油系列共有 SC、SD、SE、SF、SG、SH 六个等级；柴油机油共有 CC、CD、CD-Ⅱ、CE、CF-4 五个等级，各类油品级号越靠后，使用性能越好。需要说明的是，汽油机油 SA、SB 和柴油机油 CA、CB 各两个级别已经废除。润滑油的各品种代号、特性和使用场合见表 10-1。

汽油机油和柴油机油虽然都用于内燃机中，但两者在品质和性能上有一定的差别。汽油车特别是轿车，负荷较小，而且经常开开停停，常在较低温度下工作，机油容易在曲轴箱内生成沉淀，所以要求汽油机油具有较好的低温分散性。柴油车的负荷较大，经常是连续工作，特别在气缸、活塞区域的工作温度很高，容易在气缸中生成积炭，在活塞和活塞环槽中生成漆膜，所以要求柴油机油有较好的高温清净性。

除上述汽油机油和柴油机油单独分类外，国家标准还规定了三个品种的汽油机/柴油机通用油的使用等级，即 SD/CC、SE/CC、SF/CD 级。所谓通用油是指该品种的润滑油不但适用于汽油机，还可用于柴油机上。如 SF/CD 级内燃机油，既可用于要求使用 SF 级的汽油机，也可用于要求使用 CD 级的柴油机。此外，企业也有相应的标准，如中国石油化工集团公司下属企业生产的长城牌、南海牌、海牌高级润滑油有 SJ/CF、SJ/CF-4、SH/

CF、SH/CE、SG/CD、SG/CE、SF/CC 等品种和牌号，适用于新型的高级车辆。

表 10-1　我国内燃机润滑油分类（GB/T 7631.3—1995）

应用范围	品种代号	特性和使用场合
汽油机油	SA（废除）	用于运行条件非常温和的老式发动机，该油品不含添加剂，对使用性能无特殊要求
	SB（废除）	用于缓和条件下工作的货车、客车及其他汽油机，也可用于要求使用 API SB 级油的汽油机。仅具有抗擦伤、抗氧化和抗轴承腐蚀性能
	SC	用于货车、客车或其他汽油机以及要求使用 API SC 级油的汽油机。可控制汽油机高、低温沉淀物及磨损、锈蚀和腐蚀
	SD	用于货车、客车和某些轿车的汽油机以及要求使用 API SD、SC 级油的汽油机。可控制汽油机高、低温沉淀物及磨损、锈蚀和腐蚀的性能优于 SC，并可代替 SC 级油
	SE	用于轿车和某些货车的汽油机以及要求使用 API SE、SD 级油的汽油机。此种油品的抗氧化性能及控制汽油机高温沉淀物、锈蚀和腐蚀的性能优于 SD 或 SC，并可代替 SD 或 SC 级油
	SF	用于轿车和某些货车的汽油机以及要求使用 API SF、SE 及 SC 级油的汽油机。此种油品的抗氧化和抗磨损性能优于 SE，还具有控制汽油机沉淀物、锈蚀和腐蚀的性能，并可代替 SE、SD 或 SC 级油
	SG	用于轿车、货车和轻型卡车的汽油机以及要求使用 API SG 级油的汽油机。SG 质量还包括 CC（或 CD）柴油机油的使用性能。此种油品改进了 SF 级油沉积物、磨损和氧化安定性，并具有抗锈蚀和腐蚀的性能，并可代替 SF、SF/CD、SE 或 SE/CC 级油
	SH	用于轿车和轻型卡车的汽油机以及要求使用 API SH 级油的汽油机。其质量在汽油机磨损、锈蚀、腐蚀及沉淀物的控制和油的氧化方面优于 SG，并可代替 SG 级油
柴油机油	CA（废除）	用于使用优质燃料、在轻到中负荷下运行的柴油机以及要求使用 API CA 级油的发动机。有时也用于运行条件温和的汽油机。具有一定的高温清净性、抗氧化和抗腐蚀性能
	CB（废除）	用于燃料质量较低、在轻、中负荷下运行的柴油机以及要求使用 API CB 级油的发动机。有时也用于运行条件温和的汽油机。具有控制发动机高温沉淀物和轴承腐蚀的性能
	CC	用于在中、重负荷下运行的非增压、低增压或增压式柴油机，并包括一些重负荷汽油机。对于柴油机具有控制高温沉积物和轴瓦腐蚀的性能；对于汽油机具有控制锈蚀、腐蚀和高温沉积物的性能，并可代替 CA、CB 级油
	CD	用于需要高效控制磨损及沉淀物或使用包括高硫燃料非增压、低增压及增压式柴油机以及国外要求使用 API CD 级油的柴油机。具有控制轴承腐蚀和高温沉积物的性能，并可代替 CC 级油
	CD-Ⅱ	用于要求高效控制磨损和沉积物的重负荷二冲程柴油机以及要求用 API CD-Ⅱ级油的发动机，同时也满足 CD 级油性能要求
	CE	用于在低速高负荷和高速高负荷条件下运行的低增压和增压式重负荷柴油机以及要求使用 API CE 级油的发动机，同时也满足 CD 级油性能要求
	CF-4	用于高速四冲程柴油机以及要求使用 API CF-4 级油的柴油机。在油耗和活塞沉积物控制方面，性能优于 CE 并可代替 CE，此种油品特别适用于高速公路行驶的重负荷卡车

注：SA、SB、CA、CB 四个品种的标准自 1996 年 8 月 1 日起废除，不再生产和使用。

2. 按照粘度分类

粘度分级就是以一定温度下的粘度范围来划分内燃机油的牌号。我国采用国际通用的SAE（美国汽车工程师学会的缩写）粘度分类法，制定了国家标准 GB/T 14906—1994《内燃机油粘度分类》，将润滑油分为冬季用油（W级）和非冬季用油，见表10-2。冬季用油按低温粘度、低温泵送性划分，共有 0W、5W、10W、15W、20W 和 25W 六个等级。级号越小，低温粘度越小，低温流动性越好，适应的温度越低。非冬季用油按100℃时的运动粘度分级，共有 20、30、40、50 和 60 五个等级。其级号越大，粘度越大，适应温度越高。

表 10-2 我国内燃机润滑油粘度分级（GB/T 14906—1994）

粘度等级	低温粘度/mPa·s 不大于	边界泵送温度/℃ 不高于	运动粘度（100℃）/（mm²/s） 不小于	
0W	3250（-30℃）	-35	3.8	—
5W	3500（-25℃）	-30	3.8	—
10W	3500（-20℃）	-25	4.1	—
15W	3500（-15℃）	-20	5.6	—
20W	4500（-10℃）	-15	5.6	—
25W	6000（-5℃）	-10	9.3	—
20	—	—	5.6	小于9.3
30	—	—	9.3	小于12.5
40	—	—	12.5	小于16.3
50	—	—	16.3	小于21.9
60	—	—	21.9	小于26.1

上面11个级号的油品均为单级油，只能满足低温或高温条件使用，有着明显的区域性和季节的限制。为增宽润滑油对季节和气温的适应范围，还规定了多级油的粘度级号，如 5W/20、5W/30、10W/30、20W/40 等。多级油是在油中添加了粘度指数改进剂，能同时满足某一W级和非W级的粘度要求，有较宽的温度使用范围。如 10W/30，它既符合10W级油粘度要求，又符合30级油粘度要求，在一定地区可冬夏季通用。

五、发动机润滑油的规格

发动机润滑油的产品是由品种（使用等级）与牌号（粘度等级）两部分构成的。每一特定品种都附有规定的牌号，国产发动机润滑油的品种与牌号见表10-3。产品按统一的方法命名，例如，SC30是指使用等级为SC级，粘度等级为30的汽油机油；SE/CC30则为汽油机/柴油机通用油，它符合SE级汽油机油和CC级柴油机油使用性能，粘度等级为30；CC10W/30为多级柴油机油；SF/CD5W/30为多级汽油机/柴油机通用油等。

表 10-3　国产发动机润滑油的品种与牌号

品　种	粘度牌号							
SC	5W/20	10W/30	15W/40	30	40			
SD（SE/CC）	5W/30	10W/30	15W/40	30	40			
SE（SE/CC）	5W/30	10W/30	15W/40	20/20W	30	40		
SF（SF/CD）	5W/30	10W/30	15W/40	30	40			
CC	5W/30	5W/40	10W/30	10W/40	15W/40	20W/40	30	40	50
DD	5W/30	5W/40	10W/30	10W/40	15W/40	20W/40	30	40

六、发动机润滑油的选用

发动机润滑油选择的好坏，直接影响发动机使用性能的发挥，影响发动机工作状态和发动机主要零部件的磨损及其使用寿命。特别是现代高速发动机，由于转速加快，使发动机的工作条件更加苛刻，所以，正确选用润滑油是至关重要的。润滑油选用得当，发动机的动力性、经济性以及使用寿命会得到保障。否则，既不能满足发动机使用要求，还会造成发动机过早损坏。

1. 根据发动机工作条件的苛刻程度选用润滑油质量等级

由于汽油发动机与柴油发动机工作条件的差异，所使用的润滑油也不相同。选用发动机润滑油时，应严格按照说明书的规定选用。若无说明书，可根据发动机性能和使用地区的气温情况，兼顾质量等级与粘度等级两个方面。

（1）汽油机润滑油质量等级的合理选用　汽油机润滑油质量等级应根据发动机的压缩比及附加装置选用，汽油机油的选用原则见表 10-4。汽油机工作条件的苛刻程度与发动机进、排气系统中有无附加装置及类型有关。无附加装置的汽油机可用 SC 润滑油。汽油机压缩比越大，热负荷和机械负荷越大，对润滑油的要求越高。因此，工作条件苛刻、压缩比大的汽油机要求润滑油的清净分散性、抗磨极压性和抗氧防腐性也越好，其质量等级也越高。

表 10-4　汽油机相关参数与选用汽油机油的关系

压缩比	发动机附加装置	质量等级	说明
<7		SC	
7~8	PVC 阀（曲轴箱强制换气）	SD	
8~10	EGR 装置（废气循环）	SE	
>10	EGR 装置、废气催化转化器	SF、SG	无铅汽油
>10	涡轮增压装置、废气催化转化器	SF/CC、SG/CD、SH 以上	无铅汽油

如 EQ140 系列东风车使用 SC 级汽油机油；CA141 系列解放牌汽车和东风改型车使用 SD 级汽油机油；重庆长安奥拓微型车以及重庆长安、天津大发等面包车应用 SE 级机油汽油，最好使用 SF 级汽油机油；奥迪、桑塔纳、捷达、北京切诺基等应使用 SF 级汽油机油；本田、皇冠、大宇、现代、富康等车型应使用 SG 级汽油机油。

（2）柴油机润滑油质量等级的合理选用 柴油机工作条件的苛刻程度用柴油机的强化系数的大小表示。柴油机的热负荷和机械负荷是影响润滑油质量变化的主要因素。柴油机负荷越大，工作温度也越高，工作强度越剧烈，柴油机的工作条件就越苛刻，要求使用柴油机油的质量也越高。强化系数的计算公式如下：

$$K = P_e C_m Z$$

式中 K——柴油发动机的强化系数；

　　　P_e——气缸平均有效压力（MPa）；

　　　C_m——活塞平均速度（m/s）；

　　　Z——冲程系数，四冲程为 0.5、二冲程为 1.0。

发动机的强化系数与柴油机的使用性能级别的关系见表 10-5。但使用硫含量高的柴油或运行条件苛刻，选用的柴油机润滑油使用性能级别要相应提高。

表 10-5　柴油机的强化系数与柴油机的使用性能级别的关系

柴油机的强化程度	强化系数	要求的柴油机油使用性能级别
高强化	大于 50	CD 或 EC
中强化	30 ~ 50	CC
低强化	小于 30	CC

如解放 CA1091K$_2$ 型载重货车，装用的发动机为 CA611A 型柴油机，其强化系数为 36，在 30 ~ 50 之间，可选用 CC 级柴油。

2. 根据季节气温、工况和发动机技术特性选用粘度等级

粘度是内燃机油的重要指标，在确定了润滑油的质量等级后，选择合适的粘度就显得更为重要。粘度过大或过小都会引起能源浪费、磨损增加。

（1）根据使用地区季节和气温选用粘度等级 润滑油粘度等级的选用首先应根据发动机工作的环境温度来决定：冬季寒冷地区应选用粘度小的单级或多级润滑油，以保证发动机在低温条件下容易起动；夏季或全年气温较高的地区应选用粘度较高一些的润滑油，以保证在热状态下能维持足够的粘度，具体选用见表 10-6。

表 10-6　粘度等级与使用环境温度范围的参考值

粘度等级	适用环境气温/℃	粘度等级	适用环境气温/℃
5W	− 30 ~ − 50	5W/20	− 30 ~ 25
10 W	− 25 ~ − 5	10W/30	− 25 ~ 30
20	− 10 ~ 30	10W/40	− 25 ~ 40
30	0 ~ 30	15W/40	− 20 ~ 40
40	10 ~ 50	20W/40	− 15 ~ 40

（2）根据工况选择润滑油的粘度等级 重载、低速和高温下应选用粘度较高一些的润滑油，轻载、高速应选用粘度小的润滑油。

（3）根据发动机的技术性能特性选择粘度等级 新发动机应选用粘度相对较小的润滑油，以保证在走合期以内正常磨合；而使用较久、磨损较大的发动机，则应选用粘度相对较大的润滑油，以维持所需的润滑油压力，保证正常润滑。

七、润滑油使用注意事项

由于润滑油对发动机的使用性能和寿命有很大的影响，因此，使用时应注意以下几点：

1）正确选择润滑油的使用等级，对发动机正常运行至关重要。遇到下列情况之一者，使用等级应酌情提高一级：汽车长期处于停停开开的使用状态；长期低温、低速行驶；长时间高温高速下工作；灰尘大的场所；满载拖挂车长时间行驶。

2）一般使用等级较高的油可代替使用等级较低的油，但绝不能用使用等级较低的油代替使用等较级高的油，否则会导致发动机早期磨损和损坏。

3）应注意用油的地区或季节的变化，及时换用适宜的粘度级别。使用中应尽量选用多级油。不同粘度等级的油不能混用。

4）应结合使用条件按质换油。换油时应在较高温度下进行，并将废油放净，同时必须注意严防水分、杂质的混入。

课题二　环保燃料发动机润滑油

目前，使用压缩天然气、液化石油气和醇类等环保燃料的汽车已在我国许多城市运行。这不仅合理利用了我国丰富的油气资源，缓解了石油资源的紧缺，同时也降低了汽车的尾气污染，改善了城市的大气环境。本课题介绍这些使用环保燃料的发动机的润滑油及其选择。

一、燃气汽车发动机润滑油

1. 燃气汽车发动机的特点

燃气汽车是以 CNG（压缩天然气）和 LPG（液化石油气）为燃料的汽车的通称。根据燃气的不同，一般可将其分为两类：一种是压缩天然气或液化石油气汽车，指常年使用压缩天然气或液化石油气作燃料的汽车；另一种是两用燃料汽车，指除了主要用压缩天然气或液化石油气作为燃料之外，有时在短时间内还用汽油或柴油作为燃料的汽车。

燃气发动机与汽油和柴油内燃机的不同之处在于：

1）燃气发动机压缩比介于汽油、柴油内燃机之间。

2）燃烧温度高，CNG 发动机排气口温度可达 $450 \sim 700 \, ^\circ\mathrm{C}$。

3）燃气发动机排放物中，氮氧化物含量较高。

4）气体燃料本身无润滑性，易造成发动机阀系磨损。

根据以上几点，燃气发动机对润滑油的性能要求及使用工况与汽油、柴油发动机有着明显的不同。

2. 燃气汽车发动机对润滑油性能要求

（1）低灰分　以压缩天然气为燃料的发动机燃烧完全，气缸温度较高，因此要求润滑油的灰分不能高，否则容易产生积垢而导致提前点火，火花塞积垢还会引起发动机故障。

（2）低碱值　双燃料汽车在短暂使用汽油、柴油时，会使润滑油碱值很快衰减，缸套出现腐蚀，所以要求两用燃料发动机油的灰分和碱值比压缩天然气发动机油的稍高一些，以防止酸性物质对发动机产生腐蚀。

（3）高抗氧化性和分散性　气体燃料在发动机内的燃烧温度很高，容易产生氮氧化物。因此，燃气发动机要求使用比普通内燃机油具有更高抗氧化性和分散性的润滑油，这样才能有效减少 NO_x 和润滑油沉积物的形成，抑制润滑油粘度和酸值快速增长。

总之，燃气汽车发动机油应具有以下特点：较好的高温润滑性和低温分散性；优良的抗磨性、防腐性、防锈性；硫酸盐灰分低，防止提前点火、气门积炭、磨损和粘环。所以，燃气汽车必须使用专用的润滑油。

3. 燃气汽车发动机润滑油的发展

国外在燃气发动机油方面已做了大量的研究工作，不仅开发了燃气发动机油产品，还开发出了燃气发动机油复合添加剂，并广泛用于燃气汽车。但是，目前世界上还没有统一的燃气发动机润滑油标准和燃气发动机台架实验评定方法。

目前我国燃气发动机油也没有统一的国标或行标，各个厂家均自行制定企业标准。如长城润滑油公司生产的长城 LPG/CNG 轿车燃气发动机油和重庆一坪润滑油公司推出的燃气发动机专用润滑油以及其他润滑油生产厂家生产的燃气发动机油的性能指标均有差异。因此，在跟踪国外标准的同时，及早制定燃气发动机油国标，对于推动我国燃气机油的发展具有重要意义。

二、醇类燃料发动机润滑油

1. 醇类燃料发动机油特点

醇类燃料发动机是指以甲醇和乙醇等醇类物质作为燃料的汽车发动机。醇类燃料汽车同使用汽油、柴油常规燃料的汽车相比，对润滑油的要求有很大的区别。醇类燃料自身含有一定的水分，当润滑油遇到含水的醇类燃料时，会使润滑油的粘度降低，加剧发动机零部件的磨损、腐蚀，严重时使润滑油品乳化，完全失去润滑作用，造成发动机报废。

2. 醇类燃料发动机对润滑油的性能要求

同汽油燃料发动机对润滑油的性能要求相比，醇类燃料发动机对润滑油的需要同样要满足基本的润滑性能要求，即提高活塞清洁性、减少沉积物的生成、有效防止油品的氧化、降低发动机摩擦表面损失等。

醇类燃料的特点是辛烷值高、蒸发潜热大，因此，允许发动机在较高的压缩比下使用，其目的是改善发动机的热效率和输出功率。另一方面，醇类燃料所具有的高的蒸发潜热、单一的沸点、低的蒸气压等特点，在较低温度下会影响驱动性能而变成不利因素。同时，由于醇类燃料易于与润滑油混合，在较低的温度下容易与润滑油发生乳化，所以它比汽油更易到达气缸壁，使润滑油的粘度降低，加剧发动机零部件的磨损、腐蚀。因此，使用醇类燃料，使发动机的磨损特别是气缸壁、活塞环的磨损以及乙醛排放、燃料进气系统沉积物控制成为人们研究的重点。

课题三 汽车齿轮油

通常把用于汽车手动变速器、后桥齿轮传动机构及转向机构的润滑油称为汽车齿轮油；把用于自动变速器的润滑油称为汽车自动传动液、自动变速器油或液力传动油。本课题主要介绍汽车齿轮油，和其他润滑油一样，汽车齿轮油在齿轮传动中的主要作用是减少摩擦、降低磨损、冷却零部件，同时还可缓和振动、减少冲击、防止锈蚀以及清洗摩擦面脏物的作用。

一、汽车齿轮油的工作条件及其要求

汽车齿轮油与发动机润滑油相比，其工作条件有两大特点。

1. 承受压力大

齿轮在啮合过程中，齿与齿间的接触为线接触，因而啮合部位的接触压力很高，一般汽车齿轮的接触压力达 2000～3000MPa，而双曲面齿轮因相对滑动速度大，齿面接触压力就更高，可达 3000～4000MPa。所以，齿轮啮合部位的油膜极易破裂，导致摩擦和磨损，甚至引起擦伤和胶合。

2. 工作温度不高

齿轮油基本不受发动机热源影响，油温的升高主要是由于传动机构摩擦产生的热量引起的，并且随周围环境气温和行驶中外部空气冷却强度的变化而变化。一般齿轮油工作温度在 120～130℃，双曲面齿轮由于滑动速度大，工作油温相对高些，车速较高时可达 160～180℃。

根据上述工作特点，为保证齿轮传动的良好润滑和正常运转，对齿轮油的性能要求是：具有良好的抗磨性，适宜的粘度和良好的粘温性，良好的热氧化安定性，低温流动性好，良好的防腐、防锈性能和抗泡沫性等。

二、汽车齿轮油的性能要求

1. 极压抗磨性

为满足现代汽车功率和车速不断提高的要求，一些高级小轿车和越野汽车多采用准双曲面齿轮，目的是降低车身的高度以适应高速行驶。准双曲面齿轮在传动时，齿面压力可高达 3000～4000MPa，啮合齿面间的相对滑动速度也可高达 450m/min。在这样的高压和高速下，准双曲面齿轮处于边界润滑状态。另外，当汽车在重载荷起动、爬坡或遇到冲击载荷时，齿面接触区中有相当部分处于边界润滑状态。这就要求齿轮油在较高的负荷下仍能保持有足够厚的油膜。齿轮油粘度的增加有利于承载能力的提高，但粘度过大会增加摩擦损失，所以在汽车齿轮油中一般都加有极压抗磨添加剂。

2. 热氧化安定性

齿轮油抗高温条件氧化作用的能力称为热氧化安定性。氧化使油的粘度增大，生成油泥，影响车辆齿轮油的流动；氧化产生的腐蚀性物质会加速车辆齿轮油对金属的腐蚀和锈蚀。氧化生成的极性沉淀物会吸附极性添加剂，使添加剂随沉淀一起从油中析出；沉淀会使橡胶老化变硬，沉淀覆盖于金属零件表面时，又会影响其散热。所以，车辆齿轮油还应加入抗氧剂，使其具有良好的热氧化安定性。

3. 适当的粘度

粘度是齿轮油的重要指标。粘度大可以保证齿轮在弹性流体动压润滑状态下形成足够厚的油膜，使齿轮具有足够的承载能力，降低齿面的磨损。但粘度过大也会给循环润滑带来困难，增加齿轮运动的搅拌阻力，以致发热而造成动力损失。同时，粘度大的润滑油流动性能较差，对被挤压的油膜，不能给予及时的自动补偿和修复而会增加磨损。这就要求齿轮油应有合适的粘度。

4. 防腐性能

汽车齿轮油中所含的极性添加剂会与零件表面金属反应生成有机膜，以防止在重负荷时油膜破裂引起擦伤，增加极压性能。但极性添加剂又会造成铜或铜合金的腐蚀。为此，车辆齿轮油还须加入防腐剂，保证汽车齿轮油兼有极压性和抗腐蚀性。

此外，汽车齿轮油还应具有良好的粘温性以及良好的抗泡沫性。

三、汽车齿轮油的分类

1. 汽车齿轮油的粘度分类

我国车辆齿轮油的粘度采用美国 SAE 粘度分类法，按齿轮油粘度为 150Pa·s 时的最高温度和 100℃的运动粘度，将齿轮油分为 70W、75W、80W、85W、90、140 和 250 七个粘度牌号，见表 10-7。表中凡带 W 级号的为冬季用油，数字后不带 W 的表示常温和高温下使用的齿轮油。另外，为了节能，方便四季及寒暖区通用，SAE 还设计了三个多级油的牌号，80W/90、85W/90、85W/140，如 80W/90 含义是低温粘度符合 SAE80W 要求，高温粘度符合 SAE90 要求。

表 10-7　我国车辆齿轮油的粘度分类（SAEJ306C）

粘度牌号（SAE）	粘度为 150Pa·s 时的最高温度/℃	100℃运动粘度/（mm²/s）	
		最小值	最大值
70W	−55	4.1	—
75W	−40	4.1	—
80W	−26	7.0	—
85W	−12	11.0	
90	−10	13.5	<24.0
140	−10	24.0	<41.0
250	—	41.0	

2. 汽车齿轮油的质量分类

汽车齿轮油的质量分类，目前国际上广泛采用 API 使用分类法，它按齿轮形式、承载能力和使用条件的不同，分为 GL-1、GL-2、GL-3、GL-4、GL-5 和 GL-6（表中无）六个级别。随着汽车工业、石油工业及科学技术的发展，API 车辆齿轮油的分级经过多次修改，现行分类见表10-8。

表10-8　美国石油学会车辆齿轮油使用性能分级标准（SAE J308C）

分类	使用说明	典型应用
GL-1	低齿面压力、低滑动速度下运行的汽车弧齿锥齿轮的驱动桥以及各种手动传动箱规定用 GL-1 齿轮油，直馏矿物油能满足使用要求，可加入抗氧剂、防锈剂和消泡剂，改善其性能	汽车手动变速器（牵引车和卡车）
GL-2	汽车蜗轮后桥齿轮，由于其负荷、温度及滑动速度的状况，GL-1 齿轮油不能满足要求的蜗轮蜗杆齿轮，规定用 GL-2 齿轮油，这种油通常加有脂肪添加剂	蜗轮蜗杆传动和工业齿轮油
GL-3	速度和负荷比较苛刻的汽车手动传动箱和弧齿锥齿轮的驱动桥，规定用 GL-3 级齿轮油，其耐负荷能力比 GL-1 和 GL-2 高，但比 GL-4 低	手动变速器和弧齿锥齿轮后桥传动
GL-4	在低速高转矩、高速低转矩下操作的各种齿轮，特别是客车和其他车辆用的准双曲面齿轮，规定使用 GL-4 齿轮油，要求油品抗擦伤性能等于或优于 CRC 参考油 RGO-105，并要通过实验程序，其性能水平达到 1972 年 4 月启用的 ASTMSTP-512 的要求	手动变速器、弧齿锥齿轮和准双曲面齿轮，以及在中等苛刻条件下工作的零件
GL-5	在高速冲击负荷、高速低转矩、低速高转矩下操作的各种齿轮，特别是客车和其他车辆用的准双曲面齿轮规定使用 GL-5 齿轮油，要求其抗擦伤性能等于或优于 CRC 参考油 RGO-110，并要通过实验程序，其性能水平达到 1972 年 4 月启用的 ASTMSTP-512 的要求	用于苛刻使用条件下的准双曲面齿轮和所有其他类型的齿轮，也可用于手动变速器

四、汽车齿轮油的规格

我国根据 GB/T 7631.7—1995 润滑油和有关产品（L 类）的分类原则，将车辆齿轮油分为普通车辆齿轮油、中负荷车辆齿轮油和重负荷车辆齿轮油三个品种，分别相当于 API 中的 GL-3、GL-4、GL-5。各品种的特点和常用部位见表10-9。

表10-9　我国车辆齿轮油质量分类（GB/T 7631.7—1995）

名称	代号	组成、特性和使用说明	使用部位
普通车辆齿轮油	CLC	精制矿物油加抗氧剂、防锈剂、抗泡剂和少量极压剂等组成。适用于中等速度和负荷比较苛刻的手动变速器和弧齿锥齿轮的驱动桥，相当于 API 使用分类 GL-3	汽车的手动变速器、弧齿锥齿轮的驱动桥
中负荷车辆齿轮油	CLD	精制矿物油加抗氧剂、防锈剂、抗泡剂和少量极压剂等组成。适用于在低速高转矩、高速低转矩下操作的各种齿轮，特别是客车和其他各种车辆用的准双曲面齿轮，相当于 API 使用分类 GL-4	汽车的手动变速器、弧齿锥齿轮和使用条件不太苛刻的准双曲面齿轮的驱动桥
重负荷车辆齿轮油	CLE	精制矿物油加抗氧剂、防锈剂、抗泡剂和少量极压剂等组成。适用于高速冲击负荷、低速高转矩和高速低转矩下操作的各种齿轮，特别是客车和其他各种车辆用的准双曲面齿轮，相当于 API 使用分类 GL-5	操作条件缓和或苛刻的准双曲面齿轮及其他各种齿轮的驱动桥。也可用于手动变速器

1. 普通车辆齿轮油

普通车辆齿轮油具有较好的抗氧防锈性和一定的极压抗磨性，与 API GL-3 的质量水平相当，其粘度分为 80W/90、85W/90 和 90 三个牌号，适用于一般车辆的弧齿锥齿轮、手动变速器，但不能用于准双曲面齿轮装置的润滑。

2. 中负荷车辆齿轮油

中负荷车辆齿轮油具有较好的极压抗磨性、氧化安定性和防锈性等性能，与 API GL-4 的质量水平相当，其粘度分为 75W、80W/90、85W/90、85W/140、90 和 140 六个牌号，适用于手动变速器、弧齿锥齿轮和使用条件不太苛刻的准双曲面齿轮减速器，以及要求使用 GL-4 齿轮油的进口车辆。

3. 重负荷车辆齿轮油

重负荷车辆齿轮油具有良好的极压抗磨性、氧化安定性和防锈性等性能，与 API GL-5 的质量水平相当，其粘度分为 75W、80W/90、85W/90、85W/140、90 和 140 六个牌号，适用于条件苛刻的准双曲面齿轮减速器、手动变速器以及要求使用 GL-5 齿轮油的进口车辆。

五、汽车齿轮油的选用

汽车齿轮油的选择包括质量级别的选择和粘度牌号的选择。质量级别应根据齿轮类型和工作条件来选择；粘度牌号应根据其工作的最低环境温度和传动装置的运行最高温度来选择。

1. 根据齿轮的工作环境选择质量等级

通常进口轿车、中外合资生产的轿车及大负荷货车的驱动桥准双曲面齿轮，其接触压力在 3000MPa 以上，滑动速度超过 10m/s，油温达 120~130℃，工作条件十分苛刻，必须使用重负荷车辆齿轮油（GL-5）；而接触压力在 3000MPa 以下、滑动速度在 1.5~8m/s 之间的驱动桥准双曲面齿轮，因工作条件不太苛刻，应选用中负荷车辆齿轮油（GL-4），如东风 EQ1092、北京 BJ2023S 等汽车的驱动桥；弧齿锥齿轮因齿轮接触压力和滑动速度较低，可选用普通车辆齿轮油，负荷较大的车辆可选用中负荷车辆齿轮油，如解放 CA1091、跃进车等驱动桥。

手动变速器、分动器和转向器等，其工作负荷较小，如无特殊要求，简化用油品种，可与驱动桥使用同一种齿轮油。对有含铜机件的变速机构，因齿轮油中的硫对其有腐蚀作用，可采用柴油机油。

2. 根据季节、气温选择粘度等级

齿轮油的低温粘度决定了传动机构在低温下的操作性能。因此，可以按齿轮油粘度达 150Pa·s 的最高温度，作为使用的最低温度对照当地气温来选用。通常长江流域及其他冬季气温不低于 -10℃ 的地区，全年可使用 90 号油；长江以北冬季气温不低于 -26℃ 的寒区，全年可用 80W/90 号油；黑龙江、内蒙古、新疆等冬季最低气温在 -26℃ 以下的严寒区，冬季应使用 75W 号油，夏季应换用 90 号油；其他地区全年可用 85W/90 号油。

六、使用注意事项

1）质量等级高的齿轮油可以用于要求较低的车辆上，但绝不能将质量等级低的油用于要求高的车辆上，否则会使齿轮产生严重的磨损和损坏。

2）在保证润滑的前提下，应选用粘度等级较低的齿轮油，尽可能选用多级油，以避免季节换油造成的浪费。

3）严防水分混入，以免极压抗磨添加剂失效。

4）不同品牌的齿轮油不要混存混用。因为即使是同类，同一牌号的齿轮油中某些性能指标也不完全相同。

5）齿轮油的换油期一般为（4~5）×10⁴km 一次，换油时应将废油放尽。

课题四　液力传动油

液力传动油又称汽车自动变速器油，简称为 ATF（Automatic Transmission Fluid），是一种多功能的液体，是液力传动装置的工作介质。

汽车用液力传动油是一种多功能工作液，其主要功能有以下几点：

（1）动力传递介质　在扭矩变换中作为流体动力能的传动介质，作为伺服机构和压力环路静压能的传递介质，在离合器中作为滑动摩擦能的传递介质。

（2）热能传递介质　由于摩擦片表面接触瞬间温度可达600℃，液力传动油也作为热传递介质，以控制摩擦副表面温度，防止摩擦片烧结。

（3）润滑介质　常用于弧齿锥齿轮、准双曲面齿轮、轴和止推轴承的润滑。

根据上述功能要求，液力传动油应具有良好的使用性能。

一、液力传动油的使用性能

1. 粘度和粘温性

自动变速器的功能好坏与液力传动油的粘度关系密切，而组成自动变速器的各部件对液力传动油的粘度要求不同。从提高液力变矩器的传动效率、控制系统动作的灵敏性角度看，粘度低有利；为满足齿轮和轴承的润滑要求，减少液压控制系统和油泵泄漏，确保换挡正常，液力传动油的粘度不能过低。但粘度也不宜过高，过高不仅使变矩器的传动效率下降，而且会造成低温起动困难。综合考虑传动效率、低温起动性和润滑要求，对于轿车和轻型载货汽车，要求100℃运动粘度在7.0~8.5mm²/s；对重负荷功率转换器用油，要求100℃运动粘度可从3.8mm²/s 到16.33mm²/s。液力传动油的使用温度范围很宽，一般为 -40~170℃，自动变速器的功能对液力传动油的粘度十分敏感，粘度指数要达170左右，这就要求液力传动油具有适当的粘度和良好的粘温性。

2. 良好的热氧化安定性

液力传动油的热氧化安定性是使用中一个极为重要的问题。汽车在行驶中，汽车液力传动油的温度随汽车行驶条件而变化。高速行驶的轿车，汽车液力传动油的温度为80~

90℃，但在苛刻条件下运行时，最高油温可达150～170℃。这种温度对油品氧化的影响虽然比发动机油低，但如果液力传动油的热氧化安定性不好，则会生成油泥、漆膜或酸性物质，使粘度的变化对离合器产生不良影响，引起摩擦特性的改变，甚至腐蚀离合器片、衬套和止推垫片。油泥会堵塞液压系统和排液管路；漆状物会导致控制阀、调节杆失灵；油内氧化生成的酸或过氧化物对轴承、橡胶密封材料也有损害；氧化产物还会引起泡沫，造成气穴等。另外，汽车制造商对变速装置不断改进，趋向小型化且要求与传动系统同寿命等。因此，对液力传动油热氧化安定性的要求十分严格。

3. 良好的抗泡沫性

液力传动油在高速流动中产生泡沫，泡沫对液力传动系统危害极大。因为泡沫的可压缩性会导致系统压力波动和下降，甚至会造成供油中断，影响控制系统的准确性；泡沫还会使液力变矩器传动效率下降，破坏正常的润滑条件，造成离合器打滑、烧坏等故障。泡沫的形成主要是气体的掺入和油品中少量的水分在一定温度下蒸发造成的。为防止泡沫的产生，液力传动油中要加入抗泡沫添加剂，以降低油品表面张力，使气泡迅速从液力传动油中溢出。

4. 良好的抗磨性

为确保自动变速器的行星齿轮机构、轴承、垫圈和油泵等长期正常工作，要求液力传动油必须润滑良好。一般来说，为提高液力传动油的抗磨性，油中通常都加有抗磨添加剂。

5. 与橡胶材料的适应性

液力传动油不应使自动变速机构中使用的丁酯橡胶、丙烯橡胶和硅橡胶等密封材料过分膨胀、收缩和硬化，否则将会产生漏油和其他危险。

此外，还要求液力传动油具有良好的防腐蚀、防锈性能等。

二、液力传动油的分类及规格

1. 国外液力传动油的分类

国外液力传动油的规格多采用美国材料试验学会（ASTM）和美国石油学会（APT）共同提出的PTF（Power Transmission Fluid）使用分类，将PTF分为PTF-1、PTF-2和PTF-3，见表10-10。

表10-10　液力传动油使用分类

分类	符合的规格	应用
PTF-1	通用汽车公司 GM Dexron II	轿车、轻型货车的自动传动装置
	福特汽车公司 FORD M2C310-F 或 G	
	M2C138-CJ	
	M2C166-H	
	克莱斯勒 CHRYSLER MS-3256 或 4228	
	SAE J1285-80	

（续）

分类	符合的规格	应 用
PTF-2	通用汽车公司 GM Track 和 Coach	重型货车、履带车和越野汽车的功率转换器和液力耦合器
	阿里森 ALLison C-2、C-3	
PTF-3	约翰·狄尔 John Deere J DT303 或 J-14B J-20 A	农业和建筑机械的液压、齿轮和制动等装置
	福特 FORD M2C41A	
	玛赛—费格森 Mqssey-Ferguson M-1135	

PTF-1 类油主要用于轿车、轻型货车作液力传动油，其特点是低温起动性好。

PTF-2 类油主要用于重负荷的液力传动系统，如重型载货汽车、大型客车、越野车和工程机械的自动变速器，其特点是适于在重负荷下工作。

PTF-3 类油是随着全液压拖拉机的发展而产生的，主要的功能是作为差速器和最后驱动齿轮的润滑，以及液压转向、制动、分动箱和悬架装置的工作介质。这类油适于在中低速下运转的拖拉机及野外作业的工程机械液力传动系统的齿轮箱中使用，其极压抗磨性和负荷承载能力比 PTF-2 类油的要求更高。

2. 我国液力传动油的品种、牌号和规格

我国的液力传动油目前尚未制定详细分类的国家标准，现有产品标准是中国石化总公司的企业标准，该标准将液力传动油分为 8 号和 6 号（见表 10-11 和表 10-12）。这两种油都是以轻质矿物油或合成油为基础油，加入抗氧化剂、防锈剂、抗磨剂和油性剂等调制而成。

8 号液力传动油具有良好的粘温性、抗磨性和较低的摩擦因数，相当于国外 PTF-1 类油中的 GM Dexron Ⅱ 规格，适用于轿车和轻型货车的自动变速系统。

6 号液力传动油比 8 号液力传动油具有更好的抗磨性，但粘温性稍差，相当于国外 PTF-2 类油，适用于内燃机车和重型货车以及工程机械的多级变矩器和液力耦合器。

表 10-11　国产 8 号液力传动油规格

项　　目		质量指标	试 验 方 法
运动粘度（50℃）/（mm^2/s）		18 ~ 24	GB/T 265—1988
粘度指数	不小于	200	GB/T 2541—1981
闪点（开口）/℃	不低于	160	GB/T 267—1988 或 GB/T 3536—1983
凝点/℃	不高于	-35	GB/T 510—1983
水溶性酸或碱		无	GB/T 295—1988
灰分（%）（质量分数）	不大于	0.005	GB/T 508—1985
机械杂质（%）（质量分数）		0	GB/T 511—1988
水分（%）（质量分数）		0	GB/T 260—1977
腐蚀（铜片，100℃，3h）		合格	SH/T 0195—1992（2000）
抗氧化安定性：氧化后酸值		0.35	SH/T 0193—2008
氧化后沉淀（%）（质量分数）		0.1	

表 10-12　国产 6 号液力传动油规格

项　　目		质量指标	试验方法
运动粘度（100℃）/（mm²/s）	不小于	8	GB/T 265—1988
粘度指数	不小于	200	GB/T 2541—1981
闪点（开口）/℃	不低于	160	GB/T 267—1988 或 GB/T 3536—1983
凝点/℃	不高于	−55（−25）	GB/T 510—1983
机械杂质（%）（质量分数）	不大于	0	GB/T 511—1988
水分（%）（质量分数）		0	GB/T 260—1977
临界负荷（常温）/N		800	GB/T 3142—1982
抗泡沫性（93℃，24℃）/mL	不低于	50	GB/T 12579—2002
腐蚀（铜片，100℃，3h）		合格	SH/T 0195—1992（2000）

三、液力传动油的选用及使用注意事项

1. 液力传动油的选用

应严格按车辆使用说明书的规定，选用适合品种的液力传动油。轿车和轻型货车应选用 8 号油；进口轿车要求用 CM-A 型、A-A 型 GM Dexron Ⅱ 型自动变速器油的均可用 8 号油代替；重型货车、工程机械的液力传动系统则应选用 6 号油。

2. 液力传动油使用注意事项

（1）注意保持油温正常　长时间重载低速行驶，将使油温上升，加速油液的氧化变质，形成沉积物和积炭，阻塞细小的通孔和油液循环的管路，这又使自动变速器进一步过热，最终导致变速器损坏。

（2）经常检查油平面　车辆停在平地上，发动机保持运转，油应在正常工作温度下，如果车辆在长途行驶或拖带挂车后，要再过半小时后检查。此时油平面应在自动变速器量油尺上下两刻线之间，不足时及时添加。如油面下降过快，可能是由于漏油，应及时予以排除。

（3）定期更换液力传动油和过滤器　按车辆使用说明书的规定更换液力传动油和过滤器（或清洗滤网），同时拆洗自动变速器油底，并更换其密封垫。通常每行驶 1 万 km 应检查油面，每行驶 3 万 km 更换油液。

在检查油面和换油时，注意油液的状况。在手指上擦上少许油液，用手指互相摩擦看是否有渣粒存在，并从量油尺上嗅闻油液气味，有臭味，说明油已变质。通过对油液的外观检查，可反映部分问题。液力传动油是一种专用油品，加有染色剂，系红色或蓝色透明液体，绝不能与其他油品混用，同牌号不同厂家生产的也不宜混合使用，以免造成油品变质。

课题五　润滑脂

润滑脂是石油产品中的一大类，它是一种稠化了的润滑油，即在润滑油中加入了稠化剂，外形呈粘稠的半固体油膏。润滑脂具有许多优良性能，是汽车中不可缺少的润滑

材料。

一、润滑脂的特点及组成

1. 润滑脂的特点

与润滑油相比润滑脂有如下优点：

1）具有良好的粘附性，能附着在摩擦表面上，不易流失或飞溅。

2）承压抗磨性强，在大负荷和冲击载荷下，仍能保持良好的润滑性能。

3）使用周期长，无需经常补充，可减少维护工作量。

4）具有更好的密封和防护作用。

5）使用温度范围较宽。

凡是汽车上不宜使用液体润滑剂的部位，低速、大负荷和冲击力较大的部位，工作环境差、难以密封的部位等均需使用润滑脂。

但润滑脂的散热能力差，不能像润滑油那样对摩擦表面进行冷却；流动性差，内摩擦阻力大，运转时功率损失也大。此外，当固体杂质混入其中时不易清除。这些都使得润滑脂在使用范围上受到一定的限制。

2. 润滑脂的组成

润滑脂由基础油、稠化剂和添加剂三部分组成，一般基础油质量分数为 75% ~ 90%，稠化剂质量分数为 10% ~ 20%，其余为添加剂。

（1）基础油　基础油虽为液体，但在润滑脂中，它被保持在稠化剂所形成的结构骨架内，以致失去流动，在常温呈半固体或固体状态，其形态介于液体和固体之间。从一定意义上来说，基础油兼有液体和固体的优点：在常温和静止状态下，润滑脂是一种塑性物质，能够附着在摩擦表面，在垂直表面上不流失，并可保持在敞开的以及密封不良的摩擦部件和机械上工作；在升高温度和运动状态下，受到热的作用和机械作用，润滑脂变稀，能像液体一样变形流动，润滑摩擦表面。当热的作用和机械作用逐渐变小乃至消失时，润滑脂中的基础油又会逐渐变稠，成为一种塑性状物质。基础油是润滑脂中起润滑作用的主要成分，对润滑脂的性能有较大影响。

常用的基础油有矿物油（开采的天然石油炼制所得）和合成油（如航空机油或硅油等）两类。目前使用较多的是矿物油，约占 98% 以上，一般只有对高温和低温性能都有特别要求时，才采用合成油。

（2）稠化剂　稠化剂是润滑脂的固体组分，它能在基础油中分散和形成骨架结构，并且使基础油被吸附和固定在骨架结构之中，它的性质和含量决定了润滑脂的粘稠程度以及抗水性和耐热性。常用的稠化剂有：皂基稠化剂、烃基稠化剂、有机稠化剂、无机稠化剂。稠化剂的种类不同，润滑脂的基本性能也不同，使用较广泛的是皂基稠化剂。

（3）添加剂　润滑脂添加剂是添加到润滑脂中以改进其使用性能的物质，它可以改进基础油本身固有的性质或增加其原来不具有的性质，含量占润滑脂质量的 5% 以下。

润滑脂添加剂的主要种类有稳定剂、抗氧剂、金属纯化剂、防锈剂、抗腐剂和极压抗磨剂等。

二、润滑脂的主要使用指标

润滑脂的组成和结构特性，使润滑脂具有许多其他润滑剂所不具有的特殊使用性能。

1. 稠度

稠度是指像润滑脂一类的塑性物质在受力作用时抵抗变性的程度，其评价指标是锥入度。

锥入度指在规定温度下，将标准锥沉入润滑脂内保留 5s，然后测量锥的沉入深度，以 1/10mm 为单位，即得到润滑脂的锥入度。锥入度是选用润滑脂的重要依据。负荷较大、速度较低的摩擦机件，应选用锥入度较小的润滑脂；反之，则应选用锥入度较大的润滑脂。

表 10-13 为我国润滑脂的稠度等级，它是用锥入度来划分的，表中稠度牌号越大，锥入度值越小。通常 2 号、3 号润滑脂因其软硬程度比较适合汽车和工程机械的使用要求，因而用得最多、最广。

表 10-13　我国润滑脂的稠度等级

NLGI 级号	000	00	0	1	2	3	4	5	6
工作锥入度范围（25℃）/ （1/10mm）	455~475	400~430	355~385	310~340	265~295	220~250	175~205	130~160	85~115
状态	液状	几乎成液状	极软	非常软	软	中	硬	非常硬	极硬或固体

2. 滴点

润滑脂在规定的试验条件下，由半固态变为液态时的温度，称为滴点。通过滴点可以粗略地估计润滑脂的最高使用温度，为了使润滑脂能在润滑部位长期工作而不流失，滴点应高于润滑部位的工作温度 15~30℃ 或更高。滴点越高，其耐热性越好。

3. 胶体安定性

胶体安定性是指润滑脂在一定温度和压力下保持胶体结构稳定，防止基础油从脂中析出的性能。胶体安定性差的润滑脂在受热、压力等作用下，易发生油皂分离，使润滑脂稠度改变和流失。

4. 抗水性

抗水性指在水中不溶解，不从周围介质中吸收水分，不被水洗掉等的能力。烃基润滑脂不吸水、不乳化，抗水性特别好。皂基脂中除钠基脂和钙钠基脂外，其他皂基脂的抗水性都较好。

5. 防腐性

润滑脂的防护作用是吸附在金属表面，隔绝外界各种腐蚀介质与金属的接触，以达到防腐的目的。因此，润滑脂本身对金属不应有腐蚀作用，这就要求润滑脂不能含有过量的游离酸或碱，并且不应含游离水。

此外，对润滑脂的蒸发性、低温性能、抗磨性、氧化安定性、与橡胶材料的适应性等都有评价指标。

三、润滑脂的品种、规格和使用范围

润滑脂的品种很多，汽车上常用的润滑脂有下列几类：

1. 钙基润滑脂

钙基润滑脂俗称"黄油"，是 20 世纪 30 年代的老品种，在国外已趋于淘汰，目前在我国还是使用较多的一个品种。它是由动植物油与石灰制成的钙皂稠化矿物润滑油，并以水作为胶溶剂而制成的。按锥入度大小钙基润滑脂分为 1、2、3、4 四个牌号，号数越大，脂越硬，滴点也越高，其规格见表 10-14。

表 10-14 钙基润滑脂（GB/T 491—2008）

项 目		质量指标				试验方法
		1 号	2 号	3 号	4 号	
外观		淡黄色至暗褐色均匀油膏				目测
工作锥入度/（1/10mm）		310~340	265~295	220~250	175~205	GB/T 269
滴点/℃	不低于	80	85	90	95	GB/T 4929
腐蚀（T_2 铜片，24h）		铜片上没有绿色或黑色变化				GB/T 7326 乙法
水分（质量分数）（%）	不大于	1.5	2.0	2.5	3.0	GB/T 512
灰分（质量分数）（%）	不大于	3.0	3.5	4.0	4.5	SH/T 0327
钢网分油量（60℃，24h）（质量分数）（%）	不大于	—	12	8	6	SH/T 0324
延长工作锥入度，1 万次与工作锥入度差值/（1/10mm）	不大于		30	35	40	GB/T 269
水淋流失量（38℃，1h）（质量分数）（%）	不大于		10	10	10	SH/T 0109

钙基润滑脂的特点是：不溶于水，抗水性较强且润滑、防护性能较好；但其耐热性较差，在高温、高速部位润滑时易造成油皂分离。所以，钙基润滑脂最高使用温度一般不高于 60℃，且使用寿命较短。

钙基润滑脂在汽车上主要用于底盘的摩擦部位、水泵轴承、分电器凸轮、变速器前球轴承等部位。换油期一般为汽车行驶里程 5000km 左右更换一次。

2. 钠基润滑脂

钠基润滑脂是以动植物油加烧碱制成的钠皂稠化矿物润滑油制成的，外观为深黄色至暗褐色的纤维状均匀油膏，按锥入度的大小，分为 2、3 两个牌号，其规格见表 10-15。

表 10-15 钠基润滑脂（GB/T 492—1989）

项 目		质量指标		试验方法
		2 号	3 号	
滴点/℃	不低于	160	160	GB/T 4929
工作锥入度/（1/10mm）		265~295	220~250	GB/T 269
延长工作（10 万次）	不大于	375	375	
腐蚀试验（T_2 铜片，室温 24h）		铜片无绿色或黑色变化		GB/T 7326 乙法
蒸发量（99℃，22h）（质量分数）（%）	不大于	2.0	2.0	GB/T 7325

钠基润滑脂的特点是：滴点较高（160℃），耐热好，适用于 − 10 ~ 110℃温度范围内一般中等负荷部件的润滑，并有较好的承压抗磨性能；但它的耐水性很差，因而不能用于潮湿和易于与水接触的摩擦部位，如用于离发动机很近，温度较高的风扇离合器等部位。

3. 汽车通用锂基润滑脂

汽车通用锂基润滑脂是由天然脂肪酸锂皂稠化的低凝点润滑油，加有抗氧、防锈剂制成的，其规格见表10-16。

表 10-16　汽车通用锂基润滑脂（GB/T 5671—1995）

项　　目		质量指标	试验方法
工作锥入度（25℃，60次）/（1/10mm）		265 ~ 295	GB/T 269
滴点/℃	不低于	180	GB/T 4929
钢网分油（100℃，30h）（%）	不大于	5	SH/T 0324
相似粘度（ − 20℃，10s^{-1}）/Pa·s	不大于	1500	SH/T 0048
游离碱（NaOH）（%）	不大于	0.15	SH/T 0329
腐蚀（T$_2$ 铜片，100℃，24h）		铜片无绿色或黑色变化	GB/T 7326 乙法
蒸发量（99℃，22h）（%）	不大于	2.0	GB/T 7325
漏失量（104℃，6h）/g	不大于	5.0	GB/T 0326
水淋流失量（79℃，1h）（%）	不大于	10	SH/T 0109
延长工作锥入度（10 万次），变化率（%）	不大于	20	GB/T 269
氧化安定性（99℃，100h，0.77MPa）压力降/MPa	不大于	0.07	SH/T 0335
防腐蚀性（52℃，48h）/级	不大于	1	GB/T 5018
杂质/（个数/cm^3）			SH/T 0336
10μm 以上	不大于	5000	
25μm 以上	不大于	3000	
75μm 以上	不大于	500	
125μm 以上	不大于	0	

汽车通用锂基润滑脂的特点是：滴点高（180℃），使用温度范围广，可以在 − 30 ~ 120℃范围内长期使用，而且还具有良好的胶体安定性、抗水性和防锈性。

汽车通用锂基润滑脂适用的地区较广，可广泛用于汽车轴承及各摩擦部位，其换油周期为15000km。目前，进口汽车和国产新车普遍推荐使用这种润滑脂。

此外，汽车常用的润滑脂还有石墨钙基润滑脂，它具有良好的抗水性和抗碾压性能，主要用于汽车钢板弹簧、半拖挂货车转盘等承压部位的润滑。

四、使用注意事项

1）不同种类的润滑脂不得混用，否则易使润滑脂变软和胶体安定性下降。换用新鲜润滑脂时，须将原润滑脂擦净，不然将加速新鲜润滑脂氧化变质。

2）润滑脂一次加入量不要过多，否则会使运转阻力增加，工作温度升高。

3）一般情况下，润滑脂与润滑油不能混用。

4）润滑脂应贮存在阴凉干燥的地方，不要露天存放，并需防止日晒、雨淋和灰、砂的侵入。

【单元小结】

车用润滑油料包括发动机润滑油、汽车齿轮油、液力传动油、润滑脂等。由于汽车可运行的地域辽阔，各地区的气候条件相差很大，因而对车用润滑油料的性能要求较高。

1. 发动机润滑油的使用性能有：润滑性、清净分散性、抗磨性、粘温性、低温流动性、抗氧化性、抗腐蚀性和抗泡沫性。油品的使用性能将直接影响发动机的性能，尤其是现代的电喷发动机性能。

2. 我国发动机润滑油的粘度等级是采用美国汽车工程师（SAE）协会的粘度分类法，将发动机润滑油分为 0W、5W、10W、15W、20W、25W、20、30、40、50、60 等十一个粘度牌号。按使用性能分类是等效采用美国石油协会的（API）的使用分类法，将汽油机油分为 SC、SD、SE、SF、SG、SH 级，将柴油机油分为 CC、CD、CD-Ⅱ、CE、CF-4 级。

3. 发动机润滑油的选用包括质量等级的选用和粘度等级的选用。应严格按车辆使用说明书的规定及发动机润滑油的工作条件选择合适的使用级别，根据气温、工况和发动机的技术状况选择合适的粘度级别。

4. 我国齿轮油是等同采用美国 SAE 车辆齿轮油粘度分类法，将齿轮油分为 70W、75W、80W、85W、90、140 和 250 七个粘度牌号；按齿轮油的质量分为普通车辆齿轮油、中负荷车辆齿轮油和重负荷车辆齿轮油三个品种。根据齿轮类型和工作条件选择齿轮油的质量级别；根据工作的最低环境温度和传动装置的运行最高温度来选择粘度牌号。

5. 我国液力传动油分为 8 号和 6 号两种：8 号液力传动油主要用于轿车的液力传动系统；6 号液力传动油主要用于内燃机车和载货汽车以及工程机械的液力传动系统。

6. 汽车常用的润滑脂品种有钙基润滑脂、钠基润滑脂、汽车通用锂基润滑脂。由于润滑脂具有许多优良性能，所以汽车上不宜使用液体润滑剂的部位，低速、大负荷和冲击力较大的部位，工作环境差、难以密封的部位等，均使用润滑脂。

【思考与练习】

1. 发动机润滑油的主要作用是什么？其主要使用性能指标有哪些？

2. 什么叫发动机润滑油的粘温性？为什么要求润滑油应具有良好的粘温性？

3. 我国发动机润滑油是如何分类的？其品种和牌号有哪些？

4. 如何选择发动机润滑油？使用发动机润滑油时应注意哪些事项？

5. 燃气发动机与汽油和柴油内燃机的有哪些不同之处？燃气发动机对润滑油性能有哪些要求？

6. 什么叫汽车齿轮油？汽车齿轮油具有哪些使用性能要求？

7. 汽车齿轮油的 SAE 粘度级别是如何划分的？

8. 如何选择汽车齿轮油？使用汽车齿轮油时应注意哪些事项？

9. 汽车液力传动油的主要功能和使用性能各有哪些？

10. 国产液力传动油有哪几个牌号？各有哪些性能特点？分别适用于哪些车型？

11. 液力传动油的使用注意事项有哪些？

12. 润滑脂与润滑油比较有哪些优点？

13. 简述钙基润滑脂、钠基润滑脂和汽车通用锂基润滑脂的特点与使用范围。

第十一单元

车用工作液

【任务描述】

车用工作液主要包括汽车制动液、汽车冷却液、减振器油、制冷剂和防冻液等。它们对汽车行驶的安全性、汽车舒适性等都有显著的影响。本单元主要介绍车用工作液的类型、特点及其正确使用方法等知识。

【学习目标】

1. 了解汽车工作液的种类。
2. 掌握常用汽车工作液的性能、规格、特点及其正确使用方法。

课题一　汽车制动液

汽车制动液，俗称刹车油。GB 12981—2003《机动车辆制动液》明确了汽车制动液的概念。汽车制动液是汽车液压制动系统所采用的传递压力的工作介质。

汽车制动液是液压油中的一个特殊品种。当驾驶员使车辆制动时，从脚踏板上踩下去的力量，由制动总泵的活塞通过制动液传递能量到车轮各系泵，使摩擦片张开，达到停车的目的。

一、汽车制动液的使用性能与指标要求

由于汽车制动性能的可靠性直接影响到行车的安全性，这就要求汽车制动液必须保证车辆在严寒和酷暑的气温条件下，在高速、重负荷、大功率及频繁制动的操作条件下，能够有效、可靠地保证汽车制动灵活，确保行驶安全。对其性能要求主要有以下几点：

1. 高温抗气阻性

现代高速汽车制动强度大，制动过程中产生的摩擦热会使制动系统温度升高。在平坦道路上行驶的汽车，制动液的温度一般为 $100 \sim 130℃$，最高可达 $150℃$。行驶于多坡道山间公路的汽车，由于制动频繁，制动液温度会更高。如果制动液沸点太低，受热时蒸发成蒸汽，使制动系统管路中产生气阻，将导致制动失灵。发生气阻时的液温为气阻点，通常比其沸点低 $2 \sim 3℃$。为保证制动安全可靠，要求制动液有较高的沸点。

评定汽车制动液高温抗气阻性的指标是平衡回流沸点和蒸发性。

由于多数制动液不是单体化学物，而是混合物，没有固定的沸点，所以用平衡回流沸点作为高温蒸发性指标。平衡回流沸点是指当制动液被蒸馏时，混合物中的单一物质便会依次达到各自的沸点而汽化，冷凝后，在规定的回流速度下，回流油达到沸腾时的温度。平衡回流沸点高，则说明制动液越不容易被汽化，其高温抗气阻性良好。制动液的蒸发性试验是将规定量的制动液在 $100℃$ 下经 $168h$ 试验后，观察试验前后的质量变化，计算蒸发损失百分率，然后检查残液中有无砂粒和腐蚀物，并测定在 $-5℃$ 下的流动性。

2. 吸湿性

要求制动液吸水以后能与水互溶，不会产生分离或沉淀。制动液吸收周围的水分会使沸点下降，如原来平衡回流沸点为 $193℃$ 的制动液，当吸湿后含水的质量分数达 0.20% 时，其沸点会下降至 $150℃$。评定制动液吸湿性的指标是湿平衡回流沸点，它是对一定容积的制动液，按一定方法增湿后所测得的平衡回流沸点，以评定制动液吸水后平衡回流沸点的下降趋势。湿沸点低的制动液同样会产生气阻，因此，要求制动液不仅沸点要高，而且吸湿性要小。

3. 低温流动性

制动液的工作温度范围很宽。如冬季制动液的最低温度接近最低气温，而在制动过程中，由于摩擦发热可使制动系统工作温度达 $70 \sim 90℃$，有时高达 $150℃$。为保证制动液在低温下制动油缸活塞能随踏板的动作灵活移动，在高温时又有适宜的粘度而不影响油缸的润滑和密封，使制动可靠，要求制动液有良好的低温流动性和粘温性。为此，在制动液的使用技术条件中规定了各级制动液在 $-40℃$ 和 $100℃$ 时的运动粘度。

4. 与橡胶材料的适应性

汽车液压制动系统中有橡胶皮碗等橡胶制品用于密封。若制动液对这些橡胶制品有溶胀作用，则其体积和质量会发生变化，出现渗漏、制动压力下降，严重时导致制动失灵。因此，要求制动液能通过皮碗试验，即在 $120℃$ 下经 $70h$ 和在 $70℃$ 下经 $120h$ 浸泡后，皮碗外观无发粘、无鼓泡、不析出炭黑，其根径增值在规定范围内。

5. 抗腐蚀性

汽车液压制动系统中的缸体、活塞、回位弹簧、导管和阀等零件，多数是采用铸铁、

铜、铝和钢等金属材料制成，长期与制动液接触，极易产生腐蚀，使制动失灵。为减少对金属的腐蚀，在制动液使用技术条件中，要求制动液能通过金属腐蚀试验。其方法是将镀锡铁皮、钢、铝、铸铁、黄铜、铜等金属片置于温度为100℃的制动液中浸泡120h，然后观察其质量变化，要求不超过各自的规定值。

此外，制动液还应具有良好的氧化安定性、溶水性、稳定性等。

二、制动液的种类

制动液按其组成和特性不同，通常分为醇型、矿油型、合成型三大类。

1. 醇型制动液

醇型制动液是由醇类和蓖麻油配制而成，为浅绿色或浅黄色。它具有良好的润滑性和与天然橡胶的适应性、工艺简单、价格低廉。但其沸点低、易挥发、容易产生气阻，因此，不适应在高功率、高速、高负载及高压液压制动车辆中使用。同时，其耐低温性也较差，温度低于－5℃便开始析出甘油酯等白色固体物，低于－25℃制动液中的蓖麻油很快冻结，所以不宜在气温低于－25℃的条件下使用，否则容易造成制动迟缓而导致制动故障。另外，其化学稳定性也不高，容易腐蚀铜及黄铜配件，需要添加抗氧化剂及抗腐蚀剂。因此，我国已于2003年发布了《机动车辆制动液》（GB12981—2003），规定用性能优良的合成型制动液取代性能不稳定的醇型制动液。

2. 矿油型制动液

矿油型制动液是以精制柴油馏分经深度脱蜡，并加入多种添加剂调合而成，为红色透明液体。这类制动液虽然温度适应范围宽、低温性能好、对金属无腐蚀作用，但其与水混合后易产生气阻，对天然橡胶有溶胀作用，必须使用耐油橡胶密封件。一些发达国家已不再生产和使用，我国也不再推广应用。

3. 合成型制动液

合成型制动液是目前国内外广泛应用的主要品种。它是由基础液、稀释剂和添加剂组成。基础液是制动液成分中最重要的组成部分，对制动液的性能起着决定性的作用，按基础液不同，常用的合成型制动液有醇醚型、酯型和硅油型三种。

（1）醇醚型制动液　醇醚型合成制动液是目前国内外广泛应用的一种汽车制动液，它由基础液、稀释剂和添加剂三种成分构成。其基础液主要有聚乙二醇、聚丙二醇、环氧乙烷和环氧丙烷等，约占总质量的20%。常用的稀释剂有二甘醇醚、三甘醇醚、四甘醇醚类化合物或聚醚等。添加剂主要有抗氧剂、防腐剂、防锈剂、抗橡胶溶胀剂和pH值调整剂等。该制动液性能稳定、成本低，能满足美国SAE系列和DOT_3的规格要求，是目前用量最大的一种制动液。但其缺点是吸湿性强、湿沸点较低、低温性能较差。

（2）酯型制动液　这类制动液是为了克服醇醚型制动液吸湿性强的缺点而发展起来的一种制动液。其基础液通常采用羧酸酯与硼酸酯，它能保持醇醚的高沸点，同时吸湿性小或基本不吸湿，适合在湿热环境下使用，能满足DOT_3、DOT_4的规格要求。

（3）硅油型制动液　其基础液主要为硅氧烷或硅酯等，稀释剂为芳香油和高沸点酯，并加有橡胶抗溶胀剂和其他添加剂。这类制动液粘温性好、沸点高、吸水性低、化学稳定性和抗氧性好，能满足 DOT_5 的规格要求，但价格昂贵。

三、汽车制动液的规格

1. 国外汽车制动液的典型规格

国外汽车制动液有代表性的标准有以下几种

1）美国联邦政府运输安全部（DOT）制定的联邦机动车辆安全标准（FMVSS）的规格，具体是 FMVSS No. 116 的 DOT_3、DOT_4、DOT_5。这是世界公认的汽车制动液通用标准。

2）美国汽车工程师协会标准（SAE）制定的规格，包括 SAEJ1704（高温使用）、SAEJ1703（正常使用）、SAEJ1702（严寒地区使用）等系列标准。

3）国际标准化组织标准 ISO 4925—2005《道路车辆—非石油基制动液》。

几种合成制动液规格标准见表 11-1。

表 11-1　几种合成制动液规格标准

项目		标准	SAE 系列			FMVSS No. 116 系列			ISO
			J1703e	J1703f	J1705	DOT_3	DOT_4	DOT_5	4925—2005
平衡回流沸点/℃		干沸点	≥190	≥205	≥260	≥205	≥230	≥260	≥250
		湿沸点	—	≥140	≥180	≥140	≥155	≥180	≥165
运动粘度/（mm²/s）		−40℃	≤1800	≤1800	≤900	≤1500	≤1800	≤900	≤750
		100℃	≥1.5	≥1.5	≥1.5	≥1.5	≥1.5	≥1.5	≥1.5
pH 值			7.0 ~ 11.5						
液体稳定性/℃	ERBP 高温变化		<3						
	化学变化		<2						
金属腐蚀性（100℃ 120h）	试件质量变化/（mg/cm³）	马口铁	±0.2	±0.2	±0.1	±0.2	±0.2	±0.2	±0.2
		钢	±0.2	±0.2	±0.1	±0.2	±0.2	±0.2	±0.2
		铝	±0.1	+0.1	±0.1	±0.1	±0.1	±0.1	±0.1
		铸铁	±0.2	±0.2	±0.1	±0.2	±0.2	±0.2	±0.2
		黄铜	±0.4	±0.4	±0.2	±0.4	±0.4	±0.4	±0.4
		纯铜	±0.4	±0.4	±0.2	±0.4	±0.4	±0.4	±0.4
	金属片外观		无肉眼可见坑蚀或表面不平						
	pH 值		7.0 ~ 11.5						
	试样沉淀（%）		0.1						
	橡胶皮碗根径增值（%）		1.4						
	皮碗硬度降低（%）		<15						
	皮碗外观		无鼓泡、无蜕皮、析出炭黑等						

2. 国内汽油制动液规格

（1）汽车制动液使用技术条件　国家标准 GB 12981—2003《机动车辆制动液》是参照国际通行的 SAE、DOT 和 ISO 分类规格，以 JG 作为汽车制动液使用技术条件规格的代号，简称 JG 系列。该系列根据制动液高温抗气阻性（平衡回流沸点）的不同，从低到高，将制动液分为 JG$_3$、JG$_4$、JG$_5$ 三个级别。其中 J、G 分别为交通部、公安部两部汉语拼音字首，JG 右下角的阿拉伯数字为 JG 系列各级的序号。

（2）合成制动液规格技术标准　国家标准 GB 12981—2003《机动车辆制动液》规定了以合成液体为基础液并加有多种添加剂制成的合成制动液的技术要求和试验方法。该标准系列的代号由汉语拼音字母和阿拉伯数字两部分组成。其中 H、Z 和 Y 分别为合成、制动和液体的汉语拼音的第一个字母，阿拉伯数字作为区别本系列各标准的标记。HZY$_3$、HZY$_4$、HZY$_5$ 分别对应 DOT$_3$、DOT$_4$、DOT$_5$ 或 DOT5.1，见表 11-2。

表 11-2　机动车辆制动液（GB 12981—2003）

牌　　号	HZY$_3$	HZY$_4$	HZY$_5$
平衡回流沸点/℃	205	230	260
湿沸点/℃	140	155	180

四、合成制动液的选用和使用注意事项

制动液的正确选择和使用是确保车辆制动系统安全、可靠工作和制动及时、灵敏的重要环节。

1. 合成制动液的选用

（1）严格按照车辆使用说明书选用　合成型制动液是按等级来划分的，应选用合适等级的制动液，以确保行车安全；若国产车使用进口制动液或进口车使用国产制动液，应根据其对应关系正确选用；选用的制动液质量等级不能低于车辆制造厂规定的质量等级。此外，在同样条件下，轿车选用制动液的级别应比货车高些。

（2）根据车辆的工作条件（气候特点和道路条件）进行选择　在山区多坡或高速公路上行驶的车辆，因制动强度大而制动液工作温度高，如遇气候湿热，一般要求选用 JG$_4$ 级制动液；若气候干燥则可选用 JG$_3$ 级制动液。有特殊要求的车辆可选用 JG$_5$ 级制动液。

（3）根据车辆速度性能选择　高速车辆，特别是高级轿车与一般货车比，制动液的工作温度要高，应使用级别较高的制动液。

（4）ABS 系统　ABS 系统一般都选用 DOT$_4$ 的制动液，尽管 DOT$_5$ 的制动液具有更高的沸点，但是，由于 DOT$_5$ 是硅油基制动液，会对橡胶件产生较强的损害。所以，在 ABS 系统中，一般不选用 DOT$_5$ 作制动液。

我国各种制动液的主要特性及推荐使用范围见表 11-3。

表 11-3　各级制动液主要特性和推荐使用范围

级　　别	制动液主要特性	推荐使用范围
JG$_3$	具有良好的高温抗气阻性能和优良的低温性能	相当于 DOT$_3$ 水平，我国广大地区均可使用
JG$_4$	具有良好的高温抗气阻性能和良好的低温性能	相当于 DOT$_4$ 水平，我国广大地区均可使用
JG$_5$	具有优异的高温抗气阻性能和低温性能	相当于 DOT$_5$ 水平，特殊要求的车辆使用

2. 使用注意事项

1）各种制动液不能混合使用（有的产品已通过相容性试验的除外），以防止混合后分层而失去作用。

2）换液时应彻底清洗制动系（严禁用汽油、煤油等作清洗液）；当换用不同品种制动液时，应用新液清洗一次。

3）应保持制动液清洁，防止水分、矿物油和机械杂质混入。

4）汽车制动液多以有机溶剂制成，易挥发、易燃，应妥善保存并注意防火；存放时避免阳光直射。

5）制动液应密封存放，特别是醇醚类制动液，以免吸收大气中的水分后沸点降低。

6）汽车制动液的更换周期，一般是（2~4）×10^4km 或 1 年。

课题二　汽车冷却液

冷却液的全称叫防冻冷却液，意为有防冻功能的冷却液，是汽车发动机正常运转不可缺少的散热介质。

随着发动机结构的改进和材料技术的进步，现代汽车发动机的运行温度也在逐步提高。例如国产轿车中，发动机的正常工作温度为：上海桑塔纳 90~105℃、一汽捷达 85~115℃、富康 90~118℃。为保证汽车发动机的正常工作，必须对在高温条件下工作的零件进行冷却。水冷式发动机可用清洁水作冷却液，但水不能防冻，且冰点较高，在 0℃ 就要结冰，若在冬季冷却水结冰，只要体积膨胀 9%，就可造成缸体、散热器等破损。为此，汽车在冬季室外停放时，必须将散热器中的水放净，这样给使用带来了不便。另外，水的沸点低，夏季高温时，当发动机处于苛刻的行驶条件下，会使水升温而沸腾，影响汽车正常行驶；同时，水中含有金属盐类（特别是钙、镁盐等），在受热后，易生成水垢，使散热能力显著降低，水还会使金属生锈等等。

为防止冬季室外停车时冷却水冻结，在最低温下保持其流动性，冷却系统必须加冷却液。

一、冷却液的使用性能

为保证汽车发动机正常工作和延长发动机的使用寿命，要求汽车发动机冷却液应具备下列性能。

1. 低温粘度小

汽车发动机冷却液的低温粘度越小越好，这样有利于流动，散热效果好。

2. 低冰点，高沸点

冰点是指冷却液的结冰温度，冷却液的最低冰点应能达到 -50℃ 左右，这样可防止散热器及冷却系统管路不被冻裂；沸点是指在发动机冷却系与外界大气压相平衡的条件下，冷却液开始沸腾的温度。水的沸点是 100℃，优质冷却液的沸点至少要高于 105℃，这样在夏季使用，冷却液比水更难于沸腾。

另外，保证汽车在低温下随时起动还要求冷却液在较高温度下不沸腾，以保证汽车在满载、高负荷、高速条件下或在山区、热带夏季正常行车。

3. 防腐蚀性

发动机及其冷却系统是金属制造的，有铜、铁、铝、钢还有焊锡。这些金属在高温下与冷却水接触，时间长了都会遭到腐蚀而生锈，影响发动机的正常工作。现代冷却液的pH值在7.5～10.0之间，不仅不能对发动机冷却系统造成腐蚀，还要具有防腐和除锈功能。另外，发动机冷却液是一种化学物质的混合物，在加注中很容易接触到汽车的有机涂料层，这就要求发动机冷却液对汽车有机涂料不能有不良影响，如剥落、鼓泡和褪色等。

4. 不易产生水垢，抗泡性好

用水作为冷却液，最让驾驶员头疼的就是水垢问题，水垢对发动机冷却系的散热能力影响很大。水垢附着在散热器、冷却液套的金属表面，使散热效果越来越差，而且清除起来也很困难。试验表明：水垢的传热系数比铸铁小几十倍，比铝合金小100～300倍。据有关资料介绍，在发动机维修工作中，约有6%是发动机冷却系出现的故障，而常见的原因是由于水垢或腐蚀所造成的。优质的冷却液采用蒸馏水制造，并加有防垢添加剂，不但不生水垢还具有除垢功能。同时，发动机冷却液如果产生过多的泡沫，不仅会降低传热系数、加剧气蚀，而且会造成冷却液溢流。

由此可知，冷却液除了起防冻作用外，它还具有冷却、防腐蚀、防沸和防垢等作用，是汽车发动机正常运转所不可缺少的。因此，现在大多数汽车生产厂家均要求全年使用发动机冷却液。

二、冷却液的组成

冷却液主要由防冻剂、添加剂和纯水组成。

1. 防冻剂

防冻冷却液是在水中加入防冻剂，在保持水具有良好传热效果的同时，降低防冻冷却液的冰点。常用的防冻剂有乙二醇、酒精和甘油等，按一定的比例分别与水混合为冷却液。各种类型冷却液的冰点和其防冻剂与水的比例关系见表11-4。

表11-4 冷却液的冰点及防冻剂与水的比例关系

冰点/℃	乙二醇与水（乙二醇质量含量%）	酒精与水（酒精质量含量%）	甘油与水（甘油质量含量%）	冰点/℃	乙二醇与水（乙二醇质量含量%）	酒精与水（酒精质量含量%）	甘油与水（甘油质量含量%）
−5	—	11.27	21	−30	47.8	40.56	64
−10	28.4	19.54	32	−35	50.9	48.15	69
−15	32.5	25.46	43	−40	54.7	55.11	73
−20	38.5	30.65	51	−45	57.0	62.39	76
−25	45.3	35.09	58	−50	59.9	70.06	—

乙二醇（CH_2OHCH_2OH），也叫甘醇，是目前最好的防冻剂。乙二醇的沸点高（197.4℃），与水混合后，混合液的冰点可显著降低，最低可达 – 68℃，用不同比例的乙二醇和水可以配制成不同冰点的冷却液。乙二醇型冷却液的优点是沸点高，蒸发损失少；冰点低，配制成相同冰点的冷却液，所需的乙二醇要比用酒精和甘油少；热容量大，冷却效率高；粘度小，流动性好。乙二醇的缺点是有毒性，对金属有腐蚀作用，并对橡胶有轻度的浸蚀。由于其优点突出，目前防冻冷却液多属乙二醇型，其中加有防腐剂和染色剂，可以长期使用，故被称为长效冷却液。

酒精与水可以按任意比例混合，组成不同冰点的冷却液。酒精的含量越多，冰点越低。酒精型冷却液优点是流动性好、散热快、酒精来源广、配制较方便；缺点是易燃、使用不安全、易挥发、挥发后冰点升高过快。

甘油即丙三醇（$C_3H_8O_3$），它的沸点高、不易蒸发和着火、对金属腐蚀较小，但降低冰点的效率低、成本高。

2. 添加剂

（1）防锈剂　乙二醇水溶液对金属有一定腐蚀作用，其原因主要是在使用过程中缓慢地被氧化导致酸度增高，从而腐蚀金属，因此，以乙二醇为防冻剂的冷却液必须添加防锈剂，从而降低其腐蚀作用。有很多无机和有机化合物对各种金属有防锈作用。无机盐可使金属表面形成一层致密的钝化膜，阻滞和防止金属的渗氢和氢脆作用。有机化合物主要有氮环化合物、有机酸和有机碱。

（2）pH 值调节剂　在添加的防锈剂中，较多的无机盐为弱酸或强碱盐，它们可使冷却液保持在微碱性，并且这些无机盐又是良好的缓冲剂，可使冷却液的 pH 值稳定在7.5 ~ 10.0 之间，从而保持防冻剂的防锈性能。

（3）酸、碱指示剂　随着防冻剂使用时间的延长，介质的 pH 值将发生变化。为了监视变化而加入一种 pH 值指示剂，一旦发生冷却液 pH 值超过规定范围，则表明冷却液已酸化而失去防锈作用。所选定的指示剂的热稳定性应很好，只在 pH 值小于 6.5 时才改变颜色。

（4）消泡剂　溶于冷却液中的空气对乙二醇有氧化作用，产生的气泡会影响热交换效果，为此必须加少量的消泡剂。

三、冷却液的种类与性能

按防冻剂的不同，汽车常用的冷却液有酒精型、甘油型、乙二醇型等。

1. 酒精型冷却液

酒精型冷却液是用酒精作为防冻剂，与水可按各种比例混合而组成不同冰点的冷却液。酒精含量越高，冷却液的冰点越低。这类冷却液的特点是：流动性好、散热快，但易燃、易挥发，挥发后冰点容易回升，所以基本上已停用。

2. 甘油型冷却液

甘油型冷却液是以甘油（丙三醇）为防冻剂，与水配制而成。由于甘油的沸点、闪点高，故这类冷却液的沸点高，不易蒸发和着火，但由于配制同一冰点冷却液所需的丙三醇比乙二醇和酒精用量大，所以不经济，使用成本较高。

3. 乙二醇型冷却液

乙二醇型冷却液是用乙二醇作为防冻剂，与水配制而成。乙二醇的沸点高，能够与水以任意比例互溶，可配制成不同冰点的冷却液，最低冰点可达 $-68℃$。这类冷却液的优点是：沸点高、冰点低、冷却效率高、粘度较小等。但乙二醇有一定毒性，对金属有腐蚀作用。因此，常用的乙二醇型冷却液，多加有防腐剂和染色剂。

乙二醇型冷却液是目前国内外使用最广的一种冷却液，约有95%左右的汽车使用这类冷却液。我国乙二醇型冷却液的产品已商品化，石化行业专门制定了该类产品的生产和使用标准。

此外，另一种丙二醇型冷却液是以丙二醇作为防冻剂，它与乙二醇型冷却液相比，两者在热传导、冰点防护及橡胶材料的适应性方面的性能相当。但是它在抗气蚀、毒性及生物降解方面则有着乙二醇型冷却液无法比拟的优势。其中无水型丙二醇冷却液，其冰点为 $-68℃$，而沸点高达 $187℃$，有着名副其实的抗沸、抗冻性能。以前，由于丙二醇的价格较高，很少作为防冻剂使用，而现在随着人们环保意识的不断增强，为了降低冷却液的毒性，人们已逐步开始使用丙二醇型冷却液。

四、乙二醇型冷却液的牌号和规格

乙二醇型发动机冷却液，根据其与水的配比不同，可以制成各种冰点牌号的成品，可直接加入车内使用；为了便于贮运，也可以制成浓缩液，由用户或零售商加水稀释后使用。

1. 国外标准

（1）日本标准 日本产冷却液，JIS2234 规定了普通冷却液（AF）和长寿冷却液（LLC）。AF 型冷却液有一定的碱性，对发动机的冷却系统有轻微的腐蚀性，所以只能短期使用（主要是冬季使用）；LLC 冷却液是一种冬、夏季都可以使用的冷却液。

（2）美国标准 美国使用的冷却液，一种是符合 ASTM D3306 要求，适合于轻负荷发动机使用；另一种是符合 ASTM D4985 和 D6211 要求，适合于重负荷发动机使用。

2. 我国标准

我国现行标准是石化行业标准 SH/T 0521—1999《汽车及轻负荷发动机用乙二醇型冷却液》，本标准等效采用美国材料与试验协会标准 ASTM D3306—1994《轿车及轻型卡车用乙二醇型发动机冷却液》。本标准规定了汽车和轻负荷发动机用乙二醇型冷却液及其浓缩液的技术要求。本标准所属产品适用于汽车和轻负荷发动机冷却系，不适用于重负荷发动机冷却系统。分为浓缩液和冷却液两种。

冷却液和浓缩液按质量又分为一级品和合格品，两者的差别在于一级品的防腐性能优于合格品。

冷却液产品按冰点分为 -25、-30、-35、-40、-45、-50 共六个牌号。各牌号的质量指标见表11-5。

表 11-5　乙二醇型冷却液（SH/T 0512—1999）

项　目		浓缩液	-25 号	-30 号	-35 号	-40 号	-45 号	-50 号
颜色		有醒目的颜色						
气味		无异味						
密度（20℃），/（kg·m^{-3}）		1107~1142	1053~1072	1059~1076	1064~1085	1068~1088	1073~1095	1075~1097
冰点/℃　　　　不高于		—	-25	-30	-35	-40	-45	-50
50%（体积分数）蒸馏水	不高于	-37	—					
沸点/℃　　　　不低于		163	106	106.5	107	107.5	108	108.5
50%（体积分数）蒸馏水	不低于	107.8	—					
对汽车有机涂料的影响		无影响						
灰分（%）（质量分数）　不大于		5.0	23.0	2.3	2.5	2.8	3.0	3.3
pH 值		—	7.5~11.0					
50%（体积分数）蒸馏水		7.5~11.5	—					
水分（%）（质量分数）　不大于		—						
储备碱度/mL		报告[1]						
氯含量/（mg/kg）　不大于		25	报告[1]					
玻璃器皿腐蚀[2]								
试片　变化值/（mg/片）								
纯铜		±10						
黄铜		±10						
钢		±10						
铸铁		±10						
焊锡		±30						
铸铝		±30						
模拟使用腐蚀[3]								
试片　变化值/（mg/片）								
纯铜		±20						
黄铜		±20						
钢		±20						
铸铁		±20						
焊锡		±60						
铸铝		±60						
铝泵气穴腐蚀[3]级　不小于		8						

（续）

项　目		浓缩液	−25 号	−30 号	−35 号	−40 号	−45 号	−50 号
铸铝合金传热腐蚀[③]／（mg/kg^2）	不大于				1.0			
泡沫倾向								
泡沫体积/mL	不大于				150			
泡沫消失时间/s	不大于				5.0			

注：对 −25 号冷却液，可向该产品加入一定量的碳酸氢钠、氯化钠和无水硫酸钠进行试验。

①供需双方协商确定的数值。

②为保证项目，不同批次的原料必须测试。

③为保证项目，产品定型时必须测试。

五、乙二醇型冷却液的选用

1. 考虑环境温度条件

冷却液的冰点是冷却液最重要的指标之一。在使用时应根据车辆使用地区的最低气温来选择适当的牌号，选用的冷却液冰点应比最低温度低 5～10℃，以确保在特殊情况下冷却液不冻结。冰点除受外界环境温度影响之外，在一定浓度条件下，与冷却液中所加添加剂的类型和用量有很大关系。所以不同厂家生产的冷却液，虽然乙二醇浓度一样，但冰点可能有所不同。

2. 考虑车辆的不同要求

冷却液产品质量的选择应以汽车制造厂家推荐为准。轿车与载货汽车，汽油车与柴油车以及不同型号的同类汽车，发动机的技术特性、热负荷情况、冷却系统的材料均有不同。正因如此，目前国内外汽车发动机的冷却液配方很多，产品的性能指标和试验方法水平不一。所以，汽车发动机冷却液的选择要区别发动机的类型、性能的强化程度和冷却系统材料的种类，除了保证发动机冷却液能降温、防冻外，还要考虑防沸、防腐蚀和防水垢等问题。另外，还要注意区别是一级品还是合格品，是浓缩液还是已调配好的发动机冷却液。若采用浓缩液，应根据产品说明书规定的比例，用蒸馏水或去离子水渗兑，不能使用河水、井水及自来水。

六、使用注意事项

冷却液的正确使用，除以上介绍的合理选择原则外，还应注意以下事项：

1）首次使用乙二醇型冷却液应将散热器中水放尽，最好能用散热器清洗剂将其中的水垢和沉淀物清除。加入量一般为散热器容量的 95%。

2）用浓缩液配制时，乙二醇的质量分数不应超过 68%。因为超过该比例后，不但不能降低冰点，反而会使冷却液的粘度增加，散热性变坏。

3）乙二醇型冷却液使用一段时间后，会因蒸发而使液面下降，应及时加水，并保持原有容量。

4）乙二醇型冷却液的更换周期一般为 3～5 年，也可测定其 pH 值来判断是否需要更换，当冷却液的 pH 值小于 7 时，就必须更换。

5）乙二醇对人体有毒性，使用时严防入口。

6）应防止乙二醇型冷却液与油品接触，以免其受热后产生泡沫。

课题三　减振器油

减振器油是车辆减振器的工作介质，主要用于各种载货汽车前轮及小轿车前后轮的减振器内。其作用是吸收来自汽车车轮振动的能量，在与汽车悬架弹簧的共同作用下，使汽车振动迅速减弱，以提高汽车行驶的平顺性。

汽车在行驶中常受到冲击力，车架和车身产生振动，而且这种振动会持续一段时间，直到冲击能量完全被耗尽为止。为了加速振动的减退，现代汽车的悬架系统广泛采用筒式和摆臂式液力减振器，利用油液的阻尼作用来减缓车辆的振动。

一、减振器油的性能要求

减振器油要在各种车辆的减振装置中长期使用，要适合南北不同气候条件。既要受行驶中汽车振动的影响，还要经受各种剪切作用。因此，减振器油应具有以下性能：

1）适宜的粘度。

2）优良的粘温性，以保证在工作温度变化时，能维持适当的粘度，起到良好的吸振作用。

3）良好的低温流动性，凝点低，以适应在寒区的环境下使用。

4）一定的抗磨性能。

5）较好的抗氧化、抗泡沫和防锈性能。

二、减振器油的规格

随着汽车工业的发展，对减振器油的要求越来越高，利用变压器油、汽轮机油、柴油等代用品已不能满足当代汽车工业的需要。因此，应选用专用的减振器油。

减振器油按成分中基础油分类，可分为矿物型和硅油型，二者的质量指标相似。

1. 美国 Ford 公司汽车减振器油的规格

美国 Ford 公司汽车减振器油的性能指标见表 11-6。

表 11-6　美国 Ford 公司汽车减振器油规格

项　目		质量标准
运动粘度（100℃）／（mm²/s）	不小于	3
（40℃）／（mm²/s）	不大于	18
粘度指数		190
闪点（开口）/℃	不低于	152
凝点/℃	不高于	−51

（续）

项　目		质量标准
水分（%）	不大于	0.1
酸值（未加剂）/（mgKOH/g）	不大于	2.15
铜片腐蚀（100℃，3h）	不大于	0.1
橡胶溶胀性（胶质增加）（%）	不大于	1.42
橡胶溶胀性（体积增加）（%）	不大于	2.89
剪切稳定性（粘度增加）（%）	不大于	14.95
蒸发损失率（121℃，22h）（%）	不大于	17.16

2. 国产减振器油的规格

目前，多数国产汽车推荐使用克拉玛依炼油厂和按上海石油公司企业标准（沪Q/YSM118—1989）生产的减振器油。前者特点是凝点很低，有良好的粘温性，适合在寒区使用；后者的凝点不高于 -8℃，适合在高温区使用。其规格见表11-7。

表 11-7　国产减振器油规格（Q/XJ 2009—1987）（克拉玛依炼油厂的减振器油规格）

项　目		质量标准	试验方法
运动粘度（50℃）/（mm²/s）	不小于	8	GB/T 265
运动粘度比（V30℃/V50℃）	不大于	200	GB/T 265
闪点（开口）/℃		150	GB/T 276
凝点/℃	不高于	-55	GB/T 516
水分		无	GB/T 260
机械杂质		无	GB/T 511
酸值（未加剂）/（mgKOH/g）	不大于	0.1	GB/T 264
水溶性酸或碱		无	GB/T 259
腐蚀试验（T_2铜片，100℃，3h）		合格	ZBE24013

三、减振器油的选用及使用注意事项

1. 减振器油的选用

目前，减振器油的品种不多，选用时应选用具有优良性能的减振器油和选用具有符合质量要求的减振器油。如缺乏减振器油，可用25号变压器油和22号汽轮机油各50%混合使用。这两种油都是经过深度精制的油品，具有良好的抗氧化性。一般适用于炎热季节和地区的减振器油可用10号变压器油和22号汽轮机油配置；适用于寒冷季节和地区的减振器油可用45号变压器油和22号汽轮机油配置。

2. 使用注意事项

1）在储存和使用时，容器和加油工具必须清洁、严密，严防混入水分和杂质，以免添加剂沉淀和油品乳化变质。

2）使用中应注意减振器密封良好，无渗漏现象，每（4~5）×10⁴km 定期维护时，拆检减振器，同时更换减振器油，应按规定液量加足，如东风 EQ1092 型汽车为 0.44L（每个），解放 CA1091 型汽车为 0.37L（每个）。

课题四　制冷剂

制冷剂是一种化学物质。汽车制冷剂是指在空调制冷系统中不断地循环以实现制冷目的的工作物质。

一、制冷剂的使用性能

汽车空调包括冷气、暖气、去湿和通风等装置。冷却装置是使车内的空气或抽入车内的外部新鲜空气变冷或去湿，从而令人感觉舒适的设备。制冷剂是在制冷装置的功能部件中循环的物质，通过膨胀和蒸发吸收热量，从而产生制冷效果。

汽车空调制冷剂应具备以下使用性能：

1）无毒，无臭味。

2）不易燃，不爆炸。

3）易于改变吸热和散热的状态，有很强的重复变态能力。

4）化学性质稳定，无腐蚀性。

5）与润滑油无亲和作用，可与冷冻机油以任意比例相溶。

6）有利于环境保护。

二、制冷剂的品种和使用

1. 制冷剂的品种

汽车空调制冷剂最早广泛使用 R-12（CFC-12），后来出现了 R-12 的代用品，具有代表性的是 R-134a（HFC-134a）。其中，R 是 Refrigerant（制冷剂）的第一字母。R-12 和 R-134a 制冷剂的理化特性见表 11-8。

表 11-8　R-12 和 R-134a 制冷剂的理化特性

项　　目	R-12	R-134a
化学名称	二氯二氟甲烷	四氟乙烷
分子式	CF_2Cl_2	CH_2FCF_3
分子量	120.91	102.03
沸点/℃	-29.79	-26.19
临界温度/℃	111.80	101.14
临界压力/MPa	4.125	4.065
临界密度/（kg/cm³）	558	511
0℃蒸发潜热/（kJ/kg）	152.28	197.5
燃烧性	不燃	不燃
臭氧破坏系数	1.0	0

R-12 制冷剂具有制冷能力强、化学性质稳定，与冷动机油相溶性好和安全性好等优点，但是，研究表明 R-12 会破坏大气中的臭氧（O_3）层。大气的臭氧层被破坏之后，便不能有效隔开太阳紫外线的辐射，对人类和生物带来很大危害。因此，有必要采用不破坏臭氧层的制冷剂代替 R-12。

在不影响臭氧层的许多制冷剂中，R-134a 具有与 R-12 很相似的一些特性，因此被选用于汽车空调系统。

2. 制冷剂的使用

由于 R-134a 与 R-12 性质的差异，若将 R-134a 直接用于原来的汽车空调系统中会出现以下问题：

1）原来制冷压缩机上所使用的润滑油与 R-134a 几乎不相溶，因此在制冷循环过程中，从压缩机中流出的润滑油无法随制冷剂流回压缩机，将使压缩机润滑条件恶化而导致其使用寿命大大缩短。

2）R-134a 对原用橡胶管与密封材料有极强的溶解与分离作用，必将导致制冷剂的大量泄漏，使系统无法正常运转。

3）干燥罐内的硅胶干燥剂易被 R-134a 吸附，破坏其吸湿能力。

4）当温度低于 17℃时，R-134a 的饱和压力要比 R-12 略低。

针对上述问题，必须改进和更新原有设备和材料，方能正常有效地使用 R-134a。具体措施如下：

1）制冷压缩机的润滑油由原来的矿物油更改为合成油，即聚烯烃乙二醇（PAG）。

2）连接系统各处的软管和用于密封作用的橡胶材料，皆由聚腈橡胶（HNBR）取代先前的丁腈橡胶（NBR）。另外新型系统管件一般由特殊复合材料制成，其内壁有尼龙层，中间为聚丁腈橡胶，并进行了强化处理，管件上设有 R-134a 专用标记。

3）更新干燥剂，目前选用的是细小孔径且不吸附 R-134a 的合成泡沫沸石。

4）膨胀阀的流量特性及制冷剂的工作压力也要相应地改变。

5）压缩机排气压力相应增高，负荷相应增大，因而必须强化主轴、主轴承，加强缸壁特性并改善机件润滑，进排气阀也相应改用不锈钢材料。

6）由于 R-134a 系统排气压力与压缩比均较 R-12 高，欲维持其系统效率与 R-12 具有相同水平，必须相应提高换热器的效能，为此采用了平流式冷凝器和层流式蒸发器，以增大换热面积。

另外，要绝对避免 R-12 与 R-134a 混用。在使用新型制冷剂的汽车发动机和压缩机上必须以醒目的标记加以提示。新型空调系统的使用与维修也必须按照专门的操作规程操作。

我国有关部门对汽车空调制冷剂替代工作已有明确规定。决定以 R-134a 为新的制冷剂，2010 年已完全淘汰 R-12 制冷剂，采用新制冷剂的汽车空调装置加注制冷剂的接口采用不同规格的螺纹。新制冷剂空调装置及其配件应采用绿色标志。

【单元小结】

车用工作液主要包括汽车制动液、汽车冷却液、减振器油、制冷剂等。

1. 汽车制动液是用于汽车液压制动系统中传递压力,使车轮制动器实现制动作用的液体。合成制动液是我国目前汽车使用的主要制动液,其牌号有 JG₃、JG₄、JG₅ 三种。

2. 为保证汽车发动机的正常工作,汽车冷却液应具有防冻、防腐和防垢的作用。目前广泛使用的是乙二醇型冷却液,按产品质量分为一级品与合格品两个等级,冷却液按冰点分为 −25、−30、−35、−40、−45 和 −50 共六个牌号。

3. 减振器油是车辆减振器的工作介质。它是利用油液的阻尼作用来加速振动的减退,以减缓车辆振动。目前多数国产汽车推荐使用克拉玛依炼油厂和按上海石油公司企业标准生产的减振器油。

4. 汽车制冷剂是指在空调制冷系统中不断地循环以实现制冷目的的工作物质。汽车空调制冷介质有 R-12 和 R-134a 两种,其中 R-134a 也称为环保制冷剂,R-12 已禁用。

【思考与练习】

1. 汽车制动液要求具有哪些使用性能?
2. 汽车制动液按其组成和特性不同分为哪几类?
3. 如何选用合成型制动液?使用时应注意哪些事项?
4. 汽车冷却液应具备哪些性能?
5. 冷却液是由哪些基本部分组成的?
6. 汽车常用的冷却液有哪几类?各有什么特点?
7. 如何选用乙二醇型防冻液?使用时应注意哪些事项?
8. 减振器油的作用有哪些?对减振器油的性能要求有哪些?
9. 制冷剂应具备哪些使用性能?

汽车轮胎

【任务描述】

轮胎是汽车行驶系统的主要组成部分，是汽车的主要消耗件。轮胎的合理使用，关系到汽车行驶安全、能源节约、车辆的安全性、行驶稳定性和经济性及汽车运输成本的降低。本单元主要介绍轮胎的结构、规格及正确选择与使用。

【学习目标】

1. 了解轮胎的作用及结构。
2. 懂得轮胎的类型及规格。
3. 掌握轮胎的合理选用和正确的使用方法。

课题一 轮胎的基本知识

一、轮胎的作用与要求

1. 轮胎的作用

轮胎安装在汽车轮辋上，直接与路面接触，它的作用是：

1）支撑汽车总质量产生的重力，并传递发动机的力和力矩。

2）与汽车悬架一起吸收、缓和路面的冲击，以保证汽车具有良好的乘坐舒适性和行驶平顺性。

3）保证车轮与路面有良好的附着能力，以提高汽车的动力性、制动性和通过性。

2. 轮胎的要求

为实现轮胎的上述作用，对轮胎的基本要求是：

1）具有一定的强度、刚度、弹性和承载能力。

2）与路面附着良好，运转平稳，滚动阻力小。

3）具有耐热、耐水、耐老化和耐磨损的能力。

4）在其与路面直接接触的胎面部分，应具有用以增强附着作用的花纹。

二、轮胎的类型与结构

汽车轮胎按胎体结构不同分为充气轮胎和实心轮胎。现代汽车广泛采用充气轮胎。充气轮胎可按不同的方法进行分类。

1. 按组成结构分类

按组成结构不同分为有内胎轮胎和无内胎轮胎及活胎面轮胎三种：

（1）有内胎的充气轮胎　有内胎的充气轮胎的组成如图12-1所示，主要由外胎1、内胎2和垫带3等组成。内胎中充满压缩空气；外胎是用以保护内胎的强度高而富有弹性的外壳；垫带放在内胎与轮辋之间，防止内胎被轮辋及外胎的胎圈擦伤和磨损。

1）外胎。外胎是轮胎的主体，其结构如图12-2所示。外胎具有承担车重和变形、缓和汽车振动和冲击的作用，一般要求它应具有很高的强度和一定的弹性。它由胎面橡胶层（包括胎冠和胎肩）、胎侧、胎体（包括缓冲层和层帘布层）及胎缘等四部分组成。

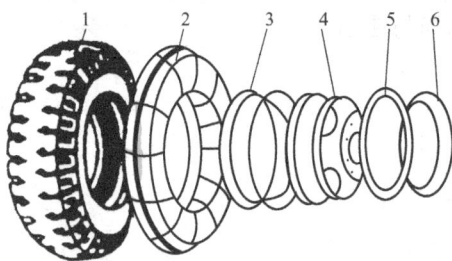

图 12-1　有内胎充气轮胎的组成　　图 12-2　有内胎充气轮胎外胎的结构

1—外胎　2—内胎　3—垫带　4—轮辋　5—压圈　6—压条

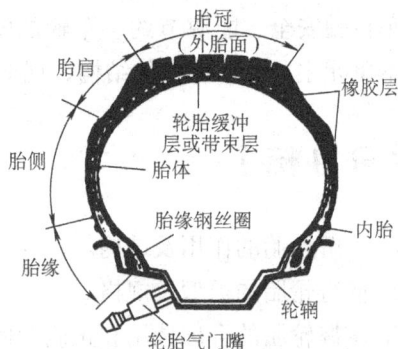

胎冠亦称行驶面，它与路面接触，直接承受冲击和磨损，并使轮胎与路面有很大的附着力，故胎冠应具有较高的弹性、强度和耐磨性能。为增加轮胎的附着力，避免轮胎纵横打滑，胎冠制有各种花纹。

胎肩是较厚的胎冠与较薄的胎侧间的过渡部分，一般也制有各种花纹，以提高该部位的散热性能。

胎侧是贴在胎体帘布侧壁的薄橡胶层。它的主要作用是保护胎体侧部帘布层免受损伤。由于胎侧不受很大的压力且不与地面接触，它的厚度较小。

胎体是外胎的骨架，由帘布层和缓冲层组成，其作用是承受负荷，保持轮胎外缘尺寸和形状。帘布层用浸胶的棉线、人造丝、尼龙（聚酰胺纤维）、聚酯纤维和钢丝等材料制成。在帘布层与胎面之间，还有用上述材料制成的缓冲层。因缓冲层弹性较大，故能缓和汽车在行驶时所受到的不平路面的冲击，并防止汽车紧急制动时胎面与帘布层脱离。

胎缘是指轮胎安装在轮辋上的部分，由钢丝圈、帘布层包边和胎圈包布组成，有很大的刚度和强度。它的作用是防止轮胎脱离轮辋。

2）内胎。内胎是一个环形的橡胶管，管内充满压缩空气，装入外胎以后，使轮胎保持一定的内压，从而获得缓冲性能和承载能力。为此，内胎必须具有良好的弹性、耐热性和密封性能。为使内胎在充气状态下不产生褶皱，其有效尺寸应稍小于外胎内腔尺寸。内胎上装有一个带有气门嘴的弹性橡胶管，其作用是充气和排气，并对压缩空气保持气密性。

3）垫带。垫带是一个环形橡胶带，边缘较薄，表面光滑，安装在内胎与轮辋之间。其作用是防止内胎被轮辋和外胎的胎圈擦伤和磨损，并能防止尘土和水进入胎内。垫带按其结构分为有型式、无型式和平带式三种。

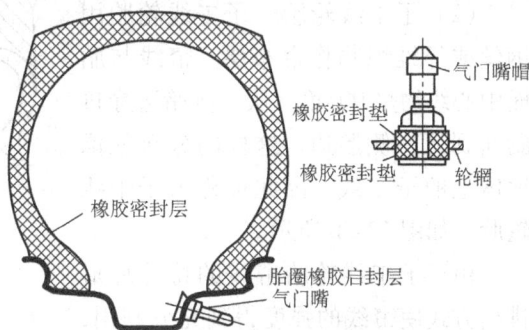

图 12-3　无内胎轮胎结构

（2）无内胎的充气轮胎　近年来，在轿车和一些货车上，无内胎充气轮胎的使用日渐广泛。空气直接压入此种轮胎的外胎中，因此要求外胎和轮辋之间有很好的密封性。无内胎充气轮胎的结构如图 12-3 所示。

无内胎轮胎在外观上与有内胎轮胎近似，不同的是无内胎轮胎的外胎内壁上附加一层厚约 2 ~ 3mm 的橡胶气密层，专门用来密封压缩空气。

无内胎轮胎的优点是：当轮胎被刺穿后，气密层的橡胶处于压缩状态而紧箍刺物，使得轮胎不漏气或漏气很慢，压力不会急剧下降，能安全地继续行驶；由于没有内胎以及内胎与轮辋之间的垫带，内外胎之间的摩擦得到消除，热量容易从轮辋直接散出。所以，无内胎轮胎行驶时的温度较普通轮胎行驶时的温度低 20% ~ 30%，这样有利于提高车速，且使用寿命长；另外，无内胎轮胎的结构简单，质量较小。但无内胎轮胎也有它的缺点：途中修理较为困难；自粘层只有在穿孔尺寸不大时方能粘合；天气炎热时自粘层可能软化而向下流动，从而破坏车轮平衡。为此，一般多采用无自粘层的无内胎轮胎。无内胎轮胎只有在轮胎爆破时才会失效。

（3）活胎面轮胎　活胎面轮胎的结构如图 12-4 所示。其

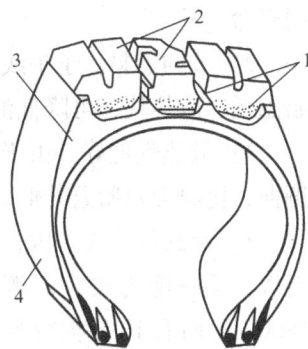

图 12-4　活胎面轮胎
1—钢丝纤维　2—胎面环
3—凸缘　4—胎体

最大优点是花纹严重磨损或磨光以后，可以单独更换胎面，也可以根据不同使用条件更换不同花纹的胎面。其缺点是质量较大，使用中可能出现胎体和胎面环之间磨损，胎面环橡胶与钢丝体脱层。

2. 按胎体中帘线排列方向分类

按胎体中帘线排列方向不同，分为普通斜交轮胎和子午线轮胎。

（1）普通斜交轮胎　斜交轮胎帘布层和缓冲层各相邻层帘线交叉。帘线与胎面中心线约呈35°角，由一侧胎边穿过胎面到另一侧胎边，如图12-5a所示。由这种斜置帘线组成的帘布层，通常有多层，它们交错叠合起来，成为胎体的基础。帘布层的斜交排列给轮胎胎面和胎侧增加了强度。

（2）子午线轮胎　子午线轮胎用钢丝或纤维织物作帘布层。帘线与胎面中心线约呈90°角，从一侧胎边穿过胎面到另一侧胎边。这样的分布就像地球上的子午线，因此被称为子午线轮胎，如图12-5b所示。

由于子午线轮胎帘线的特殊环形排列方式使帘线的强度得到充分利用，

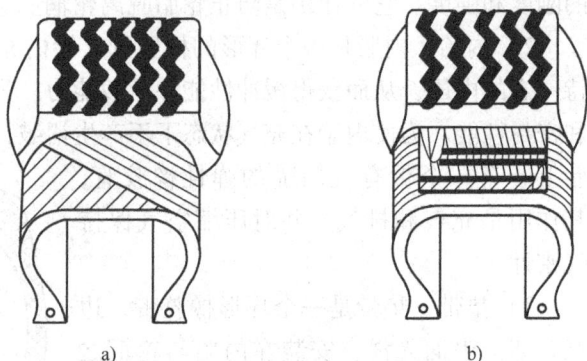

图12-5　轮胎帘线的结构形式
a）普通斜交轮胎　b）子午线轮胎

故子午线轮胎帘布层数比斜交轮胎可减少约40%～50%，胎体较柔软。帘线在圆周方向上只靠橡胶来联系，难以承担行驶时产生的切向力，所以子午线轮胎增加了若干层帘线与胎面中心线呈10°～20°角、强度高、不易拉伸的周向环形带束层。带束层的作用类似缓冲层，又称硬缓冲层或固紧层。

子午线轮胎的结构特点使其具有比斜交轮胎优越的性能，主要优点是：

1）行驶里程长。因轮胎胎体大，可增加与地面的接触面积，附着性能好，胎面滑移小，对地面单位压力也小，且压力分布均匀，所以滚动阻力小，可增加行驶里程，延长使用寿命。

2）节约燃料。子午线轮胎的胎冠较厚且有坚硬的带束层，不易刺穿；行驶时变形小，胎温低、散热快，可降低油耗3%～8%。

3）散热性能好。由于子午线轮胎的帘布层数少，且帘布层之间不产生剪切作用，胎侧薄，比斜交轮胎温升低，所以散热性能好，有利于提高车速。

4）承载能力大。因径向弹性大，缓冲性能好，附着性能好，胎面耐穿刺、不易爆破，所以，承载能力较大。例如国产1层钢丝帘布的9.00R20子午线轮胎的负荷能力为1800kg，而有10层棉帘布的同尺寸的普通轮胎的负荷能力仅为1350kg。

5）节约原料。由于轮胎质量轻，可节约原料，提高经济性。

3. 按照充气压力分类

充气轮胎按充气压力的大小可分为：高压胎（气压为0.5～0.7MPa）、低压胎（气压为 0.15~0.45MPa）和超低压胎（气压为 0.15MPa 以下）。

目前，轿车、载货汽车多采用低压胎。因为低压轮胎弹性好、断面宽，所以，与道路接触面大；又因壁薄而散热性良好。这些特点可提高汽车行驶平顺性和操纵稳定性。此外，还可以延长轮胎和道路的使用寿命。

超低压轮胎适用于在坏路条件下行驶的越野汽车，能提高汽车的通过性。

4. 按照胎面花纹分类

按照胎面花纹可分为普通花纹轮胎、越野花纹轮胎和混合花纹轮胎，如图 12-6 所示。

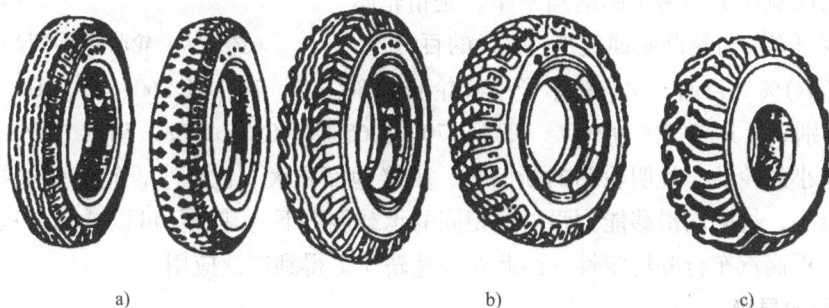

a)　　　　　　　　　　　　　　b)　　　　　c)

图 12-6　轮胎花纹

a）普通花纹轮胎　b）混合花纹轮胎　c）越野花纹轮胎

（1）普通花纹轮胎　普通花纹有纵向花纹和横向花纹两种，如图 12-6a 所示。其特点是花纹细而浅，花纹块接地面积大，适用于较好路面。纵向花纹轮胎的滚动阻力小、防侧滑和散热性好、噪声低、高速性能好，轿车和载货汽车均可使用。横向花纹轮胎的耐磨性能好，仅用于载货汽车。

（2）越野花纹轮胎　越野花纹的沟槽深而宽、花块接地面积小、防滑性好、越野能力强，花纹有无向的马牙形和有向的人字形等，如图 12-6c 所示。越野花纹轮胎适用于在矿山、建筑工地以及其他一些松软路面上使用的越野汽车。安装人字形花纹轮胎时，花纹"人"字尖端的指向要与汽车前进时车轮前进方向一致，以提高排泥性能。越野花纹轮胎不宜在较好硬路面上使用，否则行驶阻力加大，油耗增加，而且加速花纹的磨损。

（3）混合花纹轮胎　混合花纹是介于普通花纹和越野花纹之间的胎面花纹，其花纹较普通花纹粗，通常在胎面中间为菱形花纹或纵向锯齿形花纹，两边为横向越野花纹，如图 12-8b 所示。在良好沥青混凝土路面上行驶时，耐磨性比越野花纹好；而在泥雪路面上行驶时，胎面两边的横向花纹沟有良好排泥性能，保证良好的附着性。因此，混合花纹轮胎对不同路面的适应性强，主要用于经常在城乡道路上行驶的汽车。

三、轮胎的规格

1. 轮胎的主要尺寸

如图 12-7 所示，轮胎的主要尺寸是指轮胎断面宽度（B）、轮辋名义直径（d）、轮胎断面高度（H）、轮胎外直径（D）等。

（1）轮胎断面宽度 B　是指轮胎按规定气压充气后，轮胎外侧面间的距离。

（2）轮辋名义直径 d 是轮辋规格中直径大小的代号，与轮胎规格中相应的直径一致。

（3）轮胎断面高度 H 是指轮胎按规定气压充气后，轮胎外直径与轮辋名义直径之差的一半。

（4）轮胎外直径 D 是指轮胎按规定气压充气后，在无负荷状态下胎面最外表的直径。

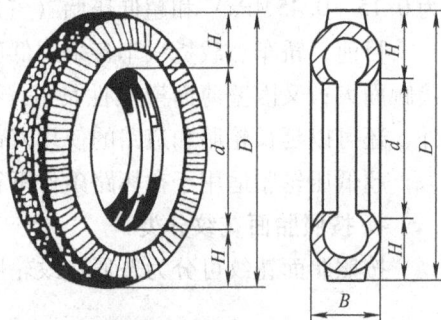

图 12-7 轮胎的主要尺寸

2. 轮胎的高宽比和轮胎系列

轮胎的高宽比又称为轮胎的扁平率，是指轮胎的断面高度（H）与轮胎断面宽度（B）的百分比，表示为（H/B）%。目前，国产轿车子午线轮胎有 80、75、70、65、60、55、50、45 八个系列，数字分别表示其高宽比为 80%、75%、70%、65%、60%、55%、50%、45%。

扁平率小的轮胎，说明轮胎的断面宽，则接地面积大、比压小，轮胎的磨损会减小，滚动阻力也小，抗侧向滑移能力强。在相同的承载能力下，其直径可以减小，从而可降低汽车重心，提高汽车行驶稳定性，因此在高速轿车上得到广泛应用。

3. 轮胎的层级

轮胎的层级是表示轮胎承载能力的相对指数，主要用于区别尺寸相同但结构和承载能力不同的轮胎。轮胎层级常用 PR（PLYRATING）表示。

4. 轮胎最高速度和速度级别符号

轮胎最高速度是指在规定条件（路面级别、轮辋名义直径）下，在规定的持续行驶时间（持续行驶最长时间为 1h）内，允许使用的最高速度。将轮胎最高速度（单位：km/h）分为若干级，用字母表示，称为速度级别符号，目前有 25 个，表 12-1 摘录了部分轮胎速度级别符号与最高行驶速度。不同轮辋名誉直径的轿车轮胎最高速度见表 12-2。

表 12-1 轮胎速度级别符号与最高行驶速度（摘录）

轮胎速度级别符号	轮胎最高行驶速度/（km/h）	轮胎速度级别符号	轮胎最高行驶速度/（km/h）
L	120	R	170
M	130	S	180
N	140	T	190
P	150	U	200
Q	160	H	210

表 12-2 不同轮辋名誉直径的轿车轮胎最高速度（摘录）

轮胎速度级别符号	轮辋名誉直径（10in）	轮辋名誉直径（12in）	轮辋名誉直径（≥13in）
R	135	145	170
S	150	165	180
T	165	175	190
H	—	195	210

5. 轮胎的负荷能力

轮胎的负荷能力是指在一定行驶速度和相应充气压力时的最大载重质量。国际标准将轮胎全部预计到的负荷量从小到大依次划分为0、1、2、3……279，共280个等级负荷指数，表12-3仅摘录了一部分。

表12-3　负荷指数与负荷值对应表（摘录）

负荷指数	……	75	76	77	78	79	80	81	82	83	84	85
负荷值/kg	……	387	400	412	425	437	450	462	475	487	500	515
负荷指数	86	87	88	89	90	91	92	93	94	95	96	97
负荷值/kg	530	545	560	580	600	615	630	650	670	690	710	730
负荷指数	98	99	100	101	102	103	104	105	106	107	108	109
负荷值/kg	750	775	800	825	850	875	900	925	950	975	1000	1030
负荷指数	110	111	112	113	114	115	116	117	118	119	120	121
负荷值/kg	1060	1090	1120	1150	1180	1215	1250	1285	1320	1360	1400	1450
负荷指数	122	123	124	125	126	127	128	129	130	131	132	133
负荷值/kg	1500	1550	1600	1650	1700	1750	1800	1850	1900	1950	2000	2060
负荷指数	134	135	136	137	138	139	140	141	142	143	144	
负荷值/kg	120	180	2240	2300	2360	2430	2500	2575	2650	2725	2900	—

6. 轮胎规格的表示方法

（1）轿车轮胎规格的表示方法　GB/T 2978—2008《轿车轮胎规格、尺寸、气压与负压》规定了轿车轮胎规格的表示方法。

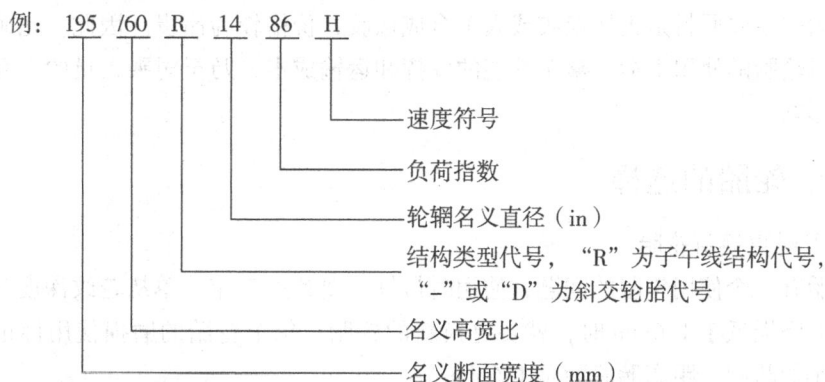

例：195 /60 R 14 86 H
　速度符号
　负荷指数
　轮辋名义直径（in）
　结构类型代号，"R"为子午线结构代号，"–"或"D"为斜交轮胎代号
　名义高宽比
　名义断面宽度（mm）

（2）载货汽车轮胎规格的表示方法　GB/T 2977—2008《载货汽车轮胎规格、尺寸、气压与负荷》按照载货汽车类型规定新的载货汽车轮胎规格的表示方法。

1）载重汽车普通断面子午线轮胎。

例：　8　R　22.5　10PR　124/122　G

　速度符号

　负荷指数（单胎/双胎）

　层级

　轮辋名义直径（in）

　结构代号，"R"为子午线结构代号

　名义断面宽度（in）

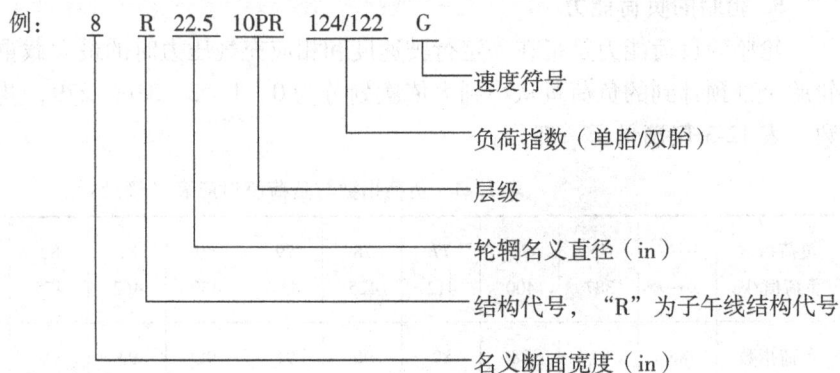

2）载重汽车普通断面斜交轮胎。

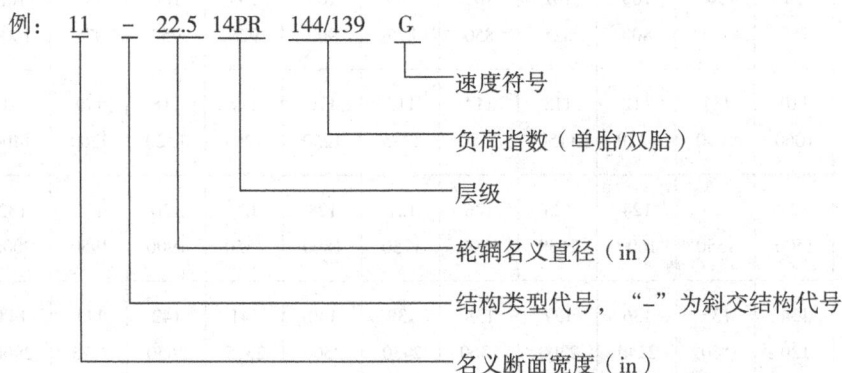

例：　11　–　22.5　14PR　144/139　G

　速度符号

　负荷指数（单胎/双胎）

　层级

　轮辋名义直径（in）

　结构类型代号，"–"为斜交结构代号

　名义断面宽度（in）

课题二　轮胎的选择与使用

轮胎的优劣直接影响着汽车的牵引性、通过性、稳定性、安全性和舒适性等性能；另外，轮胎的主要原料是天然橡胶或人工合成橡胶，价格较为昂贵。因此，正确地使用和维护轮胎对轮胎的使用寿命、整车性能的发挥和运输成本，乃至司乘人员的人身安全等有着重要的影响。

一、轮胎的选择

1. 及时更换新轮胎

轮胎有一个使用年限的问题，使用时最好不要超过三年。单从花纹深度来说，国际上规定轮胎磨损低于1.6mm时，就要更换新的轮胎。每个轮胎的磨损使用标记都会在里面有一个小的凸起，距离胎底面是1.6mm。

当原配的轮胎使用到一定期限或者到该更换的时候，首先要注意轮胎的尺寸要与原配的尺寸一样。另外，在花纹上的选择要根据气候条件、使用条件来选择。对于轮胎的花纹最好是四只轮胎的花纹、尺寸、品牌都是一样的。除非到了实在迫不得已的时候，至少也要保持在一个轴上两条轮胎的尺寸、花纹都要一样，以保证对整车的操控性。

2. 正确选用轮胎

（1）选用轮胎的根据　选用轮胎的根据是：车辆的使用条件，车型，路线（长途、短途、市内），装载（重物、特殊货物、一般杂货），车速（高速、中速、低速），气象状况（雨季、冬季、夏季），以及使用部门的管理水平和管理方式。选购的轮胎应与汽车生产厂家规定的规格型号相一致，并且装配在规定的车型和轮辋上。选购轮胎时应对该轮胎所执行的标准有所了解。

（2）选型时注意轮胎的速度级别　在轮胎的外侧标注有规格代号，只有正确了解它们的含义，才能识别各种轮胎的类型、性能和特点，做到正确选择和使用。每条轮胎都有一个速度级别，各个速度级别均对应一个最高时速（见表12-2），应根据汽车的使用要求选配轮胎，不允许在超过轮胎规定的速度条件下行驶。比如，经常在高速公路上行驶的车辆，应选择速度级别较高的轮胎（如H级轮胎），一般的轿车选择T级轮胎就足够了。子午线轮胎与普通斜交胎相比具有滚动阻力小、耐磨性及高速性能好、噪声小等优点，所以应优先选择子午线轮胎。

此外，轮胎的选择还应考虑轮胎的负荷能力要与载荷质量相适应，轮胎的花纹要与道路条件相适应等。

二、轮胎的损坏

汽车轮胎承受和传递汽车与路面的全部作用力，在各种力的作用下，轮胎将产生复杂的变形。因变形而发生摩擦，将产生大量的热，使轮胎温度升高、强度降低。轮胎的损坏基本上就是力和热作用的结果。汽车轮胎损坏的主要形式有胎面磨损、帘线松敞、折断、帘布脱层、胎面与胎体脱胶以及由上述结果引起的胎体破裂。

三、轮胎的合理使用

正确、合理使用轮胎的目的在于降低轮胎的磨损速度，防止不正常的磨损和损耗，延长轮胎的使用寿命，保障行车安全，降低运输成本，提高经济效益。

轮胎使用的基本要求是：

1. 保持轮胎气压正常

轮胎气压是决定轮胎使用寿命和工作好坏的主要因素。气压过低时，胎体变形增大，造成内应力增加，并过度摩擦升温；胎面接触面积增大，磨损加剧，特别是胎肩的磨损加剧，滚动阻力增大，燃料消耗增加。据统计，轮胎气压比规定值下降30%，轮胎使用寿命缩短33%，燃油消耗增加6%；双胎中一胎气压过低还会使另一胎超载损坏。气压过高时，使胎冠部分磨损加剧，动载荷增大，易产生胎冠爆破。

各种轮胎都有规定的气压，在使用中应严格按照规定的轮胎气压充气。另外，在炎热夏季的行车途中，轮胎发热会引起气压增高。遇到这种情况，应将汽车暂停于阴凉地点，待胎温下降、胎压正常后再继续行驶。切不可采用泼冷水降温和放气降压的错误做法，否则会使轮胎骤烈变形，造成帘布线脱层，加速轮胎的损坏。

2. 防止轮胎超载

轮胎负荷对使用寿命有很大影响，超载行驶时，轮胎变形增大，帘布和帘线应力增大，容易造成帘线折断、松散和帘布脱层。同时，因为接触面积增大，增加胎肩的磨损，尤其在遇到障碍物时由于受到冲击，会引起爆破。因此，必须按车辆标定的容载量装货载客，不得超载。注意货物装载平衡，防止在车辆行驶时发生货物移动及倾斜。

3. 合理搭配轮胎

轮胎必须装在规定规格的车辆上。同一车轴应装配相同规格、花纹和负荷能力的轮胎；普通斜交轮胎与子午线轮胎在同车上不能混用；轮胎花纹应根据道路条件选择，装配有方向性花纹的轮胎时，驱动轮胎面花纹"人"字尖端的指向要与汽车前进时轮胎旋转方向一致；换装轮胎时，应尽量做到整车同轴同换；为确保行车安全，翻新轮胎不能装在转向轮上；汽车所有轮胎应与最大设计车速相适应。

4. 掌握车速，控制胎温

汽车行驶速度与轮胎生热的关系很大。车速越高，挠曲变形速度就越快，轮胎产生的热量也就越大。当轮胎胎体温度上升到100℃以上时，轮胎易分层、脱空、爆胎。

夏季行车应增加停歇次数，以防轮胎过热和内压过高。严禁放气降压和泼冷水降温。因放气后轮胎温度并未降低，而轮胎的变形因气压降低而增大，使胎温继续升高，直到轮胎的发热量与散热量重新达到平衡为止。重新平衡时，轮胎的温度比原来更高，致使轮胎受到严重磨损。而浇泼冷水降温，会使轮胎在高温时急剧冷却，因各部收缩不均衡而产生裂纹，加速轮胎损坏。

5. 精心驾驶车辆

操作要领是：起步平稳，加速均匀，中速行驶，选择路面，减速转向，少用紧急制动。

在滑路上要缓慢起步，以均匀速度行驶，车轮打滑空转时，应立即采取防滑措施；行驶中注意选择路面，尽量避开障碍物和难行路段；道路不良或转弯时应减速行驶；遇有沟槽、坑洼或铁轨等障碍时，应以低速缓慢通过；在保证安全的前提下，少用制动器，尽量避免紧急制动。

6. 做好日常维护

日常维护工作包括出车前、行车中和收车后的检查。主要检查轮胎气压是否符合规定；检查轮胎螺母有无松动；清理轮胎夹石，检查轮胎有无不正常的磨损和损伤，并及时消除不正常磨损和损伤因素。

7. 保持汽车技术状况良好

从延长轮胎的使用寿命的角度出发，汽车维护中要特别注意下列作业：

1）前轮前束和外倾角应符合标准；

2）行车制动器调整良好，不拖滞；

3）轮毂轴承的间隙调整适当；

4）轮胎螺母紧固，车轮应平衡；

5）钢板弹簧的挠度应尽量一致，前后轴平行；

6）液压制动器和轮缸无漏油现象；

7）车轮总成的横向摆动量和径向跳动量应符合 GB 7258—2004《机动车运行安全技

术条件》的要求。

8. 强制维护、定期换位、及时翻修

对轮胎的维护应与整车维护一样，贯彻预防为主、强制维护的原则。轮胎的维护分日常维护、一级维护和二级维护，轮胎维护的分级和周期与车辆维护相同。由于受负荷、驱动形式和道路的影响，汽车各轮胎磨损部位和磨损程度不同，为使全车轮胎磨损均匀，一般应按照规定的周期进行轮胎换位。

轮抬换位的基本方法有循环换位法和交叉换位法两种，如图 12-8 所示。一次更换轮胎的位置，不能使所有轮胎从轮胎的一侧换到另一侧的换位方法，称为循环换位法。仅一次更换轮胎的位置，便可实现所有轮胎从汽车的一侧完全换到另一侧的换位方法，称为交叉换位法。子午线轮胎采用单边换位法，如图 12-9 所示。

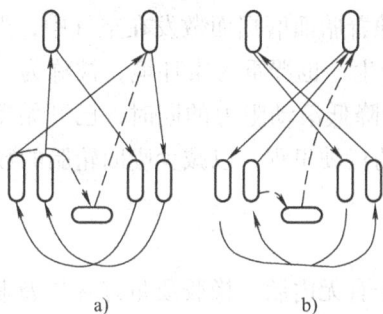

图 12-8　六轮轮胎换位的基本方法

a）循环换位法　b）交叉换位法图

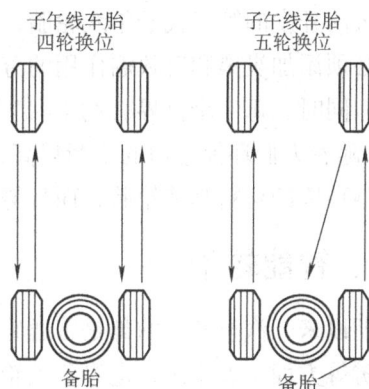

图 12-9　四轮二桥子午线轮胎单边换位法

进行轮胎换位应注意：轮胎换位方法选定后，不再变动；对有方向性花纹轮胎，换位后不能改变轮胎旋转的方向；轮胎换位后，应按规定重新调整轮胎气压。

轮胎在使用时，应注意掌握轮胎的磨损极限。胎面的花纹磨浅后，容易打滑和延长制动距离。从安全的角度出发，最好在胎面花纹尚较深时，便换用新轮胎。但从经济的观点来看，这样费用过高。兼顾安全和经济，国家标准规定，当轿车轮胎胎面磨损至磨耗标志、载重汽车轮胎花纹深度磨损剩 2～3mm、其他 1.6mm 时，应停止使用，进行翻新或报废。我国《载重汽车翻新轮胎》（GB 7037—2007）和《轿车翻新轮胎》（GB 1446—2007）两个标准，分别对载重汽车轮胎和轿车轮胎翻新质量作了规定。

轿车的磨耗标志位于胎面花纹沟底部。当胎面磨损到深及此处时，花纹沟断开，表明轮胎必须停驶送去翻新。为便于用户找到磨耗标志所处的位置，通常都在磨损标志对应的胎肩处标出"TW"或者"△"等符号。

课题三　21 世纪新型轮胎简介

随着汽车工业的迅速发展，人们对轮胎的要求越来越高，为了满足人们日益增长的需要，世界主要轮胎公司相继推出各式各样的新型轮胎，现介绍如下。

一、绿色轮胎

"绿色轮胎"也称环保或低污染轮胎，是指在轮胎的配方中用二氧化硅取代炭黑，从而降低轮胎的滚动阻力、减少油耗，达到减少汽车废气排放的环保效应。

当汽车以 100km/h 匀速行驶时，会受到来自空气、汽车内部各部件的摩擦以及来自轮胎滚动的阻力，其中轮胎滚动阻力约占 20%，也意味着近 20% 的废气排放来自于轮胎滚动阻力。自从 1992 年法国米其林公司提出绿色轮胎概念以来，世界各国争相开发，已成为世界各国也是我国轮胎行业发展的战略重点。工业发达国家的轮胎，已基本实现全部子午化。

不久前开发的第三代子午线轮胎，其滚动阻力比第一代减少 30%。但是，这些轮胎的胎面还必须添加炭黑和有致癌作用的芳烃油，它们随着胎面磨损而散发在空气中，严重污染环境。同时，每年全世界有约 10 亿条废旧轮胎产生，也严重污染环境，被称为"黑色污染"。随着人们环保意识的不断提高，在继续努力降低滚动阻力的同时，已开始重视使用不污染环境的材料制造轮胎，而且努力延长轮胎的行驶里程，以减少废旧轮胎的数量。

二、智能轮胎

长期以来，汽车使用的都是普通轮胎，区别在于有无内胎、橡胶质量好坏以及制作工艺的优劣等方面。近年来，世界各大轮胎制造商纷纷在开发智能轮胎，并已经尝试生产各种类型的样品。汽车智能轮胎就是在轮胎内装有计算机芯片或将芯片与轮胎相连接，计算机芯片能自动监控并调节轮胎的行驶温度和气压，使轮胎在不同条件下都能保持最佳的运行状况，既提高了安全系数，又节省了开支。更先进的智能轮胎还能在探测出结冰的路面后变软，使牵引力更好；在探测出路面的潮湿程度后，还能自动改变轮胎的花纹，以防打滑。

智能轮胎的主要功能是：

1) 进行内压监测，一旦发现轮胎充气内压不足，该装置立刻向驾驶者发出警报，提示驾驶者停车检查轮胎或由车载电脑自动作出应急处置。

2) 自动补充轮胎内压，当轮胎内压降低时，车载电脑将根据充气内压监测装置提供的数据信息，自动启动车载气泵，向轮胎内充入气体，使轮胎保持合理的充气内压。

3) 追溯性记录，即从轮胎制造→出厂→使用（包括维修、翻新）→报废的全过程中的每一个阶段均形成资料，而且该资料可以随时提档查阅。

4) 对轮胎温度进行监测，轮胎在汽车正常运转中，当温度过高或者压力太低，有可能造成胎面破损时，能及时向驾驶员发出报警信号预防爆胎。

三、超轻量轮胎

轮胎骨架全部采用化纤材料，大幅减轻了轮胎自重，降低了滚动阻力和噪声，提高了干湿路面的附着性。由于不用钢质材料，便于轮胎翻新。1994 年，日本住友公司与杜邦公司合作，研究开发出超轻量（ULW）轮胎，也称全化纤轮胎。与一般子午线轮胎相比，ULW 轮胎的轮胎质量可减少 30%，滚动阻力下降 10%，轮胎速度可达 200km/h，减薄了胎面，提高了加工精度。

四、低断面轮胎

与普通轮胎相比，低断面轮胎用钢丝带束层替代锦纶缓冲层；胎体采用多层锦纶胶帘布加钢丝带束层，多钢丝圈结构，使轮胎坚固耐用；胎面采用超耐磨、超抗切割的胎面胶配方，加深、加厚块状花纹和非对称胎侧，使轮胎具有优异的抗切割和抗刺扎性能。低断面轮胎不仅提高了轮胎的耐磨性能，而且降低了轮胎生热，大大延长了轮胎的使用寿命。

【单元小结】

轮胎的主要作用是保证车轮和路面有良好的附着性，以提高汽车的牵引性、制动性和通过性；缓和汽车行驶时所受到的冲击，并衰减由此而产生的振动；承受汽车的重力，传递驱动力矩和制动力矩。因此，轮胎必须有适宜的弹性和承受载荷的能力，其胎面部分应具有用以增强附着作用的花纹，此外，还应具有耐热、耐水、耐老化和耐磨损的能力。随着汽车工业的迅速发展，各种新型轮胎也应运而生，新型轮胎的出现将进一步提高车辆的乘坐舒适性、操纵稳定性、行驶安全性，也更加有利于环境保护。

1. 充气轮胎按组成结构分为有内胎轮胎、无内胎轮胎和活胎面轮胎三种；按胎体中帘线排列方向不同，分为普通斜交轮胎和子午线轮胎；按照充气压力大小可分为高压胎、低压胎和超低压胎；按照胎面花纹分为普通花纹轮胎、越野花纹轮胎和混合花纹轮胎。

2. 子午线轮胎和无内胎轮胎由于具有良好的使用性能而被广泛地应用在载重汽车和轿车上。

3. 轮胎的规格由轮胎名义断面宽度、轮胎扁平率、轮胎结构代号、轮辋名义直径、负荷能力和速度标志表示。

4. 轮胎应正确、合理地使用，并在使用过程中，及时更换和翻新。

5. 21 世纪新型轮胎有绿色轮胎、智能轮胎、超轻量轮胎、低断面轮胎、仿生轮胎、防水轮胎等。

【思考与练习】

1. 轮胎的主要作用有哪些？对轮胎有哪些要求？
2. 汽车轮胎是如何分类的？分成哪几类？
3. 子午线轮胎与普通斜交轮胎相比有哪些优点？
4. 轮胎使用的基本要求有哪些？
5. 新型轮胎主要有哪些类型？

第四模块
汽车美容材料

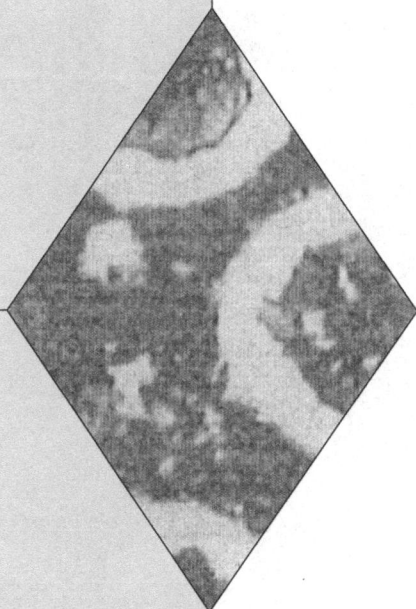

【任务描述】

汽车美容与装饰是20世纪90年代中后期发展起来的一种全新的服务模式。在近10年中，汽车美容业异军突起，已成为目前较为热门的行业之一。本单元主要介绍汽车美容的作用、汽车美容的分类、常用汽车美容材料的品种及常用汽车美容材料的选用和美容护理工艺。

【学习目标】

1. 理解汽车美容的概念及作用。
2. 了解汽车美容材料的品种。
3. 掌握常用汽车美容材料的选用和美容护理工艺。

课题一 汽车美容的作用与分类

汽车美容是指针对汽车各部位不同材质所需的保养条件及不同部位所需的装饰要求，采用不同性质的专业护理产品及装饰产品，由操作人员按照一定的操作工艺对汽车进行快速护理和装饰，以达到美化汽车，提高人车品位的服务模式。

一、汽车美容的作用

1. 美化环境

随着我国科学技术的不断进步，人们的生活水平也在逐年提高，道路上行驶的车辆也越来越多。五颜六色的汽车装扮着城市的各条道路，形成了一条条美丽的风景线，也美化了城市和道路环境，给路人以美的享受。试想一下，如果不对车辆进行美容，道路上行驶的汽车满身灰尘污垢，漆面色彩单调、色泽暗淡，甚至锈迹斑斑，这将给整齐美丽的城市带来极不协调的景象。由此可知，汽车美容对美化城市环境有着重要的作用。

2. 保护汽车

汽车涂膜是汽车金属等物体表面的保护层，它使汽车表面与空气、水分、日光以及外界腐蚀物质隔离，起着保护物面、防止腐蚀的作用，从而延长金属等物体的使用寿命。汽车在使用过程中，由于风吹、日晒和雨淋等自然侵蚀以及环境污染的影响，涂膜会出现失光、变色、粉化、起泡、龟裂、脱落等老化现象；另外，交通事故、机械撞击等也会造成涂膜损伤。一旦涂膜损坏，金属等物体便失去了保护的"外衣"。因此，加强汽车美容作业，维护好汽车表面涂膜是保护汽车金属物体表面的前提。

3. 装饰汽车

随着人们消费水平的提高，对于一些中高档轿车来说，已不仅仅是一种交通工具，它已成为一种身份的象征。车主不仅要求汽车具有漂亮的外观和豪华的内装饰，还想方设法把汽车装点得靓丽美观，这就对汽车的装饰性能提出了更高的要求。汽车的装饰性不仅取决于车型设计，还取决于汽车的表面色彩、光泽等因素。通过汽车美容作业，使汽车涂层色彩鲜艳、色泽光亮，造型更加美观，内饰更加豪华，始终保持靓丽的风采，给人以超凡的享受。

二、汽车美容的分类

1. 根据汽车的服务部位分类

根据汽车的服务部位分为车身美容、内饰美容和漆面美容。

（1）车身美容　车身美容服务项目包括新车开蜡，在用车脱蜡清洗，在用车不脱蜡清洗，在用车上光清洗、打蜡，风窗玻璃的养护，车身、钢圈去沥，钢圈、轮胎与底盘防腐涂胶处理等，还包括车身的外部装饰，如对汽车顶盖、车窗、车身周围及车轮等部位进行装饰。

（2）内饰美容　内饰美容服务项目可分为车室美容、发动机美容及行李箱清洁等项目。其中，车室美容包括仪表台、顶棚、地毯、脚垫、座椅、座套、车门内饰的吸尘清洁保护以及蒸气杀菌、冷暖风口除臭、室内空气净化、防盗器安装、室内隔声降噪等项目。发动机美容包括发动机外部和内部清洁、喷上光保护剂、做翻新处理及空调护理、蓄电池护理等项目。

（3）漆面美容　漆面处理服务项目可分为氧化膜、飞漆、酸雨处理，漆面深浅划痕处理，漆面部分板面破损处理及整车喷漆等。

2. 根据汽车的实际美容程度分类

根据汽车的实际美容程度分为一般美容、修复美容和专业美容。

（1）一般美容　就是人们平时所说的汽车美容，即采用洗车、打蜡的方法，将汽车表面上的污物、尘土洗去，然后打蜡，增加车身表面的光亮度，能起到粗浅的"美容"作用。

（2）修复美容　汽车修复美容是对车身漆膜有损伤的部位，先进行漆膜修复，然后再进行美容。这种美容的工艺过程为：砂子划痕→涂快干原子灰→研磨→涂快干底漆→涂底色漆→涂罩光漆→清除接口。汽车修复美容必须在比较正规的汽车美容中心进行，它需要一定的设备和工具，采用一定的修复美容工艺，才能满足汽车美容的基本要求。但这种美容并非很完善，对整车而言，它只能对车身的漆膜部分进行保养护理。

（3）专业美容　专业汽车美容是通过先进的设备和数百种用品，经过几十道工序，从车身、内室、发动机、钢圈、轮胎、底盘、保险杠、油路、电路、空调系统、冷却系统、进排气系统等各部位进行彻底的清洗、保养和维护，使整车焕然一新。

由上可知，专业汽车美容不仅仅包括对汽车的清洗、打蜡，更主要的是根据汽车实际需要进行维护。它包括对汽车护理用品的正确选择和使用、汽车漆膜的护理（如对各类漆膜缺陷的处理、划痕的修复美容等）、汽车装饰、汽车防护及精品的选择等内容。其中，汽车防护服务项目有贴防护太阳膜、安装防盗器、静电放电器、汽车语音报警装置等；汽车精品服务是汽车美容服务的延伸项目，能满足驾驶员及乘员对汽车内部附属装饰、便捷服务的需求，如车用香水、蜡掸、护目镜、脚垫、座套、把套等配置，使得汽车美容服务更加体现人性化和个性化。

现代汽车美容是一项庞杂的系统工程，也是一项系统性、规范性和专业性较高的服务种类。因为它的每一道工序都有着标准而规范的技术要求，并且必须使用专业工具、专业产品和专业手段来进行操作。

课题二 常用汽车美容材料的品种与分类

常用的汽车美容护理用品按各类产品的特性、适用范围、护理功能不同分为清洁保护用品、油漆护理用品、汽车整容及装饰用品等。

一、车身美容护理用品

1. 车身表面清洗剂

汽车使用或停放一段时间后，车身会沾满灰尘、泥土、油污或其他脏物，使用中必须对汽车各部位进行及时的清洗和保养。清洗时，无论如何不能使用洗衣粉、洗洁精等含碱性成分较大的普通洗涤用品。因为这些清洁剂一般显碱性，对车身漆面及金属具有很强的腐蚀性，长期使用会导致漆面失光、生锈，严重的会使车漆干裂，造成不可挽回的损失，所以，车身的清洁需使用专用的清洗剂或清洗香波。

2. 车蜡

汽车长期要暴露在户外，经常会受到风吹雨淋、阳光照射以及各种有害气体、沙尘等的侵蚀，会造成漆面的褪色、失光，严重的甚至造成油漆龟裂。而汽车打蜡的目的主要就是保持车身漆面亮丽整洁、保护车漆。

现在，汽车车身大多使用金属漆。金属漆由基漆和清罩漆构成，下层是基漆，上层是清罩漆。日光照射到基漆后，会使基漆褪色或使车身表面的不同部位产生色差，而位于上层的清罩漆将会泛黄或变成混合色，由此影响到车身的美观。而打了车蜡以后，车蜡就会将部分日光折射回去，从而能大大延长车漆的寿命，使车身长久保持应有的光彩。车蜡的基本成分是聚乙烯乳液或硅酮类高分子化合物，并含有油脂成分，它可以在漆面形成一层油膜而散发光泽。由于车蜡中所含的添加成分不同，使其在物质形态、性质上有所区别，进而划分为不同的种类。

（1）按物理状态分　按物理状态不同可分为固体蜡和液体蜡两种。在日常作业中，液体蜡应用较多，如龟牌蜡、即时抛等。

（2）按作用分　按作用不同可分为防水蜡、防高温蜡、防静电蜡、防紫外线蜡等。

（3）按功能分　按功能不同可分为去污蜡、亮光蜡、镜面蜡、彩色蜡等。

（4）按生产国别分　按生产国别不同可分为国产蜡和进口蜡。国产蜡最常用的是即时抛。中高档车蜡多用进口蜡，这些高级美容蜡含有特殊材料成分，不论用水冲洗多少次，一般都不会流失，也不用担心光泽在较短时间失去，施工后车蜡表面水滴呈扁平状，透镜作用不明显，可有效地保护漆面。另外，进口蜡还有一种活性非常强的渗透剂，能使车蜡迅速渗透于漆层内，和漆面之间产生牢固的结合力，上蜡后的漆面看起来浑然一体，效果非常好。

二、车身漆面处理材料

由于汽车常年暴露在室外，难免遭受风吹、日晒、雨淋以及酸雨等具有氧化性的物质的侵蚀，使漆面逐渐失去光泽。另外，也由于一些其他人为因素，使得车辆被刮擦或划伤，造成漆面的损伤等。这些都可以通过专业汽车美容师对漆面进行处理施工而使之焕然一新。

漆面处理是现代汽车美容的重要组成部分，包括漆面失光处理、漆面浅划痕处理、漆面深划痕处理、喷涂等内容。漆面失光处理是采用特殊处理工艺与方法，配合专用的护理用品，有效地祛除失光，再现漆面的亮丽风采。但对于因摩擦、硬伤所产生的各种划痕的处理，浅划痕采用抛光研磨的方法，深划痕则需采用喷涂施工的方法。所以车身漆面处理材料一般分为车身漆面护理材料和车身漆面修补材料两大类。

1. 车身漆面护理材料

（1）研磨剂　研磨剂分为普通漆研磨剂和透明漆研磨剂。

1）普通漆研磨剂。它是透明漆出现以前所生产的研磨剂，研磨剂中含有坚硬的浮岩作摩擦材料。根据颗粒的大小，分为深切、中切和微切三类，主要用于处理普通漆的氧化、划痕、褪色等问题。浮岩颗粒的特点是坚硬，研磨速度快；但这些颗粒不会在研磨中产生质变。如用于透明漆上容易把透明漆打掉，故不能用于透明漆的研磨。

常用的普通漆研磨用品有普通漆微切型、普通漆中切型、普通漆深切型。

2）透明漆研磨剂（通用型）。透明漆研磨剂的摩擦材料比普通漆研磨剂有了很大的改进，其摩擦材料在一定的热量下，可通过化学反应使划痕变小或变无，不会把透明漆磨掉。这种研磨剂不仅适用于透明漆，同样也适用于普通漆。但是，对于金属层、原子灰层和底漆层，透明漆研磨剂的研磨速度不如传统研磨剂。

常用的透明漆研磨用品有透明漆微切型、透明漆中切型、透明漆深切型。

（2）抛光剂　抛光是祛除研磨遗留的缺陷，消除研磨造成的细微划痕，处理车漆的轻微损伤和污斑，为还原、打蜡（镀膜）做好准备。

常用的抛光剂有普通漆抛光剂、全能抛光剂、镜面釉抛光剂。镜面釉抛光剂是国外现代汽车护理的高科技产品，含有高分子釉剂，能把任何车型的漆面做成釉质镜面效果。特殊配方的抛光剂能祛除抛光作业时产生的光环、划痕，使漆面特别光亮，有较强的耐清洗、抗磨损能力，不怕水、不怕油污和酸碱，使用后能在汽车漆面形成光滑、明亮、密封的釉质镜面保护膜，使汽车终年保持亮丽色彩。

（3）增光剂　增光剂与抛光剂的唯一区别在于增光剂含蜡或上光剂。因为有蜡，增光剂实际上是一种二合一（抛光和打蜡）的用品，可以缩短工作时间，进一步完善抛光的效果。增光剂虽然有蜡的效果，但它一般保持时间不长，接触几次水后就会流失，要取得长久保持的效果，增光剂上还应再加一层高质量的蜡。

常用的增光剂的品种有普通漆增光剂、增艳剂等。

（4）还原剂　还原是找回车漆的本来面目，是打蜡前的最后一道完善工序。还原剂主要用来祛除抛光后的车漆仍旧残留的一些发丝痕迹、抛光盘旋转的印子花纹等，从而把打蜡前的车漆还原到漆色固有光泽。

常用的还原剂品种有普通漆镜面还原剂、金属漆镜面还原剂等。后者是一种专为还原普通漆面光泽和色彩而设计的新用品，可有效祛除氧化层和沥青污迹，在几秒内还原车漆本色，使漆面光亮如新。该还原剂也适用于普通烤漆的车身抛光翻新和漆面修补抛光作业。

2. 车身漆面修补材料

深划痕处理工艺一般程序是：底漆→腻子施工→面漆涂装。

（1）底漆　汽车修补底漆的作用主要是填平金属或基材表面缺陷，防止腐蚀，增加附着能力。底漆主要有以下几种：

1）醇酸类底漆。其底漆附着力好，耐热、防老化性好，但防潮湿性较差。在国内仍有少量在使用，但在国外已淘汰。

2）环氧类底漆。能抗化学腐蚀，对基材的附着力强，漆膜可烘干，也可自干。主要用于轿车基层表面的打底防锈，以提高涂层质量。

3）硝基底漆。其优点是快干，漆膜较硬，但底漆的固体含量低，漆膜薄，只能用于快干漆的底层打底。

4）丙烯酸底漆。其特点是快干，固体含量高、漆膜厚，并且耐热、附着力强，还有防锈、防霉的性能。丙烯酸底漆适用于轿车和豪华客车的金属制品的打底防锈。

5）进口底漆。其产品也大致分为硝基、丙烯酸、聚氨酯和环氧底漆四大类。进口底漆总的优点是坚韧性好、附着力强、防锈、防化学溶剂，但对干燥作业的要求高，主要用在中高档轿车的配套打底。

（2）腻子　主要用于车辆表面凹坑填平，刮在底层上，用于汽车修补。腻子主要有酯胶酚醛腻子、醇酸腻子、硝基腻子、环氧腻子、聚酯腻子、原子灰几种类型。

其中，酯胶酚醛腻子的优点是刮涂性好、附着力强、容易打磨、价格便宜，在国内是主要的腻子品种；聚酯腻子属高档品种，其优点是耐化学溶剂、快干、附着力强，但干燥后涂层会收缩，主要用于轿车和豪华客车的车身外壳漆膜涂装；原子灰是近年出现的新型腻子，其优点是耐腐蚀、刮涂性好、容易打磨、工作效率高、快干、干后涂层的附着力强，适用于轿车的涂装。

（3）二道底漆和中涂漆　二道底漆也称二道浆，是中间涂层，其位置在腻子层与中涂漆之间。二道底漆含有较多的体质颜料，能够很好地填平砂痕和针孔，实际上就是腻子表面的填平，故又称稀腻子。中涂漆也属于中间涂层，常用的中涂漆有氨基、丙烯酸、聚酯、聚氨酯等种类。

（4）面漆　汽车面漆是汽车涂装中的最后一道工序，它直接影响着汽车的装饰性、耐候性和外观。常用的面漆品种有：

1）醇酸树脂面漆。其原料价格低廉、易得，制造工艺成熟，综合性能突出，应用于普通汽车。

2）硝基纤维素面漆。其特点是干燥快、漆膜坚硬，但固体含量低，往往需要多道喷涂才能保证漆膜厚度，光泽度较差，应用于普通汽车。

3）丙烯酸树脂面漆。由丙烯酸甲基丙烯酸酯通过聚合反应而生成的聚合物，是目前世界上涂装行业中使用较广泛的汽车面漆，适用于中高档轿车。

其他品种还有氨基树脂面漆、聚氨树脂面漆、氨基烘漆、沥青瓷漆等。

三、汽车内饰清洁护理用品

内饰美容通常是对汽车内部空间的美容护理，而汽车内饰件大多数由塑料、人造纤维、皮革、橡胶等材料制成。这些饰件在使用过程中难免被污染和性能退化，如塑料件经风吹日晒会因氧化而失去光泽，皮革件长久使用易出现磨损、老化、褪色等，这将会影响汽车的舒适性和美观，缩短其使用寿命。另外，车内平时也很容易受到水渍、汗渍、尘土和烟味等影响，使得座椅、地毯及车内顶棚发霉，真皮老化，产生难闻异味，甚至会滋生大量细菌，影响使用者的健康和心情。这就要求每隔一定时间必须使用专业清洁保护剂对汽车进行一次全套的专业护理。专业保护剂是较新的汽车美容用品，也是发展最快的汽车美容用品。

汽车专业保护剂主要分以下几类：

1. 皮革类专业保护剂

人造革和真皮座椅的表面有许多细小的纹理，容易积聚灰尘污垢，平时很难彻底清除干净，一般不能直接用水清洗，必须要用专门的皮革清洁护理用品。对皮革进行清洗、上光，这样既可使皮革恢复原有光泽，也可在其表面形成一层保护膜，防止老化。

皮革类专业保护剂主要品种有：水性真皮清洁柔顺剂、油性真皮上光保护剂、2001配方皮革保护剂，其他还有硬质皮革清洗液、超级防护剂等多种皮革专业保护剂。

2. 化纤类专业保护剂

现代汽车中，车室内纤维物覆盖面所占比例较大，广泛用于顶棚、座椅、地毯等处。清洁时，严禁使用碱性较强的洗衣粉或洗洁精清洗纤维织物，因为此类碱性物质在清洁结束后会使纤维织物变黄、腐蚀。

常用的化纤专用保护剂有化纤保护剂、化纤皮革清洁保护剂、丝绒清洁保护剂、地毯洗涤保护剂等。

3. 塑料类专业保护剂

汽车车室的塑料、橡胶件在使用过程中易出现老化、失去光泽、划伤、腐蚀等缺陷。使用专用的塑料类保护剂进行处理，会消除这些缺陷，达到一定的美容效果。

常用的塑料专业保护剂有塑料护理上光剂、皮塑防护剂、塑料橡胶润光剂等。

4. 电镀件专业保护剂

现代汽车中，镀铬件的应用大大提高了汽车的装饰效果。对镀铬件表面最有害的是空气中的硫化气体和海滨地区空气中的盐分，这些腐蚀性物质附着在镀铬层表面会造成镀铬件失光，影响其装饰效果。因此，对镀铬件的保护和翻新护理尤为重要。

常用的电镀件专业保护剂有电镀件除锈保护剂、汽车镀铬抛光剂等，使用后可使锈蚀发暗的镀铬表面恢复原有的光泽，并延缓日后的腐蚀。

5. 玻璃专业保护剂

车窗玻璃内侧经一段时间之后容易被蒙上一层雾状污垢，特别是在车内吸烟，一般很难用水清除。为了使车窗玻璃光洁明亮，保证行车安全，玻璃的清洁尤为重要。常用的玻璃保护剂有玻璃清洁防雾剂、玻璃抛光剂等。它们可以有效地祛除风窗玻璃上沾染的污斑以及不易用一般清洁剂祛除的污垢，能改善刮水器产生的擦痕，使玻璃晶莹透亮，并对已发乌的旧玻璃有很好的还原能力，适用于风窗玻璃、反光镜以及车门窗的清洁和上光。

此外，对于安全带上的灰尘和油污可用中性清洁剂进行擦洗。对于塑料材质的转向盘，可用中性清洁剂擦洗后，再使用塑料护理上光剂；而人造革、真皮材质的转向盘，要先用真皮清洁柔顺剂进行擦洗，再用真皮保护上光剂擦拭即可。对于离合器踏板、制动踏板、节气门踏板等部件表面，要用去油洗涤液清洗。

四、汽车发动机的清洁护理用品

发动机清洁翻新作为汽车美容的一部分，对汽车发动机的性能影响非常大。油泥、灰尘及污物的附着，不但影响发动机的美观，而且还易造成发动机附件的故障，更重要的是影响发动机的散热能力，加速发动机运动副的磨损，使发动机的使用寿命降低。

发动机美容护理用品主要有发动机清洁剂、发动机强力清洗剂、发动机外部清洗剂、气门及化油器清洁剂等。

五、汽车改装用材料

随着汽车逐步进入家庭，汽车的形象设计也开始流行起来。汽车形象设计也称汽车改装，目前国内一些大城市的汽车装饰店，已开始进行汽车外形改装业务，以满足现代车主追求个性的需求。

汽车改装所用的材料一般有两种：玻璃钢和碳纤维。由于碳纤维成本较高，而玻璃钢具有质量轻、抗撞性好、价格低廉等优点，所以使用较多。

此外，还有的对汽车进行太阳膜装饰。贴上太阳膜除了能降低车内的温度、减轻空调的负担之外，还有装饰的作用。

课题三　常用汽车美容材料的选用和美容护理工艺

一、车身清洗剂

1. 车身表面清洗剂的选用

汽车的清洗保养是汽车美容的重要组成部分，也是后续美容的基础。使用清洗剂洗车实际上是一个复杂的化学现象和物理现象相互作用的过程。因此，严把清洗保养品的选用质量关，对汽车保持良好的技术状况尤为重要，现推荐选用以下几种专用清洗剂。

（1）不脱蜡洗车液　这种洗车液是目前国内外汽车美容行业中广泛采用的一种水系清

洗剂，也是我们日常洗车的首选洗车液。它一般由多种表面活性剂配制而成，具有很强的浸润和分散能力，能够有效地祛除车身表面的尘埃、油污，但又不会洗掉汽车表面原有的车蜡，保护车身不受各类有害物质的侵蚀，保持漆面原有光泽。所以采用不脱蜡洗车液洗车后不需要重新给汽车打蜡。常用的不脱蜡洗车液有英特使 M-2000 洗车液、龟博士 P-612 洗车液等。

（2）增光洗车液　其实增光洗车液是不脱蜡洗车液的一种，但性能更优于普通的不脱蜡洗车液，也有人称它为二合一香波。它是集清洗、上蜡增光于一身的一种超浓缩洗车液。使用后能在车漆表面形成一层高透明的蜡质保护膜，令漆面光洁亮丽，给人以焕然一新的感觉。常用的增光洗车液有英特使 M-2001 洗车液。

（3）脱蜡洗车液　这种洗车液是目前国内外汽车美容行业中广泛采用的一种有机清洗剂，是新车开蜡和在用车重新打蜡前洗车的首选洗车液。它主要用来祛除车身表面的石蜡、油脂、硅酮抛光剂、污垢、橡胶加工助剂以及手印等。采用脱蜡洗车液洗车后，汽车出门前必须重新打蜡，否则车漆会加速老化。

2. 清洗作业的注意事项

1）洗车时最好使用软水，并采用专用的洗车液，严禁使用洗衣粉、肥皂或洗洁精。

2）在高压冲洗前，要将车窗、前后盖板关紧。

3）凡是使用调温式清洗机的，热水的温度都要控制，如果水温太高，就会损伤漆面。

4）车身外壳清洗和各工步应严格遵守从上到下的顺序。

5）擦干清洗剂时最好用麂皮，最差也要使用软毛巾，勿使其中夹有硬质颗粒而刮伤漆面。

6）不要在阳光直射下洗车，否则车表水分蒸发后，会在上面留下斑点，影响清洗效果。若发动机罩还有余热，应待冷却后再进行清洗，以防温差太大而伤及漆层。

7）严寒季节不要清洗，以免水滴在车身外壳表面上结冰，使漆面破裂。北方地区的严寒季节，清洗时要在室内进行。汽车进入清洗工位后，要过 5～10min 后再进行清洗作业。

二、汽车美容蜡

车身是一部车最重要、最显眼的外表，要保持汽车车容的整洁亮丽，打蜡是必不可少的美容工序。

1. 汽车美容蜡的正确选用

正确的选择使用汽车漆面美容蜡是打蜡成败的关键。目前市场上车蜡种类繁多，有高、中、低不同档次的，也有固体和液体的；有用来去污的，也有用来补色的；有国产的，也有进口的。由于这些车蜡的性能各不相同，其作用和效果也不一样。所以在选择时必须慎重，如选择不当，不仅不能保护车体，反而会对车身表面产生不良影响，严重的还会令车漆褪色或变色。所以，打蜡前要根据汽车漆面的实际情况加以正确选择。通常美容蜡的选择主要从以下几方面来考虑。

（1）根据车蜡的作用选择　由于车辆的运行环境不同，在车蜡的选择上对汽车漆面的保护应该有所侧重。例如，沿海地区宜选用防盐雾功能较强的车蜡；而化学工业区宜选用防酸雨功能较强的车蜡；多雨地区宜选用防水性能优良的车蜡；光照好的地区宜选用防紫外线、抗高温性能优良的车蜡；北方风沙较大的地区，宜选用汽车油蜡或汽车水彩蜡，以使漆面能形成坚韧的保护膜等。

（2）根据汽车的档次来选择　对于中高档轿车，其面漆的质量较高，宜选用高档车蜡；对于普通轿车或其他车辆，可选用珍珠色或金属漆系列车蜡。

（3）根据漆面的新旧来选择　新车或新喷漆的车辆，为保持车身的光泽和颜色，应选用上光蜡；对于旧车或漆面有漫反射光痕的车辆，可选用研磨蜡对其进行抛光处理后，再用上光蜡上光。

（4）根据季节不同来选择　夏季一般光照较强，宜选用防高温、防紫外线能力强的车蜡。

（5）根据汽车行驶环境来选择　如果汽车经常行驶在泥泞、尘土、砾石等恶劣的道路，应选用保护功能较强的硅酮树脂蜡。

（6）根据车漆颜色来选择　选用车蜡时还必须考虑与车漆颜色相适应。一般深色车漆选用黑色、红色、绿色系列的车蜡；浅色车漆选用银色、白色、珍珠色系列的车蜡。

2. 汽车打蜡的注意事项

1）打蜡时一定要擦干车身，不能有水；同时应在阴凉处给汽车打蜡，否则车表温度高，车蜡附着能力会下降，影响打蜡效果。

2）打蜡作业环境要清洁，灰尘要尽可能的少，有良好通风过滤装置，有条件的可设置专门的打蜡工作间。

3）打蜡时，手工海绵及打蜡机海绵运行应该作直线往复运动，不宜作环形涂抹，防止由于涂层不均造成强烈的环状漫射。

4）打蜡时应遵循先上后下的原则，即先涂抹车顶，然后前后盖板，再车身侧面等。

5）打蜡时，若海绵上出现与车漆相同的颜色，可能是漆面已经破损，应立即停止，进行修补处理。

6）上蜡后要及时抛光，不能延时太久，抛光时也要作直线往复运动。未抛光的车辆绝不允许上路行驶，如行驶后再补抛光，漆面很容易被刮伤。

7）抛光结束后，要及时清除车牌、车灯、门边等处残存的车蜡，防止产生腐蚀和影响整车美观。

8）要掌握好打蜡的时间，长期不打蜡和频繁打蜡都是不可取的，可根据汽车行驶情况及停放环境来决定。用手轻试车身漆面，若感觉不光滑，就应该进行打蜡了。

三、汽车漆面划痕处理

1. 漆面浅划痕的处理方法

使用中，由于摩擦及日常护理不当，久而久之在漆面上出现轻微划痕，并未露出底漆，这种划痕在阳光下尤其明显。在作业中一般采用抛光研磨的方法，对漆面上出现的浅划痕予以祛除。其方法如下：

（1）洗车 洗车的目的是清除汽车车身表面的污物、泥土等。

（2）开蜡 开蜡的目的是为了保证抛光效果。开蜡作业要求使用专用开蜡水，祛除漆面原有的蜡质层。开蜡水的特点是：在开蜡过程中，既能彻底分解蜡质层，又不损伤漆面及塑料。

（3）漆面研磨抛光

1）研磨。首先用小块毛巾将研磨剂均匀涂抹在待研磨漆面上，将海绵或羊毛研磨盘安装在研磨机上，沾满水，保持研磨盘平面与待研磨漆基本平行（局部研磨除外），起动研磨机，使其转速设置在 1500～1800r/min。研磨时为保持研磨盘湿润，应不断向研磨盘上洒洁净清水，以降低摩擦表面温度，避免由于摩擦升温过高使研磨表面面漆焦化和损坏面漆。研磨作业在清除95%左右划痕时即停止，然后用洁净水冲洗研磨表面后，擦去残余物，检查研磨效果。

2）抛光。抛光的作用是采用抛光剂清除研磨留下的细微划痕。

（4）漆面还原增艳 抛光作业完成后，漆面浅划痕已基本消除，对于抛光作业中残留的一些发丝划痕、旋印等，可通过漆面还原进行处理。漆面还原时，用小块无纺布将还原剂均匀涂抹于漆面，然后用无纺布毛巾抛光。

（5）漆面保护 漆面保护实际上就是给漆面上蜡，漆面保护剂有蜡质和釉质两大类，最好是给漆面封釉，因为封釉保护效果最好。

2. 漆面深划痕的处理方法

汽车漆面深划痕多为硬性划伤所致，目测会看到裸露的底漆，当用手摸划痕表面，会有明显的刮手感觉。这种划痕的危害不仅影响汽车的美观，若不进行及时处理还会对漆面造成腐蚀，损坏钣金。其处理方法如下：

（1）表面处理 深划痕表面处理工艺包括以下内容：清洗、除油、除锈、清除旧漆（即深划痕两侧旧车漆松动易脱落，在表面处理时应予清除）、砂光、砂薄（即对深划痕两侧进行"薄边"处理）。

（2）底漆和腻子施工 如果划痕经表面处理后金属基材未露出，仍有底漆层附着良好，则可以在原有底漆层基础上直接喷涂封闭底漆或中涂漆。如果金属基材外露，则需进行腻子的刮涂施工，然后喷涂封闭底漆或中涂漆。

（3）面漆涂装 喷涂面漆，干后打磨，再喷罩光漆。最后清除接口、抛光、打蜡，使划痕部位与周边漆面一致。

【模块小结】

汽车美容不只是简单的汽车打蜡、除渍、除臭、吸尘及车内外的清洁服务等常规美容护理，还包括利用专业美容系列产品和高科技设备，采用特殊的工艺和方法，对漆面增光、打蜡、镀膜及深浅划痕处理，全车漆面美容，底盘防腐涂胶处理和发动机表面翻新等一系列养车技术。专业的汽车美容在于它具有严格的系统性、规范性和专业性，从而使汽车经过专业美容后外观洁亮如新，漆面亮光保持长久，以达到"旧车变新，新车保值"的目的。

1. 常用的汽车美容护理用品有清洁保护用品、油漆护理用品、汽车整容及装饰用品等。

2. 汽车使用或停放一段时间之后，必须使用专用的清洗剂或清洗香波及时地对汽车各部位进行清洗和保养。而汽车打蜡的目的主要就是保持车身漆面亮丽整洁、保护车漆。

3. 漆面处理作为现代汽车美容的重要组成部分，包括漆面失光处理、漆面浅划痕处理、漆面深划痕处理、喷涂等内容。

4. 车身漆面处理材料一般分为车身漆面护理材料和车身漆面修补材料两大类。漆面失光处理是采用特殊处理工艺与方法，配合专用的护理用品，有效地祛除失光，再现漆面的亮丽风采。

5. 浅划痕可采用抛光研磨的方法，深划痕则需采用喷涂施工的方法，对车身漆面进行修补。

6. 汽车内饰清洁护理用品、汽车发动机的清洁护理用品以及汽车改装用的材料在汽车的美容和装饰中都得到了广泛的应用。

【思考与练习】

1. 什么是汽车美容？汽车美容的作用是什么？
2. 汽车专业保护剂主要有哪些类型？
3. 根据汽车的实际美容程度，汽车美容分为哪几种类型？
4. 常用车蜡的种类有哪些？作用是什么？
5. 漆面处理包括哪些内容？常用的汽车漆面处理材料有哪些？如何对漆面浅划痕进行处理？
6. 汽车内饰美容包括哪些主要内容？其美容护理用品有哪些？
7. 车身漆面修补材料有哪些？作用是什么？
8. 车身表面清洗剂有哪些？如何选用？

参 考 文 献

[1] 丁宏伟. 汽车材料 [M]. 北京：中国劳动社会保障出版社，2007.

[2] 程叶军. 汽车材料与金属加工 [M]. 北京：中国劳动社会保障出版社，1999.

[3] 戴汝泉. 汽车运行材料 [M]. 北京：机械工业出版社，2005.

[4] 孙凤英. 汽车运行材料 [M]. 北京：人民交通出版社，2007.

[5] 郎全栋，董元虎. 汽车运行材料 [M]. 2 版. 北京：人民交通出版社，2009.

[6] 章彦如. 汽车运行材料 [M]. 北京：人民交通出版社，2001.

[7] 陈志毅. 金属材料与热处理 [M]. 5 版. 北京：中国劳动社会保障出版社，2007.

[8] 陈文均. 汽车材料 [M]. 北京：高等教育出版社，2002.

[9] 杨江河. 汽车美容 [M]. 北京：机械工业出版社，2005.

[10] 郑明新. 工程材料 [M]. 北京：北京广播电视大学出版社，2001.

[11] 陈家瑞. 汽车构造 [M]. 5 版. 北京：人民交通出版社，2006.

[12] 周燕，罗小青. 汽车美容与装饰 [M]. 北京：机械工业出版社，2005.